DAOLU KEYUN DIAOYUAN JINENG DENGJI PEIXUN JIAOCAI

道路客运调度员
技能等级培训教材

上册

北京公共交通控股（集团）有限公司　主编

人民交通出版社股份有限公司
北　京

内 容 提 要

《道路客运调度员技能等级培训教材》共分上、下两册，针对公交行业调度员岗位要求，结合区域智能调度等新技术发展，以调度措施、客流统计与预测、实时调度系统操作、公交线网优化、大型活动组织、调度管理信息系统为重点，涵盖了企业自主评价体系初级、中级、高级、助理技师、技师、高级技师六个技能等级的岗位要求和专业技能知识。

本教材上册适用于初级工、中级工的技能培训，下册适用于高级工、助理技师、技师和高级技师的技能培训，为高技能人才发挥引领示范作用提供了基础知识保障。

图书在版编目（CIP）数据

道路客运调度员技能等级培训教材．上册／北京公共交通控股（集团）有限公司主编．—北京：人民交通出版社股份有限公司，2020.12（2026.1 重印）

ISBN 978-7-114-16543-6

Ⅰ．①道…　Ⅱ．①北…　Ⅲ．①道路运输—旅客运输—运输调度—技术培训—教材　Ⅳ．①U492.4

中国版本图书馆 CIP 数据核字（2020）第 083529 号

书　　名：道路客运调度员技能等级培训教材（上册）
著 作 者：北京公共交通控股（集团）有限公司
责任编辑：王　丹　李　喆
责任校对：刘　芹
责任印制：刘高彤
出版发行：人民交通出版社股份有限公司
地　　址：（100011）北京市朝阳区安定门外外馆斜街 3 号
网　　址：http://www.ccpcl.com.cn
销售电话：（010）85285911
总 经 销：人民交通出版社股份有限公司发行部
经　　销：各地新华书店
印　　刷：北京科印技术咨询服务有限公司数码印刷分部
开　　本：787×1092　1/16
印　　张：18.75
字　　数：322 千
版　　次：2020 年 12 月　第 1 版
印　　次：2026 年 1 月　第 4 次印刷
书　　号：ISBN 978-7-114-16543-6
定　　价：55.00 元

编写委员会(上册)

主　　任：洪崇月

副 主 任：高　原　吴松涛　李金刚　谢　静

主　　编：曹　炎

副 主 编：徐立泉　万逸飞　邵　丹　谢亚平

编撰人员：(按姓氏笔画排序)

万逸飞　王　宇　王佑安　王　杰

厉亚光　孙宏飞　刘劲松　李金鹏

张宇石　邵　曈　季欣荣　胡耀东

徐立泉　唐文兰　梁发军　曹灵芝

曹　炎　曹晓霞　粘宝生　宿　月

谢　琳　景　柳　靳　晨　翟亚杰

项目负责：谢　静　丰　帆

前言

Preface

2017 年国家实行职业资格制度改革，由企业承担技能人才评价主体责任。北京公交集团作为北京市第一批技能等级认定试点企业，紧跟改革步伐，对技能人才评价标准和流程进行全面调研与梳理，形成了科学、严谨、规范的技能等级自主评价体系。在此基础上，北京公交集团结合新技术的发展与应用，将技能人才评价与智能调度系统、智能辅助驾驶主动安全预警系统等公交领域新技术进行深度融合，开发了具有公交特色、符合企业实际需求的技能等级培训系列专用教材。

《道路客运调度员技能等级培训教材》共分上、下两册，针对公交行业调度员岗位要求，结合区域智能调度等新技术发展，以调度措施、客流统计与预测、实时调度系统操作、公交线网优化、大型活动组织、调度管理信息系统为重点，涵盖了企业自主评价体系初级、中级、高级、助理技师、技师、高级技师六个技能等级的岗位要求和专业技能知识。

本教材上册适用于初级工、中级工的技能培训，内容包括职业入门必备的企业文化、法律法规、职业道德、线路知识、客流知识、行车时刻表、北京公交实时调度系统应用等知识内容。本教材下册适用于高级工、助理技师、技师和高级技师的技能培训，内容为上册各模块知识点的延伸与提升，拓展了办公软件应用、职业培训与指导等内容，为高技能人才发挥引领示范作用提供了基础知识保障。

本教材在编写过程中得到了北京市人力资源和社会保障局相关领导、专家的支持和指导,得到了北京公交集团相关专业部室领导、专业人员和技能大师工作室的鼎力相助,在此表示诚挚的谢意!我们坚信,本教材一定会在未来公交行业从业人员职业技能提升中发挥重要作用。

由于编者水平有限,书中难免有疏漏和不足之处,恳请广大读者批评指正,并及时将发现的问题和修改建议函告北京公交集团人力资源部(地址:北京市丰台区莲花池西里29号,邮政编码:100161),以便修订时研用。

编　者

2020年5月

目录

contents

第一章 城市公交概述

第一节 城市公交任务及服务方式 …… 2
第二节 城市公交系统组成 …… 11
第三节 北京公交的历史和现状 …… 13
第四节 运营调度管理的内容及研究的对象 …… 26

第二章 北京公交集团企业文化价值

第一节 北京公交集团企业文化发展历程 …… 30
第二节 北京公交集团企业文化建设体系 …… 33
第三节 北京公交集团企业文化价值理念体系 …… 36
第四节 北京公交集团员工行为规范 …… 41
第五节 北京公交集团企业文化实践活动 …… 43

第三章 公交职业道德

第一节 城市公交职业道德 …… 50
第二节 调度员职业道德 …… 53

第四章 公交线路

第一节 城市公交线路的概念 ········ 62
第二节 城市公交线路的分类 ········ 62

第五章 客流

第一节 客流的特征及分类 ········ 70
第二节 客流调查的方法 ········ 77
第三节 客流预测 ········ 88
第四节 客流的数量指标 ········ 94
第五节 客流数据统计基础知识 ········ 96
第六节 客运调查的统计分析 ········ 99

第六章 行车时刻表

第一节 行车时刻表的概念 ········ 108
第二节 行车时刻表在线路运营中的作用 ········ 108
第三节 行车时刻表的分类 ········ 109
第四节 行车时刻表的形式 ········ 111
第五节 行车时刻表的编制 ········ 114

第七章 调度工作

第一节 调度工作概述 ········ 120
第二节 线路调度方法 ········ 152
第三节 临时调度措施 ········ 155
第四节 应急调度 ········ 158

第八章 北京公交智能调度系统应用

第一节 三级调度系统概述 …… 166
第二节 线路调度员操作 …… 167
第三节 行车计划管理子系统 …… 190
第四节 运营排班管理子系统 …… 223
第五节 运调统计报表系统 …… 240
第六节 相关管理制度 …… 247

第九章 运营其他业务知识

第一节 遗失物管理 …… 252
第二节 运营质量控制管理 …… 252
第三节 汽车运输的基本知识 …… 254

第十章 相关业务知识

第一节 服务管理 …… 260
第二节 车辆种类及日常问题的处理 …… 263
第三节 公交场站 …… 275

第十一章 公交运营指标

第一节 数量指标和质量指标 …… 280
第二节 运营相关指标 …… 280

附 录 相关法律法规知识

第一章

城市公交概述

第一节　城市公交任务及服务方式

一、公交在城市的地位和作用

所谓城市公交，是指城市中供公众乘用的经济方便的各种交通方式的总称，包括公共汽车、无轨电车、有轨电车、地铁、轻轨、出租汽车、轮渡、索道等。

城市公交是城市社会和经济活动的重要组成部分，是城市正常运行所必要的公用基础设施。城市公交为居民从事各项生产、生活和其他社会活动提供经济、便捷的公交出行服务。

公交作为城市发展的产物，是城市重要的组成部分，对城市经济发展、居民生活以及对外交往具有不可替代的全局性、先导性作用，受到国家的密切关注和重点扶植。城市公交，由于受道路空间的限制，只有依靠公交的大运量能力，才能有效地完成城市居民更集约化的出行，缓解交通拥堵，减少城市平均出行时间。如果任由个体交通取代公交，必将造成道路资源的过度占用，引发道路交通拥堵，甚至可能造成交通系统的瘫痪。尤其是大城市，由于城市规模大，公交在城市交通体系中的作用和对交通拥堵的缓解作用就更加明显。许多发达国家都把发展城市公交、限制个体交通作为城市发展、强化城市功能政策加以实施，这就是城市公交优先政策。城市公交在城市中的地位和作用表现在以下四个方面。

1. 公交是城市的动脉

现代化的公交系统，可以减少居民出行的时间，缩短生产领域与生活领域以及城乡之间的通行时间，并使城市的各种资源得到充分合理的利用，有利于城市综合功能的充分发挥，使城市的社会生活正常运转。

2. 公交是社会生产的第一道工序

公交服务于乘客，实现乘客的位移，推动着劳动者与劳动场所、劳动对象和劳动工具的结合，促进了生产力的发展。因此，公交是社会各行各业生产经营活动的第一道工序。

3. 公交是城市生活的纽带

公交联系着城市的千家万户，沟通着居民的人际交往，为城市居民的物质文化生活提供直接或间接的服务。社会主义市场经济的发展，不断推动着城市的繁荣与进步，不断提高着居民的物质文化生活水平，更使得公交成为城市生活中不可缺少的桥梁和纽带。

4. 公交是精神文明建设的窗口

公交作为城市的窗口行业，其运营服务水平不仅是公交企业的服务意识和行业形象的体现，还是社会文化、道德风尚、居民精神风貌的舞台。因此，公交名副其实地成为城市综合管理水平和精神文明建设的窗口。

公交的重要地位使得这一行业成为城市中敏感性较强的服务行业。大量实例说明，公交与政治、经济和社会的安定息息相关。它能否保持正常的运营服务秩序，始终如一地提供规范服务，对人民生活、社会秩序都产生着广泛而深刻的影响。

在各种交通方式中，轨道交通和公共电、汽车运输是适合大运量的最典型的客流运输方式。其中，轨道交通系统相对自成体系。面向地面公交系统，建立以公交专用道和智能公交调度系统为基础的快速公共汽车系统，就成为很多城市在公交系统发展和建设中的必然选择。

二、城市公交的基本任务

公交的基本任务是以运营服务为中心，组织和经营城市公交，努力为乘客提供安全、方便、快捷、舒适的乘车条件，最大限度地节约社会活动时间，满足居民的出行需要。

1. 安全

安全行车是公交企业最基本的任务。它不仅使企业减少物质损失和经济损失，更重要的是有利于城市环境的安定，保障人民的生命、财产与社会经济免遭无谓的损害。城市化程度越高，交通工具越多，交通事故也随之增加。此外，城市交通安全还包括消除噪声和空气污染的要求。组织运输应尽量把行车安全与消除噪声和污染放在重要的位置。

2. 方便

人们出行选择交通工具时，方便是一个很重要的标准。公交应能适应各种不同出行目的需要，使出行者乐于乘坐。方便人们出行乘坐包含很多的具体内容，如线网布设合理、线网密度高、线路衔接好、换车次数少，较大的工业区、住宅区或集散点应有多方向的交通线路，此外还有站距合理、站位设置得当以及车门宽度、脚踏板距地面高度设计合理。

3. 快捷

快捷的基本解释为速度快、行动敏捷，是对行车速度的要求。公交为乘客节省时间是实现经营目标的首位问题，从广义来说，也是节约社会活动时间，为经济建设争取时间的大问题。从人的生理来说，乘车时间过长会造成疲劳，从而影响工作和学习的效率。所以,公交企业要在行车速度的调查研究上下大力气,找出主(客)观影响速度的因素,争取全社会进行综合治理,在条件许可的情况下改善运送速度,为城市社会各种活动做出贡献。

4. 舒适

根据我国各城市的实际情况,乘车难的问题尚未得到很好的解决。目前乘车舒适问题还没有提到日程上来,也可以说尚未被人们所重视。实际上这也是公交能否成为人们出行的主要交通工具的一个重要方面。随着时间的推移,科学技术的进步,人民生活和道德水准的提高,舒适将会日益突显它的重要性。

舒适可分为两个方面:一方面是从精神上给乘客以舒适、满意的感受,包括服务周到、耐心解答、报站清楚、关心乘客以及行车平稳等。另一方面是从物质上,即从交通工具的各种服务设施上提供舒适的条件,包括车内设施齐全、清洁卫生,以及车门、踏板、座位、站立空间和车内通风、照明条件等设计合理。这两个方面是相辅相成的,缺一不可。

综上所述,安全、方便、快捷、舒适这四个方面也是建设部对城市公交企业基本任务中的具体要求。此外人们为了各自的出行目的乘坐公共汽车等交通工具,总是希望按自己预定的时间(特别是较为集中的上下班和上下学时间)到达,所以准点就成为衡量公交企业服务工作成效的重要标志之一。因此就要求公交企业,必须科学地编制行车时刻表,采取有效的措施,严格执行时刻表;努力做好维护准点运行方面的工作,如提前进站、准时发车、中途正点、准点到达,充分发挥公交乘务员的主动性和调度人员的监督检查作用。

三、城市公交运输过程的特点

1. 运营服务过程和社会消费过程合一

公交是为城市居民出行服务的,整个运营过程按照规定线路和行车计划向社会不间断提供运营服务,城市居民根据各自出行的目的和时间及空间的需求在这个过程中去消费。提供服务的起点也是消费的起点,提供服务的终点也是消费的终点,这两者是合一的。这种合一也是时间上和过程上的合一。因此,公交企业必须针对这一特点,加强客流调查工作,采取有效的经营管理方法,充分地体现这种“合一”的特点,力争使供求关系达到平衡。

2. 较强的时间性

时间对于各行各业来说都是重要的,时间对于交通行业来说有着更广泛的意义。人们乘坐交通工具总是希望以最短的时间去实现各自出行的目的,公交对时间的节省是对社会劳动的节省,是对乘客精力的节省,是对城市社会活动和经济发展的一种贡献。节约时间越多,贡献就越大。不难设想,一种不能节约时间,不能节约人们精力的交通方式,在现代社会里是很难受到人们承认和欢迎的。因此,现代化的交通工具和交通方式,首要的技术经济指标就是运送速度。除此之外,公交还要实现正点运行和安全驾驶,这些都和时间有关。公交的时间问题,不但直接关系到城市社会功能的发挥,而且还关系到公交企业自身能否成为乘客主要出行方式的组织者的大问题。这正是时间性强的具体表现。

因此,公交企业必须把速度的调研工作列入经营管理日程,确定合理的运送速度,以便实现节约社会活动时间的目标。

3. 广泛的社会性

城市公交是城市社会活动不可缺少的公用设施之一,与社会各行各业有着广泛的联系。首先是使用上广泛的社会性。无论什么人,什么出行目的、时间和方向,只要有公共设施,只要在运行的时间范围内,都会被人们广泛地使用。其次是服务设施和管理的社会性。公交的线路和站址遍及全市的道路网上,形成了运营服务中点多面广、单车作业、分散经营的特点。

因此,公交企业必须根据人们广泛使用和服务遍及市郊各处的社会性这些特点,建立科学的经营管理方式。在外部要建立信息反馈网络,以便作为拟订向社会提供一流服务措施的依据。在内部要健全基础工作,提高职工素质,培养独立作业能力,健全分散经营、整体管理程序。

4. 较大的不平衡性

工业企业的生产,可以实现有计划的均衡生产,也可以通过流水线进行有节奏的生产。公交则不同,由于居民出行的目的各异,时间、地点和方向也各不相同,因而客流的机动性很大,而且也很不平衡,所以在整个城市公交线路网上,就出现了动态的时间不平衡、方向中不平衡和断面的不平衡,同时还有季节波动的影响和风、雪、雾等气候的变化。但是,任何事物都有其自身的规律性。因此,公交企业必须大力开展调查研究,随时积累资料,掌握各种不平衡的规律,制订科学有效的各种与实际相适应的行车时刻表,从而尽可能提供与客观需要相适应的服务,同时达到更加合理地使用运营车辆和科学管理的目标。

公交企业必须充分认识自身生产的这些特点,并且要不断改进和完善适应这些特点的经营管理方式,使企业具有并能充分发挥公交的运送能力、集散能力和应变能力,使公交真正起到作为城市"动脉"的重要作用。

四、公交的服务方式

城市公交服务方式主要包括固定线路客运服务方式和非固定线路客运服务方式。

1.固定线路客运服务方式

1)方式

方式是指在城市空间内(地面的、地下的与地面高架的)按规定线路行驶,设有首末站、中途站,具有一定规模的客流量,随上随下的客运交通。城市居民不论是工作生产还是生活上的各种出行,只要距离在千米以上都有乘车的需求,而乘坐公交车辆则是经济、方便的较好的选择。

2)种类

固定线路客运服务主要分为两大类,即公共电汽车客运和轨道客运。

公共电汽车客运依据客流量大小在不同线路和时间上配备有大型铰接式无轨电车、公共汽车,或车厢内座椅很少、站立空间大的公共电汽车,双层公共汽车,中型或小型公共汽车。

城市内用于客运的高架、地面和地下的轨道交通方式统称为轨道交通系统。它包括:建造在地面独立路基上的有轨电车、轻轨列车;建造在架空道上快速电气列车或悬挂式快速列车、山城或跨江河的空中缆车;建造在隧道内的地下电气铁道,简称地铁列车等。

3)特点

(1)按线路以及线路网运行服务。

车辆沿着规定的线路走向行驶,形成各自的线路网络。线路网络由首末站、走向、中途站和各条线路之间的相互衔接四大要素构成。

在确定线路的走向时,一定要在满足该线路沿途主要客流流向的前提下,选择短捷途径。临近一条线路的小区、工厂、学校和其他企事业单位的乘客都希望线路从各自的门前经过,设站接近住所,各方面都照顾到就要迂回行驶,要加车、加人,还会加大一些乘客的旅行时间和费用。

线路长度的确定以符合主要客流方向为前提,线路越长,部分乘客越感到方便,但长距离乘车的乘客毕竟是少数。此外,线路过长,运行时间和运行过程中遇到的情况就越多,行车间隔难以保证,正点率受到影响,运营生产很难组织。线路过短将会给乘客增加换乘的麻烦,影响运营速度,造成运力浪费。从北京公交集团运营道路的实际情况来看,市区线路长度应控制在城市乘客平均运距的2倍,即8~10km;郊区线路长度也应控制在2~3倍郊区乘客平均运距之内,即15~20km[依据建设部《城市道路公交站、场、厂工程设计规范》(CJJ/T 15—2011)]。

按服务地域固定线路又分为三类市区线路,主要是为市区居民出行服务;近郊区的线路,主要是为近郊区的城镇居民出行和工矿企业服务;远郊区的线路,主要是为远郊区城镇居民和卫星城镇的群众服务。它们可以形成各自的公交线路网。

城市公交线路网的构成形式,有纵横交错的直线形线路网与棋盘形的对角线线路网，若干条环行线呈同心圆扩展形线路网。这样，可以使以四周边缘地区为起止点的乘客不必穿行市区而到达目的地，市区内的居民减少换乘也很方便地到达目的地。所以，一个城市的公交线路网的密度大小以及线路之间相互衔接的情况，能表明这个城市居民乘车方便的程度。

(2)按规定站运行服务。

乘客出行乘坐或换乘公共电汽车，一般都要步行一段距离到达候车站，步行距离越短，越方便乘客。

公共电汽车的任何一条固定线路，都是从两点之间解决线路沿途的居民乘车需求，由首末站以及设置在中途的若干站点串联而成。

站距长短的安排，以方便乘客乘车和缩短乘客旅行时间为目的。也就是说，合理安排站距以最大限度地节约乘客乘车、步行、倒换车时间所构成的乘客旅行时间为出发点，进行合理的计算，即从缓和交通流的干扰，发挥车辆的技能效果最好的角度来考虑。在公交线路长度一定的情况下，如果平均站距过短，就会增加车辆的停站、起动加速、进站减速时间，使运送速度降低，延长乘客在车上的时间。相反，如果站距过长，虽然车辆运行速度可以提高，乘客在车上的时间可以相对缩短，但是乘客上车前、下车后的步行距离和时间就要增加。根据北京市有关数据进行计算，市区线路站距在513m时，市区范围内的乘客旅行时间最省。站距长度缩小或增大都将使乘客的乘车时间增加。

站位的选择除应尽可能靠近大的集散点或路口，以方便乘客换乘外，还应留出公交港湾和修建候车亭的余地，内设座椅，供乘客遮阳、防风、避雨、候车休息。

(3)按定时运营服务。

线路运营首末车时间分全日制线路运营时间、早晚高峰线路运营时间和夜班车线路运营时间。全日制线路运营时间市区与郊区线路不同，一般市区线路营业时间长，由此市区与郊区衔接发车点应合理(一般郊区首站、首车时间应在与市区衔接线路到达本站之前)，全日制线路营业的首末车时间也应与夜班车线路发出的末车与首车时间相衔接。

(4)线路运营在营业时间内都按各自线路不同单位时间和最大客流断面的客流量安排车次，即发车间隔应保证乘客及时乘车均衡满载，准点到达目的地。

2. 非固定线路客运服务方式

不按固定路线客运服务的有公交旅游车、包专车、小公共汽车(2004年小公共汽车已基本退出四环路)、出租汽车以及现代一些大中城市旅游观光景点仍保留着的出租马车、人力三轮车等。

非固定线路客运服务方式的主要特点如下。

1)旅游车客运服务方式

旅游车客运服务是指集体包乘一部或多部客车同去一个或多个景点旅游;或临时招集的零散乘客,同乘一部或多部客车去定点观光;集体包乘旅游客车专送,包车双方要提前商定用车时间、上车地点、乘车人数(根据人数安排包车车型)、包车车型并完成包车款的认定与交付。

2)包专车客运服务方式

包专车运送服务,即厂矿企业、机关、学校等单位上下班或以集体形式出行,定期、定时、定点上下车,这种服务方式叫作定时班车或专车运送。其特点是满足部分集体乘客及时用车要求;中途可停车上下人;依乘车人数按座位配车型,保证车辆准点到达目的地。

3)小型公共汽车客运服务方式

作为大公交的一种补充,小公共汽车确有“招手上车,就近下车”,保证座位,票价适中,适应广大乘客的乘车需求的优势。但是在大公交得到有效改善以后,小公共和大公共之间的矛盾日益明显。在2001年以后,尤其是2004年大批的小公共汽车退出四环路,挪到城乡接合部或郊区等大公共运力相对薄弱的地区运营。

4)出租汽车客运服务方式

出租汽车客运服务方式具有租车形式多样,方便灵活,提供点对点、门到门最直接、方便的服务,不受地域的限制,车型档次齐全,昼夜服务,满足公众多种用车需要,比其他公交工具的平均运送速度快,而且免除了中间换乘车辆的麻烦。出租汽车客运服务方便快捷、服务优良,是其他公交无法比拟的。

五、公交优先政策

首先,公交优先将以满足乘客的乘车需要为根本的出发点,为乘客提供一个舒适、经济、时间节约的公交出行空间。步行、等车和乘车构成了一次完整的公交出行,乘客的利益在这些环节上都应有具体的反映。

其次,公交优先体现在对公交企业扶持要维持公交企业正常的经营,并进而有所发展,为乘客提供更好的服务,必须兼顾公交企业的利益。

最后,公交优先根本上是要满足城市交通可持续发展的要求。公交是一项特殊的公益性事业,政府将投入大量的资金以扶持公交行业的发展。通过发展公交,不断提高公交的市场份额,可以达到缓解交通拥挤、减少交通污染和能源消耗、促进城市和社会发展的目的。

1.公交优先的重要意义

(1)公交优先是推动城市发展的客观要求。城市公交的正常营运,直接支撑着城市经济和社会活动的有序运转,直接影响着城市的生产和生活。也可以说,城市的健康发展离不开公交的优先发展。公交与城市发展方向、用地布局紧密相关,没有大运量的、快捷的公交出行方式,城市想要达到理想的空间布局几乎是不可能的。伴随着城镇人口的增加和交通需求的增长,建立区域公交体系能更好地促进城市与周边地区的协调发展。可见,优先发展公交不仅是解决城市交通的需要,而且也是优化城市布局,推动中国特色城镇化发展的本质要求。

(2)公交优先是老百姓安全便捷出行的保障,体现了公众利益最优原则。城市的经济社会文化活动离不开人员的流动,城市的发展和扩大也有赖于人员的流动。城市交通的本质是实现人的移动。评价城市交通体系的优劣,主要是看广大公众的交通利益是否得到保障。例如,个体交通具有灵活、随意和方便的优点,但只能满足少数人的出行需求。公交是最接近广大市民的一种交通方式,为大多数人提供服务。因此,公交必然成为城市交通优先发展的对象。

(3)公交优先是实现道路资源优化配置的有效途径,体现了设施效益最优原则。直接效益体现在出行时间的节约、车辆运行效率的提高、成本的降低和交通事故的减少等;间接效益体现在投资环境改善、生活质量提高、经济运转速度加快等。效益最大化就是间接效益与直接效益的统一,应该从社会的角度来进行评估。例如,道路设施就应该首先满足运输效率高的公交车辆通过;其次在充分挖掘道路潜能的情况下,满足个体交通的适度使用。

(4)公交优先体现了环境效益最优原则。交通环境本身是城市环境的一个组成部分,为此,必须创造一个与首都形象相适应的交通环境,具体表现为清洁、安全、有序和畅通等特征。交通对城市环境有着直接和间接的影响,主要表现为噪声、振动、污染物排放、视觉压抑等方面,为此,不仅要减少交通发展对环境的负面影响,更要使交通发展为提高城市环境质量作出贡献。例如,在交通方式选择上,安全性和舒适性较好,人均污染较少,有利于改善整体交通环境,而又适应于现代化城市形象的将得到倡导,危害环境整体效益的都应受到限制。

2. 公交优先的主要内容

北京市将优先发展公交战略作为缓解城市交通拥堵的治本之策,加快构建以轨道交通和大容量快速公交为骨干、地面公交为主体、出租汽车为补充的综合公交运输体系。北京市优先发展公交的总体思路概括为“两定四优先”。“两定”即确定发展公交在城市可持续发展中的重要战略地位,确定公交的社会公益性定位;“四优先”即公交设施用地优先、投资安排优先、路权分配优先、财税扶持优先。

1)强化规划指导作用

在编制城市综合交通规划中,确定城市交通发展目标和战略,划定公交基础设施用地的范围,保证城市公交设施发展的用地需求;明确不同的公交方式的功能分工、线网及设施配置、场站规模及布局等;明确远期目标和近期建设任务以及相应的资金筹措方案。

2)完善城市公交场站设施

公交场站是城市公交的基础性设施,要按照“统一规划,统一管理,政府主导,市场运作”的方式,加大政府投资建设的力度,加强公交场站的建设。机场、火车站、客运码头、居住小区、开发区、大型公共活动场所等重大建设项目,应将公交场站建设作为项目的配套设施,同步设计、同步建设、同步竣工。已投入使用的公交场、站等设施,不得随意改变用途。要注重各种交通工具换乘枢纽的建设,以缩短不同交通方式之间的换乘距离和时间,方便乘客换乘。

3)建设公交专用道路系统

公交专用道是实现公交优先的主要载体。要把公交专用道路系统建设作为近期建设的重点,通过设置和划定公交专用道路和优先单向、逆向专用线路等,保证公交车辆对道路的专用或优先使用权。公交专用车道要配套设置完善的标志、标线等标识系统,做到清晰、直观。要加强宣传教育,保证公交专用道不受侵犯,真正专用。要建立公交专用车道的监控系统,对占用专用道、干扰公交正常运行的社会车辆要严肃处理。要通过科学合理设置公共汽车优先通行信号系统,减少公交车辆在道路交叉口的停留时间。在城市主要交通干道,要建设港湾式停车站,配套建设站台设施,并合理规划设置出租汽车停靠站。大运量快速公共汽车运营系统(BRT)是利用大容量的专用公交车辆,在专用的道路空间运营并由专用信号控制的新型公交方式,具有交通运量大、快捷、安全等特点,工程造价和运营成本相对低廉。具备条件的城市应结合城市道路网络改造,积极发展快速公交系统。

4)制订优先发展城市公交的相关经济政策

城市公交是社会公益性事业,其发展要纳入公共财政体系,统筹安排,重点扶持。对城市发展具有全局性影响的轨道交通、综合换乘枢纽、公交停车场站以及政府确定的公交建设项目、车辆更新等,政府应给予必要的资金保证,建立规范的公共财政补贴制度。城市公交票价的确定,既要考虑企业经营成本,也要考虑居民的承受能力,充分利用价格优势,吸引客流,最大限度地提高城市公交工具的利用率,促进城市公交的优先发展。各种城市公交方式之间也要建立合理的比价关系,提高系统的运行效率。各城市建设行政主管部门应配合财政、价格部门建立规范的企业成本费用评价制度和政策性亏损评估制度,对企业的成本和费用进行评价,核定企业的合理成本。因价格限制因素造成的政策性亏损,政府应给予补贴。要建立公共财政补偿机制。对城市公交企业承担社会福利(包括老年人、残疾人、学生、伤残军人等实行免费或优惠乘车)和完成政府指令性任务增加的支出应予以经济补偿,要制订有利于城市公交优先发展的经济政策。各城市在实践中已经形成的优惠政策应继续实行,并逐渐予以规范与完善。

第二节 城市公交系统组成

一、城市公交工具的选择

国家标准《城市综合交通体系规划标准》(GB/T 51328—2018)中明确规定,选择公交方式时,应使公交客运能力与线路上的客流量相适应,常用的公交方式单向客运能力宜符合表 1-1 的规定。

公交方式单向客运能力 表 1-1

公 交 方 式	运送速度(km/h)	发车频率(车次/h)	单向客运能力(千人次/h)
公共汽车	16 ~ 25	60 ~ 90	8 ~ 12
无轨电车	15 ~ 20	50 ~ 60	8 ~ 10
有轨电车	14 ~ 18	40 ~ 60	10 ~ 15
中运量快速轨道交通	20 ~ 35	40 ~ 60	15 ~ 30
大运量快速轨道交通	30 ~ 40	20 ~ 30	30 ~ 60

城市公交规划应使 95% 的居民在客运高峰乘用下列主要公交方式时,单程最大出行时耗应符合表 1-2 的规定。

不同规模城市的最大出行时耗和主要公交方式 表 1-2

城 市 规 模		最大出行时耗(min)	主要公交方式
大	>200 万人	60	大、中运量快速轨道交通,公共汽车、电车
	100 万 ~ 200 万人	50	运量快速轨道交通,公共汽车、电车
	50 万 ~ 100 万人	40	公共汽车、电车
中	20 万 ~ 50 万人	35	公共汽车
小	<20 万人	25	公共汽车

对于人口 200 万以上的城市,城市用地面积为 200km^{2}左右,客流总量最大,长距离出行者多,一些主要的公交线路上客流汇集量往往是地面公交难以承担的,且地面公交又受道路交通阻滞和站距的制约,无法提高车速,因此具备有效使用快速轨道交通的基本条件。

从发展趋势来看,各地城市化进程加速,城市发展已不是按单中心同心圆模式向外扩展,而是按交通发展轴向外延伸,尤其是大城市市中心区职能加强和大量拆迁改造都转向在城市外围寻找开发空间;而市区范围扩大,新增的客流和向市中心区集中的客流就更多,对公交提出了新的要求。快速轨道交通运量大、车速快、准点,能保证居民的出行时耗控制在某一规定的范围内,其建设也有利于城市土地的开发。但快速轨道交通是一种与地面交通分离的独立系统,技术要求高,建设费用大,维护也较昂贵,城市没有一定的财力是难以办到的。所以,只有在大城市客流量很大的线路,轨道交通才值得使用。

二、城市公交线路网

公交线路网密度大小反映乘客出行时接近线路的程度,按理论分析,城市公交线路网平均密度以 2.5km/km^{2}为佳,在市中心可以加密些,达到 3 ~ 4km/km^2,而城市边缘地区取值可小些。居民步行到公交车站的平均时间为 5min 左右为佳,根据调查,沿公交线路两侧各 300m 范围内的居民是愿意乘公交车的。超出 500m 范围,绝大多数居民选择骑车,乘坐公交车的很少。由此证明了公交线路网的密度不能太小,为扩大公交线网密度,公交车辆可以在适宜的支路上行驶。

目前我国许多城市适合布置公交线路的道路少,公交线路网稀,乘客两端步行到站和离站总时间长达 17 ~ 19min,再加换乘不便、候车时间长,累计非车内时间达 25min 左右,使公交失去与自行车交通竞争的能力。因此,保证公交行驶所需的道路网密度是优先发展公交的前提。

此外,《城市综合交通体系规划标准》(GB/T 51328—2018)中规定,公交线路的非直线系数不宜过大,一般不应超过 1.4。线路曲折,虽可扩大线路服务面,但使不少乘客增加额外的行程和出行时耗。市区公共汽车与电车主要线路的长度宜为 8 ~ 12km;快速轨道交通线路长度不宜大于 40min 的行程。市区公共汽车、电车线路的单程长度用线路长度控制,主要考虑到市道路交通状况欠佳,在缺乏公交车辆优先通行措施保障情况下,公交线路过长,车速不易稳定,行车难以准点,正常的行车间隔也难以控制。郊区线和快速轨道交通线,站距大,车速较高,所以用运送时间来控制。

三、城市公交车站与场站设施

城市公交车站分为终点站、枢纽站和中间停靠站。各种车站的功能和用地要求各有不同。公交中间停靠站的站距受交叉口间距和沿线客流集散点分布的影响,在整条线路上也是不等的。市中心区,居住、工作场所较多,客流密集,乘客乘距短,上下站频繁,站距宜小;城市边缘区,站距可大些;郊区,居住、工作场所分散,乘客乘距长,站距可更大。快速轨道交通最小站距由设计车速决定。设置公交停靠站的原则是应方便乘客乘车并节省乘客总的出行时间。

《城市综合交通体系规划标准》(GB/T 51328—2018)中对公交车站服务面积的规定是:以 300m 半径计算,不得小于城市用地面积的 50%;以 500m 半径计算,不得小于 90%;城市出租汽车采用营业站定点服务时,营业站的服务半径不宜大于 1km。

无轨电车终点站与快速轨道交通折返站的折返能力，应同线路的通过能力相匹配；两条及两条线路以上无轨电车共用一对架空触线的通过能力应相互协调。

公交停车场、车辆保养场、公交车辆调度中心等场站设施是城市公交系统的重要组成部分，应与城市公交发展规模相匹配，用地须有保证。公交场站布局，主要根据公交的车型、车辆数、服务半径和所在地区的用地条件规划设置。公交停车场宜大、中、小相结合，分散布置；车辆保养场布局应使高级保养集中，低级保养分散，并与公交停车场相结合。

四、城市公交运营管理系统

城市公交，尤其是道路上行驶的常规公共汽车、电车，都是定时、定线行驶并按客流流量、流向时空分布变化而不断调节的服务系统。这个系统能否正常、有效地运行，不仅取决于道路和车辆、场站等物质技术设施条件，而且还有赖于科学有效的运营管理系统。

公交企业的运营调度管理主要包括两个内容：一是运营调度计划的制订（编制行车时刻表）；二是对行车时刻表的执行和监控。过去，我国城市公共汽车、无轨电车的车辆调度，基本上沿用“定点发车、两头卡点”的手工作业的调度方式，由于信息不灵、调度失控，车辆经常出现“串车”“大间隔”现象，使乘客候车时间过长，有时前车提前离站、后车拥挤不堪，甚至导致全线运行秩序混乱，严重影响公共客运交通的服务质量和社会信誉。近年来，大部分车辆安置了自动监控、运营管理信息系统，使用 GPS 设备，使公交运营实现了现代化的管理。

第三节 北京公交的历史和现状

一、北京公交的历史

1921 年（民国十年），北平的公共交通（以下简称“公交”）开始起步，先后出现了有轨电车和公共汽车（图 1-1、图 1-2）。但由于连年战乱，公交事业始终未能进入稳定发展的轨道，到北平和平解放时已经濒于破产。

为了改善公交状况，从北平和平解放初期到 1956 年，北京市政府重点抓了有轨电车（图 1-3）和公共汽车（图 1-4）的恢复和发展。截至 1956 年，全市公共电汽车有 671 辆，比 1949 年底的 164 辆增长了 309%；营业线路发展到 36 条，比 1949 年底的 11 条增长了 227%；客运量为 38334 万人次，比 1949 年底的 2885 万人次增长了 12.29

倍。公共电汽车的客运量占全市公交客运量的98.97%。有轨电车也进入了全盛的发展时期。

图1-1　有轨电车

图1-2　公共汽车

图1-3　有轨电车

图 1-4　公共汽车

1957 年开始,北京市的公交事业进入了全面发展时期(图 1-5、图 1-6)。截至 1966 年底,公共汽车营运线路由 1956 年底的 27 条发展到 65 条,增长了 2.4 倍;运营车数量发展到 1125 辆,增长了 1.6 倍;客运量达 5.1 亿人次,增长了 1.2 倍。北京市长途汽车公司于 1958 年成立,到 1959 年,长途汽车发展到 114 辆,营运线路达 54 条,年客运量达 969 万人次。

图 1-5　加装储气袋的公共汽车

1966—1984 年是北京公交进入综合交通体系的持续发展阶段(图 1-7、图 1-8)。公共汽车数量逐年递增,线网进一步扩大,郊区营运线路条数超过了市区营运线路,大站快车和夜班车线路成网,实现了快慢结合、日夜衔接的交通运行体系。

为了适应北京公交综合交通结构发展的新形势,1980 年 8 月公共交通局改为公共交通总公司。此后,北京公交加快了改革发展的步伐,于 1989 年组建了运、保分离的专业场,使公共电汽车运营和保修走上了专业化、区域化管理道路(图 1-9)。1999 年 6 月 11 日,创立了北京巴士股份有限公司(图 1-10)。

图 1-6　京一型无轨电车

图 1-7　BK 670 型铰接式客车

图 1-8　铰接式无轨电车

“十一五”期间，北京公交集团先后进行了巴士公司体制改革和公交票制改革，实现了企业公益性定位和实施了低票价政策。在体制、票制改革的基础上，针对线网存在的问题，结合北京城市发展形势，大规模调整地面公交线网，基本形成三级线网架构，以实现城乡公交的协调发展，圆满地完成了奥运会和国庆60周年交通保障任务，运营系统的智能化、信息化水平显著提高（图1-11）。

图1-9　BK 6111型压缩天然气公交车

图1-10　1999年6月11日创立了北京巴士股份有限公司

图1-11　北京观光线路双层巴士公交车

2006 年,市委市政府进一步明确了公共交通的公益性定位,公交服务由市场化转变为政府购买的公共产品;实现了电子月票取代纸质月票,使公交客流的统计更为准确。2007 年 1 月 1 日公交票制改革全面推开,乘客持卡乘坐大公共线路的车辆,享受成人四折、学生二折的优惠。2014 年 12 月 28 日,根据北京市发展和改革委员会关于调整北京市公共交通价格的通知要求,所有公共电汽车线路均为分段计价,乘客上下车均需刷卡,10km(含)内 2 元,10km 以上部分,每增加 1 元可乘坐 5km;市政交通一卡通普通卡刷卡实行五折优惠,学生卡刷卡实行二点五折优惠。2019 年 9 月 1 日,二维码电子车票上线公测,乘客持智能手机使用北京公交 App 可实现二维码扫码支付乘车。2019 年 12 月 31 日,扫码乘车进入 App 互联互通公测,乘客可使用北京公交 App、一卡通 App、亿通行 App 等支付方式扫码乘坐北京公交、郊区公交和轨道交通(图 1-12)。

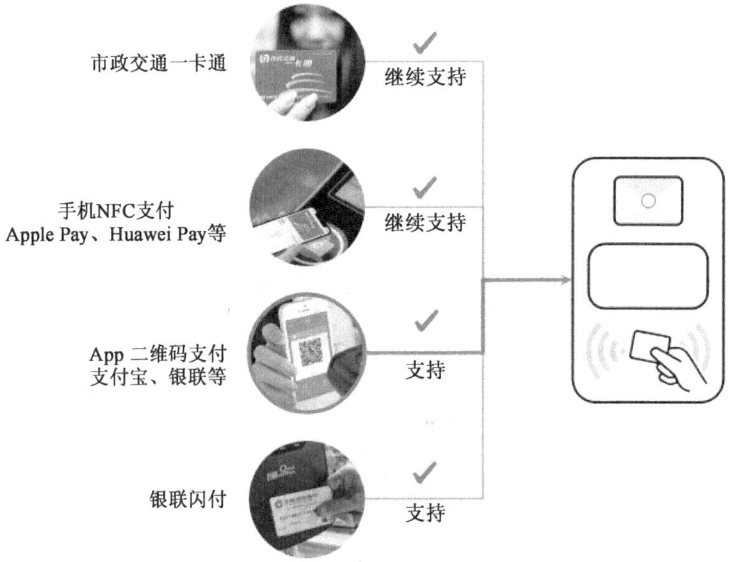

图 1-12 北京公交乘车支付方式

2014 年,按照“开门办公交”的工作思路,以强化首都公交保障和服务职能、方便市民夜间出行为出发点,制定并实施了夜班线网规划方案,共建立了 34 条线路(6 条环线、8 条放射线、9 条南北向线路、11 条东西向)的夜班线网。夜班线路由原来的 15 条增加到 34 条,线路长度从 305km 增加到 787km,实现了中心城区主要骨干道路夜班线网全覆盖,满足了夜间出行热点地区的出行需求。与此同时,全新的乘客信息服务系统也将上线运行。例如,夜班线网网络化运营、乘客信息服务系统、智能调度系统、站牌标识系统四大亮点集中呈现,极大地方便市民的夜间出行。为进一步完善夜班公交线网,2016—2019 年新开通 3 条夜班线路,加强了回龙观、天通苑、城市副中心等地区夜间公交服务保障,夜班线路由 34 条增加至 37 条,线路长度从 787km 增加至 884km,实现了中心城区主要骨干道路夜班线网全覆盖,满足了夜间热点地区的出行需求。

为了最大限度地满足不同群体出行需求,2013 年 9 月,率先提出定制公交模式,并开通 3 个方向、7 个班次的商务班车。运用“互联网”“大数据”等新技术,创新服务方式,搭建多样化服务平台,依托定制公交平台,丰富多样化出行品种,陆续开通节假日专线、快速直达专线等服务线路。2018 年 9 月,开通北京南站合乘定制公交模式(图 1-13),采用需求响应式的动态线路、动态站点和动态发车时间的全新服务模式,实现了公交运营里程碑式的创新发展。

图 1-13　北京南站合乘定制公交车

为拓展地面公交经营范围,北京公交集团积极发展现代有轨电车业务,取得亦庄有轨电车 T1 线 PPP 项目和现代有轨电车西郊线(图 1-14)的特许运营权。2017 年 12 月 30 日,首条现代有轨电车西郊线正式载客试运营,标志着地面公交的业务范围拓展至现代有轨电车领域。

图 1-14　北京公交有轨电车西郊线

“十三五”期间,为更加科学合理地开展线网优化工作,北京公交集团进行了线网优化顶层设计研究,制定了线网“十三五”发展规划,确定了“城优郊进”的线网发展战略,提出了“减重复、增覆盖、便接驳、提运速、推进微循环公交、丰富多样化”的具体工作思路。不断总结线网优化工作经验,以客流走向、线网合理布局、运力资源高效利用为依据,运用已有的 IC 卡客流、行车计划、行车记录等大数据资源,辅以客流调查手段,优化调整线路,使整体线网更加科学合理。到“十三五”末,力争实现“结构清晰、功能明确、层次分明、覆盖全面、衔接合理、换乘方便”的线网体系。

2008 年以来,北京公交集团先后承担了 2008 年北京奥运会、2013 年北京园博会、2013 年环北京职业公路自行车赛、2014 年 APEC 峰会、2015 年田径世锦赛、2017 年和 2019 年“一带一路”国际合作高峰论坛、2018 年中非合作论坛、2019 年亚洲文明对话大会、2019 年中国北京世界园艺博览会、中华人民共和国成立 60 周年和 70 周年庆典、抗战胜利 70 周年“9.3”阅兵,以及中超足协杯赛事、亚冠比赛、北京国际马拉松、北京国际车展等重大活动的运输保障工作,赢得了党中央、市委市政府以及各级政府部门和国际组织的高度肯定。

在重大活动期间,先后开通了奥运专线、观光线路、夜间专线、世园会专线等绿色交通出行的保障线路(图 1-15),有效地提高了地面公交出行的分担率。常规线路的运营组织上,积极配合政府相关部门,有序组织线路的运营生产,确保重大活动期间地面公交线网的平稳有序,全力保障了广大市民的地面公交出行。

图 1-15　重大活动期间开通绿色交通出行保障线路

二、北京公交的现状

北京公交目前由北京公共交通控股(集团)有限公司(以下简称“北京公交集团”)、地铁运营有限公司、京港地铁有限公司、区域交通公司等组成。

北京公交集团是以经营地面公共交通客运业务为依托,多元化投资,多种经济类型并存,集客运、汽车修理、旅游、汽车租赁、广告等为一体的国有独资大型公交企业集团。根据“十三五”发展规划,北京公交集团确立了城市公共交通运输、公交资产投融资与管理和汽车服务贸易三大主业板块,定位于立足首都,服务京津冀,努力打造国内领先、世界一流的现代公共交通综合服务企业。截至 2019 年底,企业总资产 597.37 亿元,净资产 352.70 亿元,共有员工 9.72 万人;在册运营车辆 30926 辆,其中,公交客运车辆 23307 辆;运营线路 1537 条,其中,常规公交线路 1163 条,多样化线路 374 条。此外,运营 1 条现代有轨电车线路—西郊线。北京公交集团共有二级企事业单位 24 个,其中,公益性企业 16 个,市场化企业 6 个,直属事业单位 2 个。2019 年,公共电汽车行驶里程达 12.07 亿 km,年客运量达 26.22 亿人次,承担着北京地面公交的主体任务,在北京市公共交通发展中发挥着重要作用。

(1)北京公交集团第一客运分公司成立于 2016 年 6 月,由原第一客运分公司和原第八客运分公司整合重组而成。第一客运分公司办公地址位于北京市朝阳区慧忠里 401 号,毗邻“鸟巢”“水立方”,主要负责城北地区居民出行,其营运线路特点为“四区、五纵、八横、一环线”,北到昌平区长陵,西到丰台区岳各庄,东到朝阳区郎辛庄,南到丰台区宋家庄交通枢纽,形成了连接东西、贯穿南北、城中环绕的客运交通运输网络。截至 2019 年底,第一客运分公司现辖 21 个运营车队,拥有线路 233 条,在册职工 9872 人,运营车辆 2880 部,线路总长度 3585.35km,年客运量达 3.79 亿人次。

(2)北京公交集团第二客运分公司成立于 2016 年 6 月 1 日,由原第五客运分公司和原第七客运分公司整合重组而成立。第二客运分公司办公地址位于北京市朝阳区红庙西里甲 4 号,主要负责北京市东部地区客运交通运输任务,管理区域以京密路以南、京沪高速以北区域为主,发挥着北京东部地区客运的主体作用,截至 2019 年底,第二客运分公司现辖 21 个运营车队,拥有运营线路 155 条,在册职工 9642 人,运营车辆 3107 部,年度总客运量 1.81 亿人次(不含员工卡),线路总长 1951.32km,年度总行驶里程 14527.80 万 km,日均客运量达 102.37 万人次。

(3)北京公交集团第三客运分公司成立于 2016 年 6 月,由原第二客运分公司和原第三客运分公司整合重组而成,主要负责北京市南部地区地面公交客运服务,管理区域以京沪高速以西、京港澳高速—大灰厂东路沿线以南区域为主,第三客运分公司办公地址位于北京市丰台区大红门六合庄 2 号。截至 2019 年底第三客运,分公司共有场站 96 处,在册职工 10807 人,运营车辆 2933 部,现辖运营线路 189 条,线路长度 3634.37km,年度运营总行程 14391.51 万 km,年客运总量 3.38 亿人次。

(4)北京公交集团第四客运分公司成立于 2016 年 6 月,由原第四客运分公司和原第六客运分公司整合重建而成,现办公地址位于北京市石景山区鲁谷路 55 号,主要负责北京城市地面公交运营服务,线路分布覆盖东城、西城、朝阳、海淀、丰台、石景山、门头沟、昌平 8 个城近郊区,截至 2019 年底,第四客运分公司现辖 23 个运营车队,在册职工 10295 人,运营车辆 3380 部,拥有运营线路 216 条,运营总长度 2281.42km,年客运量达 4.67 亿人次。

(5)北京公交集团第五客运分公司成立于 2017 年 6 月,原为北京八方达客运有限责任公司通州分公司,办公地址位于北京市通州区九棵树东路446号,主要负责北京东南部地区及跨省市“8”“9”字头的公交运营服务经营范围主要以城市副中心郊区及大兴区东北部为主。截至2019年底,分公司现辖10个大型运营车队,场站46处,在册职工5100人,运营车辆1613部,拥有运营线路134条,运营线路总长度为3546km,日均客运量达50.2万人次。

(6)北京公交集团第六客运分公司成立于2017年6月26日,原为北京八方达客运有限责任公司大兴分公司,办公地址位于北京市大兴区天宫院地铁站向西500m思邈路临32号,主要负责郊区线路管理,担负着房山、大兴、城六区以及河北省保定地区的涞水、高碑店、涿州的客运任务。截至2019年末,分公司现辖车队15个,共有场站总数73处,在册职工人数6211人。分公司运营车辆2236部,运营线路156条,年客运量达1.9亿人次。

(7)北京公交集团第七客运分公司成立于2017年6月26日,由八方达原东直门分公司和原怀柔分公司整合重组而成,办公地址位于顺义区南彩镇后薛各庄村915路公交场站内。第七客运分公司主要负责经营顺义、平谷、怀柔、密云区县以及东北部及朝阳区的公交线路,同时负责河北省滦平、兴隆、丰宁等地的外埠线路运营任务。截至2019年底,现辖12个运营车队,在册职工5210人,运营车辆1778部,拥有运营线路136条,运营线路分布城近郊区及河北境内,线路总长度为5337.9km,年客运量达1.16亿人次。

(8)北京公交集团第八客运分公司成立于2017年6月26日,原为北京八方达客运有限责任公司延庆分公司,办公地址位于北京市延庆,主要负责北京市西部门头沟区,北部海淀区、昌平区、延庆区及河北省张家口市涿鹿、怀来、下花园三个外埠区县客运市场的运输任务。第八客运分公司线网东至北京市朝阳区,西至河北省张家口市下花园区,南至丰台区地铁园博园,北至延庆区沙梁子,所辖经营范围广、跨度大。截至2019年底,第八客运分公司共下设12个部室、11个车队,在册职工4595人,运营车辆1731部,拥有运营线路185条,线路总长6168.9公里,年客运量1.73亿人次。

(9)北京公交集团电车客运分公司成立于1921年,原为北京市电车公司,1998年,经改革重组成立电车客运分公司,也是北京市唯一运营双源无轨电车的公交客运企业。分公司地址位于西城区阜外大街32号,主要负责北京市中心的客运服务任务,截至2019年底,分公司由12个机关部室、21个运营车队和电车公司供电所组成,在册职工9644人,运营车辆3649部,拥有运营线路133条,线路总长度为1941.95km,电车线网234双对km,运营总行程11739.18万km,年客运量达4.02亿人次。

(10)北京公交有轨电车有限公司成立于2017年4月26日,隶属于北京公交集团。公司以城市轨道交通运营与投资为主业,负责北京市第一条现代有轨电车西郊线的运营服务、安全管理、相关设备设施维保以及亦庄T1线的运营筹备等工作。2018年,现代有轨电车西郊线在国内首创车辆重联运营方式,单日客运量最高达9.5万人次,创全国有轨电车行业记录,全年实现客流量566.78万人次,完成走行里程105.54万车km,形成了特有的运营服务保障模式,积累了丰富的实践经验。公司始终坚持可持续发展理念,积极拓展国内外有轨电车市场,不断致力于城市公共交通发展。

三、北京公交的发展

当前我国大多数城市的道路交通紧张状况日趋严重,尤其是北京市在某种程度上已经影响了城市经济的发展和居民生活水平的提高。但由于受资金和土地空间资源的制约,道路的增长仍远远落后于机动车交通需求的增长,并且这种局面在相当长时期内是难以改变的。因此,最大限度地提高现有交通资源的利用效率是缓解交通供求矛盾的根本出路。有鉴于此,大力发展公共交通、实行公共交通优先成为缓解道路交通紧张状况的必然选择。随着城市公共交通各项方针政策的贯彻实施和改革措施的逐步落实,特别是"优先发展城市公共交通"战略的确立已成为社会各界的共识,我国城市公共交通必将在新世纪得到稳步的发展。其发展的主导趋势概括如下。

1. 公共交通结构多元化,建立地面公交快线网络

为满足不同层次的乘客需求,地面公交将逐步建立起以大、中运量快速轨道交通为骨干,以地面常规公共交通为主体,辅以其他客运交通方式的多层次的符合生态及环保要求的城市客运交通体系。公共汽、电车的技术性能向大功率、大容量、低地板、低污染方向发展。广大乘客对地面公交快线网络的需求尤为迫切。在交通管理部门的努力下,北京市的公交专用道已初具规模,公交专用道施划工作加快推进且衔接成网,如环线施划公交专用道,使原来以放射线、连接线为主的相对间断的公交专用道相互衔接形成网络,发挥更大作用,并为全市形成公交快线网络格局创造了条件。

2. 大、中运量快速轨道交通系统建设速度加快

城市快速轨道交通,特别是地铁经过多年的不断完善,已发展成为一种运量大、速度快、准时、节能、安全、可靠、舒适、污染小的现代化立体交通系统,不仅能有效地满足大城市不断增长的城市客运交通需要,还会为城市带来多方面的间接经济效益和社会效益、环境效益。实际上,现代快速轨道交通也代表了城市一种新的生产力。快速轨道交通建设前期准备工作的深入及周密与否,将直接关系着投资规模、施工周期、质量水平和未来可持续发展水平。一方面近年来城市快速轨道交通系统规划理论与方法的研究日益受到重视。另一方面,较高的建设资金投入问题一直是制约我国城市快速轨道交通发展的关键因素。其中,快速轨道交通的建设规模和标准以及轨道交通建设所采用的设备,直接影响着工程造价。因此,规划建设轨道交通项目,将充分考虑国情和财政实际承受能力,在交通功能上,明确供求适度平衡;在设备采用上,坚持立足国内,在引进国外先进设备的同时引进技术,实现合作生产,并促进国

产化；在资金筹措上，探索多种模式的筹资渠道。

3. 有计划地建设综合客运交通枢纽站

公交枢纽站作为多条线路汇集的大型换乘车站，处于城市交通走廊的节点，其客流由多种交通方式构成，具有换乘量大、快速集散、客流组成方式复杂等特点。衔接城市对外交通与市内交通间的客运枢纽，是实现交通方式转换、交通性质改变的场所，通过合理布设，可节省乘客进、出城时间，保证交通连续；便捷地连接城市各功能分区的客运枢纽，可合理地组织城市交通、平衡客流分布；衔接各种公交线路的城市综合客运交通枢纽，既有利于公交线路优化调整、增加公交运营线路的应变能力、提高公交运营效率，也可以方便乘客换乘，减少换乘次数，缩短出行时间，从而提高公共交通的竞争力，吸引客流。此外，客运枢纽可以充分利用地面和地下空间，实现土地综合利用，为节约城市用地创造条件。目前，北京公交集团已建成并投入使用的有动物园、北京西站（南、北广场）、北京南站、东直门、一亩园等公交枢纽站。

4. 提高公共交通吸引力，增加微循环公交和社区通勤快车

纵观国际上有效缓解交通拥堵的大型城市，依靠公共交通通勤比例一般在60%左右，北京中心城区绿色出行比例已提升至73%（2019年北京市交通发展年度报告）。随着新城发展、城乡一体化推进、众多新建小区的建设，在新城与新城之间、新城与市区的联络线、众多新建小区及城乡接合部上，将产生大量轨道交通未覆盖的公交出行需求。“微循环公交”“社区通勤快车”等精细化的公交服务新形式还将继续发展，进一步提高公交快捷、便利的吸引力。

四、北京大力发展地面公交的重要性

1. 发展公交是环境、资源与交通协调发展，保障城市可持续发展的客观需要

北京作为首都和华北地区的经济中心城市，人口扩张和车辆增多都是难以规避的现实问题。目前，城市交通与城市环境、资源的矛盾日益突出，主要反映在以下方面：

（1）交通需求持续增长，供需矛盾依然突出。2019年北京市交通发展年度报告显示，中心城工作日出行总量达3924万人次，比2015年的2729万人次增长了44%，交通需求呈现多样化增长趋势。除工作日出行总量快速增长外，机动车增长也是北京面临的严峻问题。2018年，北京市机动车保有量达到608.4万辆，其中私人机动车保有量达到489.4万辆，占总量的80%。但相对于汽车拥有量来说，道路设施明显滞后，与发达国家同类城市相比仍存在相当大的差距。随着私家车数量持续增长，交通供需矛盾日益突出。

（2）城市环境和大气污染治理成本加大。近年来，北京市绿色出行比例虽然有所提高，但个性化出行需求依然旺盛，占用道路资源比较多的交通方式（如私家车、出租车等）在通勤交通中的比重依然很大，不仅浪费十分短缺的道路资源，加剧交通拥堵，

而且会产生大气和噪声污染。市委市政府为改善大气污染做出了巨大的努力,但治理成本和代价是巨大的。

(3)北京古都保护的压力越来越大,道路建设的规模和速度受到制约。目前,北京城市中心区市交通问题最为突出的地区,也是古都保护的核心区。保护和控制开发的区域占到中心区面积的42%,既要保护原有的历史风貌,又要对布局和道路基本框架实施保护。因此,北京市中心区的道路格局和总规模难以有大的改善,未来面临的交通问题将更为严峻。

在需求增长、环境和资源矛盾日益突出的特定条件下,充分利用有限的道路资源,加快发展道路资源占有率较低的公交方式,为居民提供舒适、快捷、安全的公共交通服务,减少小汽车在通勤交通中的使用,提高公交在高峰通勤交通中的比重,既符合北京市可持续发展的客观需要,也是当前北京缓解交通矛盾的根本性措施。因此,在《北京交通发展纲要》中明确地提出了优先发展公交的战略。

2. 发展公交是统筹城市经济与社会发展,提高市民生活水平和质量的时代要求

公交是社会生产的第一道工序,也是城市直接为市民提供出行服务的一项重要基础设施,在支撑城市经济和社会发展中具有不可替代的作用。在建设世界城市的进程中,北京城市化发展尤其引人注目。但在城市规模逐渐扩大、城市机动车快速增长的背景下,城市公共交通仍然滞后于城市经济和社会发展。因此,无论从北京的城市规模、城市性质和城市功能,还是从城市经济和社会协调发展来看,进一步推进公交发展是落实科学发展观、体现执政为民的具体措施。

3. 公交是国际大城市交通发展共同的经验选择

北京要成为国际化大都市,成为世界城市,需要一个高效运转的交通系统。与国际上交通发达的大都市相比,北京市的交通系统服务水平仍有差距,还需要充分借鉴已有经验以获得更好的发展和更加显著的工作成效。对比研究伦敦、巴黎、东京等国际大都市的交通出行情况,由国际大都市公交发展的经验表明,随着城市区域由中心向外围的延伸,公交出行份额逐渐降低,即城市中心区的交通主要以公交为解决方案。一方面,在城市核心区域,上述各大都市的公共交通出行比例份额在65%~70%。另一方面,在和城市核心区的联系通道上,随着由内向外的延伸,上述国际大都市的公交方式所占份额逐渐增大,即随着与城市核心区距离的增加,与核心区的交通联系更加依赖于公共交通方式。其中,近郊区与核心区的出行中公交约占70%~75%,而远郊区与核心区的出行中公交通常占90%以上。在几个国际大都市中,小汽车交通都非常发达,车辆保有水平相对于北京市都非常高。但即使在这样的条件下,这些城市的公交客运发展都超过了北京市的水平。从各大都市交通发展的经验来看,要落实旧城风貌保护以及发展新城战略,超常发展公交是飞速发展中的北京的最佳选择。

第四节　运营调度管理的内容及研究的对象

一、运营调度管理的主要内容

公交企业为了满足市民各种不同的出行活动要求,需要进行一系列的运输组织工作,这个组织工作就是运营调度管理工作。目前公交企业的运营调度管理工作,主要包括以下五个方面的内容。

1. 线网规划的管理

线网规划是实现城市交通规划的重要组成部分。通过充分了解公交出行需求,分析客流分布情况和变化规律,结合城市道路、场站设施条件形成的线网规划,经政府相关主管部门批准后付诸实施。目前,北京的公交线网已经形成一个很成熟的系统,更多的工作是线网优化。通过公交线网优化对规划的线网进行局部的调整,不断提高公交服务水平,落实政府的公交政策。

2. 行车计划的管理

行车计划又称行车时刻表,是公交企业组织线路运营生产的作业计划,是公交计划调度的基本形式,一经批准必须严格执行。公交企业通过对行车时刻表的编制、审批、执行等环节的控制,实现对运营生产的管理。

3. 运营质量的管理

运营质量的管理是运营调度管理部门通过各种切实有效的管理手段对运营秩序形成的有效控制的过程,以实现预期运营质量。评价线路运营质量的主要指标有满载率、车次兑现率、大间隔、首三末三准点发车。

4. 运营业务的管理

公交企业运营中涉及的一些相关业务的管理,如票务、施工配合、突发事件应急、大型活动等的管理,都是运营管理的重要组成部分。

5. 现场调度的管理

在正常情况下,现场调度的管理主要体现在严格执行行车计划,保证间隔和车次兑现率。

当出现突发事件等情况时,要迅速获取信息,及时反馈,坚决执行上级调度命令,采取有效的调度措施,使受影响的运行秩序迅速恢复正常。

运营调度工作是公交企业的中心工作,企业的经营方针、经营目标通过运营调度工作来实现。运营调度工作直接关系到企业的服务质量。

二、运营调度管理研究的对象

1. 城市公交的运力适应运量的研究

城市居民根据各自出行的目的,在时间、地点、方向上对公交有不同的要求,形成了大量的、变化的、交错复杂的客流。尽管客流处于经常变动的状态,却仍然是有规律可循的。客运量的规律可归结为三大集中(时间、地点、节假日)、四大变化(时间、周期、气候、季节)、五个高(高峰小时、高峰日、高峰季节、高单向、高断面),这也是城市公交企业组织营运的基本出发点。为此必须配备专门人员,经常进行客流调查,研究分析客流规律,做好营运调度工作,研究运力与运量的相应比例关系,使公交运力适应运量的需要。

2. 城市公交行车计划的研究

公交企业为乘客服务的方式,就是在研究乘客流动规律之后,把大量的车辆组织在规定的线路上,按照客流的数量、方向、时间,制订有节奏的、周而复始的行车计划,即行车时刻表。

行车时刻表,在运行过程中具有企业内部法律的作用。行车时刻表的制订必须符合客流规律,即通常所说的"点客合一"。因此,对于行车时刻表来说,计划要科学,执行要严格。只有这样才能有效地组织车辆,更好地提供服务。

客流调查是编制行车时刻表的依据,行车时刻表是客流调查产生的结果,这是一项既严肃又复杂的工作,是一项数量上、时间上、空间上的分配组合。公交企业的运营调度管理必须强化这一工作,以便建立更好的、科学合理的运行秩序。

3. 城市公交现场调度方法的研究

行车时刻表力求点客合一是编制行车时刻表时必须坚持的原则,但在执行时常会遇到临时性的变化,因此现场调度很重要的一项工作内容就是采取有效措施,及时、迅速地解决临时性的变化,使运行秩序尽快恢复正常。

现场调度方法一般可分为两大类:一类为正常的规律性变化,如一天的营业时间内规律性的高峰、平峰等,大体上已纳入行车时刻表,但需调度人员按加车或减车调整时间;另一类属于规律性以外的临时性变化,如出现交通堵塞、突发灾难或社会活动等,就需要调度人员根据具体情况,采取临时调度措施,不仅解决当时的问题,而且还要尽快恢复正常的运营秩序。

4. 现代化调度管理方法和手段的研究

调度业务在很大程度上属于数字的范畴,是客流量在时间、空间上的分配组合,而且这个组合又随时间、空间的变化而变化。为了适应公交的快速发展和调度管理工作日益复杂的状况,必须采用现代化的智能调度系统,使用先进的管理方法。这就要求进一步加强无线电传递信息的网络体系、无线电监视系统,以及各种自控设备的设置,并充分发挥其潜能,更有效地组织运输工作。

三、运营调度系统的组织机构

运营调度系统的组织机构(或称为组织形式)是公交企业管理体制和组织机构的组成部分。运营调度部门列为企业职能部门,但它又不同于企业其他职能部门。它不仅行使业务指导的职能,而且还要执行调度指挥的职能,这是线网构成的整体性、时间性和不平衡性所决定的。因此,不管机构如何设置,都必须体现集中统一指挥的效能。

调度系统的组织形式是公交企业管理和机构设置的十分重要的内容。组织机构设置是否合理,直接关系到企业能否协调高效的组织运输。其中,权限的划分是关键。因此,必须解决调度系统好集权和分权、层次和幅度的关系。从目前来看,调度系统组织形式大体上分为以下两种形式。

1. 集权调度下的线路负责制

这种组织形式,权力集中,由公司调度部门直接管理各车队的调度工作,审批各车队的行车时刻表,平衡各车队的运输能力,对线路的运行有直接指挥权,这种组织形式便于全面平衡运输能力,指挥及时,效能高,适用于规模较小的企业。

2. 集权调度与分权调度相结合的线路负责制

把全部线路划分为几个区域(或几个场),增加区域一级的调度机构,适当下放权力。公司运调部门从全局的角度进行区域之间的平衡。行车时刻表的审批权由区域级调度部门负责,只向公司备案。各区域调度部门在本区域范围内行使集中统一的指挥权,并保留公司调度部门向线路直接下达命令的权利。

这种形式对局部来说便于组织运输和加强调度管理,而对全局来说,既解决了公司调度部门忙乱的现象,使其依靠组织推动工作,又不失其全面平衡的效能,并可防止出现各自为政的局面。

第二章

北京公交集团企业文化价值

党的十八大以来,以习近平同志为核心的党中央高度重视社会主义文化建设,发表了一系列关于文化建设的重要论述,立意高远,内涵丰富,思想深刻,意义重大。党的十九大报告深刻阐述了文化和文化建设的重要地位及作用,指出文化是一个国家、一个民族的灵魂,阐明了发展中国特色社会主义文化的方向、目标等推进文化建设的重大问题,为坚定文化自信,推动社会主义文化繁荣兴盛提供了根本遵循。北京公交集团深入贯彻落实习近平新时代中国特色社会主义思想和党的十九大精神,高度重视企业文化的作用,从企业改革发展和生产经营的实际出发,加强企业文化建设,坚定企业文化自信,提升企业文化力量,建强企业文化品牌,形成了独具特色的北京公交集团企业文化。

第一节　北京公交集团企业文化发展历程

一、北京公交企业文化发展脉络

北京公交已有近百年的历史。1921 年,北京电车股份有限公司正式成立,古都北京驶出了第一辆有轨电车,这是北京城市公交的初始,由此掀开了北京城市公共交通事业发展的序幕。中华人民共和国成立后,成立了“北京市公共汽车公司”。经过 30 年的艰苦奋斗、创业发展,北京城市公共交通行业初步形成规模,于 1980 年 8 月改组成立了“北京市公共交通总公司”,成为首都地面公共交通的经营主体。进入 21 世纪后,随着“公交优先”发展战略的确定,2004 年改制更名为“北京公共交通控股(集团)有限公司”。

北京公交集团作为国有独资大型公益性企业,是以城市地面公共交通客运主业为依托,集多元化投资、多种经济类型为一体的大型公共交通集团企业。经过近百年的发展,由诞生时的 2 条电车线路、总长 12.5 公里,成长为具有运营车辆 20000 余辆、运营线路 1000 余条、线路总长 20000 余公里的现代化企业,在首都城市地面客运中处于主体地位,发挥着主导作用。

北京公交近百年的发展历史,不仅留下了时代的烙印,同时积淀了丰厚的文化底蕴,形成了北京公交优秀的文化传统。改革开放以来,北京公交集团较早地学习、吸收国内外企业文化理论和文化管理的先进经验,解放思想,开拓创新,将企业文化理论与本企业的实际相结合,扎实推进企业文化建设。1993 年,北京公交开始了对企业文化的初步系统建设;2005 年,在总结提炼企业文化内涵的基础上,从导入企业识别系统(CIS)入手,先后形成了企业理念识别规范、企业行为识别规范和企业视觉识别规范,逐步构建起企业文化的基础框架,着力打造特色鲜明的北京公交企业文化。

2017 年,北京公交集团适应新时代的新变化、新要求,对企业文化再次进行深化提炼,在北京公交百年优秀文化积淀及以往企业文化建设经验的基础上,全面提升和构建与国家及首都发展相适应,与新时期企业战略、使命和愿景相匹配的文化体系,将北京公交文化提升到"同行文化"的新高度,支撑与引领集团公司的可持续发展。"同行文化"的提出标志着北京公交集团企业文化建设进入规范化、标准化、制度化的新阶段,上升到进一步创新发展的新层次。

二、北京公交企业文化传承积淀

北京公交近百年历史积淀的优秀文化是北京公交集团宝贵的精神财富和无形资产。在建设中国特色社会主义新时代,北京公交集团的优秀文化积淀将厚积薄发,进一步绽放出展现首善形象、优质服务乘客的绚丽光彩。

1. 乘客至上,诚于服务

乘客至上、诚于服务,是北京公交集团文化的历史积淀。北京公交集团秉持"一心为乘客、服务最光荣,真情献社会、责任勇担当"的企业精神,把乘客需求放在发展的首位,优化线网结构,提供便利的出行方案;加快车辆更新,打造舒适的乘车环境;完善服务规范,打造和推广服务亮点;深化服务专项整治,解决影响乘客体验的关键问题。20 世纪 50 年代驾驶煤气炉车的"节能状元"葛正中和著名的 13 路"全国红旗车队";60 年代苦练售票技能"一手清"的吴兰芬;70 年代解答乘客难题"百问不倒"的赵淑珍;80 年代被誉为"晶莹露珠"的王桂荣、"新长征突击手"杨本莉;90 年代"岗位作奉献,真情为他人"的李素丽、"活地图"任玉琢和电车"103 路"车队、"大 1 路"等服务品牌,都是乘客至上、诚于服务的杰出代表。

乘客至上、诚于服务,是北京公交人真诚美德的一脉相承。几十年来,北京公交集团坚持岗位学雷锋,把真诚作为优质服务的第一要义、职业素养的第一准则,不断提升整体服务水平。广大员工把对乘客的真诚化作诚挚的爱心、热忱的态度、和善的话语、文明的举止,真心服务于社会大众,使北京公交成为首都的一张靓丽名片。

2. 心怀大局,勇于担当

扎根于广大员工心中的首都意识,铸就了北京公交人心怀大局、勇于担当的责任自觉。

(1)心怀助力首都发展的大局。广大员工深知公共交通是城市主要的出行方式,关系人民群众日常工作和生活,关系城市正常运转,关系首都经济发展,深感公交服务工作责任重大,平凡而光荣。几十年来,伴随着首都城市建设的快速发展,公交线路不断向新建小区和郊区村镇延伸,北京公交集团广大员工牢固树立大局意识,勇于担当责任,保证了条条新线按时开通,满足了广大群众公交出行的需求。

(2)心怀展现首都形象的大局。广大员工把本员工作和中央对北京的“四个服务”要求紧密联系起来,以树立首都形象、展示首善风采为己任,在北京窗口服务领域率先提出“在全国人民面前代表首都,在世界人民面前代表中国”的响亮口号,做讲文明、有礼貌的北京人,通过公交服务的良好形象为首都形象增光添彩。

(3)心怀服务首都大事的大局。北京公交集团在首都历次重大政治活动中,认真落实市委、市政府工作部署和要求,以高度的政治责任感,选配高素质员工和精心保养的车辆参加运输保障工作,精心组织,精细调度,精准衔接,保证了每一次重要任务的圆满完成。

3. 拼搏敬业,甘于奉献

公共交通是一刻不能停摆的城市动脉,公交人的职责就是保证城市动脉畅通。“让更多的人享受更好的公共出行服务”的光荣使命,激励北京公交集团员工把方便带给乘客,把困难留给自己,形成拼搏敬业、甘于奉献的文化积淀。

拼搏敬业、甘于奉献的文化积淀,是北京公交集团薪火相传的优秀品质。在平凡的工作岗位上,在风雨无阻的公交服务中,在起得最早归得最晚的奉献中,北京公交人诠释着“一心为乘客,服务最光荣,真情献社会,责任勇担当”的企业精神,在为他人服务的奋斗中实现个人的人生价值。

拼搏敬业、甘于奉献的文化积淀,是坚持不懈、精心培育的结果。长期以来,北京公交集团各级组织始终注重员工队伍建设,大力营造“吃苦耐劳、乐于奉献、勇挑重担、先进引领”的思想氛围,使拼搏敬业,甘于奉献成为群体的思想境界,使员工队伍成为坚守国企职责,忠诚公交事业,在急难险重任务中迎难而上,在平凡工作岗位上兼程往复,以强烈政治责任感和社会使命感奉献于首都发展的过硬员工队伍。

4. 以人为本,长于关爱

以人为本、长于关爱是北京公交集团长期形成的优良传统,是坚持党的群众路线在企业文化中的具体体现。

以人为本、长于关爱充分体现在以员工为本。北京公交集团视员工为企业的根本,依靠员工群众办好国有企业,发挥员工代表大会的职能和作用,在企业改革发展中切实维护员工根本利益。坚持关心员工生活,做好事、办实事、解难事,让员工快乐工作、感受尊严。坚持优机制、搭平台、创氛围,促进员工强能力、提素质,不断成长、实现梦想。

以人为本、长于关爱,充分体现在以乘客为本。北京公交集团视乘客为服务主体,坚持“以人为本、乘客至上、创新发展、追求卓越”的核心价值,履行“让更多的人享受更好的公共出行服务”的企业使命,从乘客需求出发,不断优化线路,“减重复”“提运速”“便接驳”“增覆盖”,提供优质服务和多样化服务。通过不断创新公交经营模式,引领公众出行方式,吸引公众首选公交出行,为提升城市生活品质、治理大气污染、减轻道路拥堵做出了应有的贡献。

第二节　北京公交集团企业文化建设体系

一、北京公交企业文化发展目标

企业文化发展目标是企业文化建设工作实施的“统领”,具有阶段性特点,其内容决定了在较长的一段时期内,企业文化建设方向的准确性、计划的有效性和落实的可行性,是支撑企业发展总体战略布局的重要组成部分,确保企业文化建设形成整体规划、有序推进的总体格局。

现阶段企业文化建设发展阶段性目标即“四个高”:建设一个“高趋同”的价值理念体系、构建一个“高效率”的文化管理模式、坚持开展“高层次”的文化实践创新、大力塑造“高信赖”的集团品牌形象。

建设一个“高趋同”的价值理念体系:开展企业文化优化升级,形成体现集团特色、具有前瞻性的理念体系。梳理提炼,构建核心价值观指导下的、适应公交集团变革发展的行为规范体系。

构建一个“高效率”的文化管理模式:健全责任体系,组建一支覆盖全面、专业精干的企业文化建设队伍,建立分工明确、齐抓共管的工作机制。明确“一主多元”的母子文化架构,指导二、三级单位开展统一文化下的特色实践,不断丰富和发展公交文化。

坚持开展“高层次”的文化实践创新:理念引导,进行核心价值观指导下的管理创新,有计划、有主题、有重点地开展管理提升活动,提升企业的管理效能。实践渗透,推进特色实践载体创新,开展六大文化建设与特色子文化建设,促进企业文化的落地生根。

大力塑造“高信赖”的集团品牌形象:科学定位,梳理品牌架构,明确品牌核心价值,塑造个性鲜明、凸显公益属性的“北京公交”的品牌形象。精准传播,制定品牌传播规划,开展贴近时代、贴近百姓的系列品牌活动,提升“北京公交”品牌的影响力。

通过“四个高”的企业文化建设阶段性目标,持续提升集团公司企业文化建设水平,使企业文化深度融入日常工作以及企业管理,逐步形成富有集团特色的企业文化建设行业标杆,充分发挥企业文化的向心力和凝聚力,达到统一思想、凝聚共识、规范行为、塑造品牌的良好效果,推动员工由“制度驱动”转变为“价值观驱动”,为集团公司发展提供强大的文化支撑。

二、北京公交“六大文化”建设

北京公交“六大文化”建设是贯彻落实党的十九大精神,坚定文化自信的重要体现;是企业牢记初心使命,保持高度战略定力和发展方向的内在要求;是推动企业现代化建设,完善企业现代治理体系,提升企业“文化软实力”的重要举措。文化是企业发展最根本、最持久的力量,在新的时代背景、新的发展阶段下,集团公司党委高度重视企业文化建设,提出了开展“六大文化”建设,即理念文化、制度文化、识别文化、仪式文化、行为文化、执行力文化,以此把有形的文化和无形的文化结合起来,让文化不虚化、不空谈,落地有声,落实有力。这“六大文化”相辅相成,相互联系,相互支撑,既是对北京公交以往企业文化的精心提炼,又是对现代文化的吸收升华,翻开了新时代北京公交企业文化建设的新篇章。

1. 理念文化

理念文化是企业文化的核心和灵魂,是企业在生产经营过程中受文化传统、意识形态影响而形成的一种长期的文化观念和精神成果,具有导向、约束、激励、凝聚等作用。理念文化坚持传承与创新相结合,在总结归纳企业发展历程中积淀而形成的优秀文化元素。理念文化一般由企业使命、愿景、核心价值观和企业精神以及具体的实践理念组成。开展理念文化建设,重点在于突出企业文化的核心价值,传承公交优秀企业文化,践行企业使命、企业愿景、核心价值观、企业精神等,通过强化理念文化,起到凝心聚力的重要作用,营造北京公交良好的企业文化氛围,增强全体员工对企业的认同感和归属感。

2. 制度文化

制度文化是推进企业治理体系和治理能力现代化的重要支撑,是全面依法治企、强化企业民主管理、科学管理的集中体现,也是企业全体员工共同遵循的行为规范。科学合理的制度文化既是优秀企业文化的客观反映,也是对于贯彻实施企业文化的重要保障。制度文化可以将企业文化理念转化为实际可操作的管理制度和机制,使各项制度反映企业文化理念,做到“固化于制”。集团实施制度文化主要体现在公开、公平、公正上,要突出激励、业绩、能力导向。通过制度执行实现有序管理,树立制度的威严,使管理有法可依;结合企业服务对标、内控管理等工作,在运营生产实际过程中强化员工的制度意识、责任意识,使员工对制度逐渐认同、深入理解、严格执行,把外在的行为约束转化为内在的信念约束,形成内在管理的制度约束机制。

3. 识别文化

识别文化是对企业文化理念的具体物质与形象表现,对扩大"北京公交"影响力、号召力和凝聚力具有重要作用,是企业形象鲜明的视觉展现,将集团企业文化、企业规范转化为清晰可见的识别系统,进而凝聚核心价值文化的共识。开展识别文化建设,要在车厢、场站、站台识别中突显公交文化特色,让企业愿景、企业使命、企业核心价值观随处可见,在公益性企业范围的车辆、设施中冠以"北京公交",注重无形资产和知识产权的保护,形成文化的聚合力。对企业视觉识别系统进行规范化应用和升级,进一步明确企业标识(Logo)、企业标准色、标准专用字体、企业名称规范、辅助图形应用等;将识别文化贯穿于企业的经营管理行为之中,展现企业形象特征,树立企业品牌文化,起到内聚人心、外树形象的作用。

4. 仪式文化

仪式文化以宣传企业的核心价值文化为重点,是把集团开展的某些工作固定化、程式化,是展示企业形象的重要途径和方式。仪式文化以集体行为的结构化和稳定的模式为特征,是一个不断强化文化宣传的过程。发挥仪式文化的作用,能够通过有形的活动将无形的文化理念内化于心,潜移默化地影响员工思维,形成文化习惯,增强员工的归属感和自豪感,有效解决企业文化的落地问题。

5. 行为文化

行为文化是员工在生产经营、人际关系中产生的活动文化,是以员工的行为为形态的企业文化。行为文化真实地反映了企业的使命、愿景和精神面貌,是企业核心价值文化的折射。在行为文化的实践中,要以安全、运营、服务各项工作为重点,倡导员工的职业道德和诚信服务,满足乘客出行需求,提高服务水平,体现文明行为,帮助员工从思想意识、管理行为上塑造公交行为文化,提升员工的整体素养。

6. 执行力文化

执行力文化是把"执行力"作为所有行为的最高准则和终极目标的文化,体现了企业的核心竞争力。执行力文化的关键在于透过企业文化塑造和影响企业所有员工的行为,形成全心全意、令行禁止、权责明确等工作作风。执行力文化是一个落实的过程,也就是不断发现问题进而解决问题的过程。具体体现为说我们做的,做我们说的,说到做到,通过考核、督查等方式全面加强,不仅要列项目,更重要的是盯结果,做到积极作为、善于作为、依法作为。

三、北京公交企业标识升级

随着时代变迁,企业理念文化更新,为使企业标识更富于时代性、国际化的要求,2017 年北京公交集团以目前国际上较为流行且具有北京特征的红灰配色为基准,并根据继承借鉴、融合创新、创意设计的原则,对企业标识进行调整和完善如图 2-1 所示。

图 2-1　北京公交企业标识

新的企业标识主要致力于打造“北京公交”品牌新形象,规范企业标识的整体形象应用,新标识的使用规定品牌标识以品牌形象图形(企业 Logo)、品牌标准字、英文构成整体品牌形象,三者原则上不可拆分,以保证北京公交企业品牌整体形象鲜明、简洁,从而在更大范围内提升“北京公交”的社会认知度。

标识遵循简洁明快的国际化设计理念,体现出北京公交集团的开放性、包容性、时代性。整体为椭圆造型,寓意方向盘和车轮,代表行业属性,体现出北京公交集团“同行文化”的融合力、凝聚力、向心力。

标识采用红、灰两种基本色。红色是首都的文化印记,有吉祥喜庆的寓意;灰色是北京青砖灰瓦的传统色彩,有深入人心的地域特征。两色相配,大气稳重,既体现出北京公交服务首都的政治责任,以及北京公交人服务公众的主动与热情,又富有历史感和地域感,展现出北京古老与现代相融的文化气息。

标识由三条线段围绕一个圆环,形似北京环形及散射状的路网,寓意北京公交集团立足首都、面向京津冀、走向世界的开放、创新之路,也寓意北京公交集团打造“互联网 + 公交”,实现互联互通,秉持智慧之道,建设现代公交的理念。

标识中间的红色飘带,似宽广的道路向远方延伸,象征北京公交集团走过百年的发展历程。北京公交集团在国家“一带一路”、非首都功能疏解、京津冀协同发展等新的历史条件下,践行“创新、协调、绿色、开放、共享”五大发展理念,打破固有观念,拓宽发展思路,谋新路、创新篇,体现了北京公交集团肩负新的使命、朝着新的愿景,公交现代化建设之路越走越宽,走向更加宽广美好的未来。

标识整体寓示新的历史时期,北京公交人既传承历史、同心同德、和融共生,又开拓创新、行无止境、追求卓越,不断走好建设国内领先、世界一流的现代公共交通综合服务企业新征程。

第三节　北京公交集团企业文化价值理念体系

北京公交集团企业文化价值理念体系是以“同行文化”为主题,包括“同行”内涵、“同行”价值(核心理念层)、“同行”共识(应用理念层)三个层面。

一、“同行”内涵

“同行”内涵是对“同行文化”概念的阐释，包括两个方面：一是同心同德，和融共生；二是行无止境，追求卓越。

1. 同心同德，和融共生

“同心同德，和融共生”体现的是北京公交人的情怀，更是信仰。“同心”内涵为共筑公交梦想，共促公交事业，统一思想行动；“同德”内涵为继承传统美德，恪守职业道德，弘扬精神文明；“和融”内涵为秉持公益定位，响应各方期盼，共建和谐生态；“共生”内涵为坚守惠众利民，坚持携手共进，实现协同发展。

“同心同德，和融共生”是北京公交集团“同行文化”体系中“六元价值”的内涵体现，表明北京公交集团始终坚定地与乘客同行、与政府同行、与员工同行、与社会同行、与伙伴同行、与行业同行，相互促进、携手共建，实现乘客满意、政府信任、员工幸福、社会赞誉、伙伴共赢、行业引领，共创首都公交美好明天。

2. 行无止境，追求卓越

“行无止境，追求卓越”体现的是北京公交人的进取，更是信念。“行无止境”内涵为勇担社会责任，提升服务品质，实现宏伟愿景；“追求卓越”内涵为谋求持续进步，推动跨越发展，实现公交梦想。

“行无止境，追求卓越”是北京公交集团新时期“三步走”发展战略部署的内涵要求。表明北京公交集团持续提升公交服务品质，提升资产经营质量，提升资本运作效益，促进企业健康可持续发展，致力成为“世界公共交通服务领域内具有较强影响力的公交企业”。

二、“同行”价值

“同行”价值是指北京公交集团“同行文化”的核心价值理念，共分为四个部分：一是使命，二是愿景，三是核心价值观，四是企业精神。

1. 使命

使命是北京公交集团存在的本质意义、肩负的根本任务。北京公交集团的企业使命是：让更多的人享受更好的公共出行服务。使命的内涵释义为：我们企业的本质是公益性服务，定位于“现代公共交通综合服务企业”，为公众提供安全、快捷、方便、准时、舒适的“公共出行服务”是北京公交人的根本职责与庄严承诺。我们立足首都，服务京津冀，不断拓展经营领域，不断提升服务水平、不断满足出行需求，不断增强公交吸引力，让“更多的”人享受到公交优质服务。我们始终把提高出行服务品质放在首位，持续推进现代公交发展，以现代化设施、精细化管理、标准化服务，让公众享受到“更好的”公共出行体验。

2. 愿景

愿景是北京公交集团对未来发展的现实追求，是北京公交人为之奋斗的美好蓝图，努力实现的长远目标。北京公交集团的企业愿景是：引领公众出行方式，提升城市生活品质，成为卓越的国际性控股集团。愿景的内涵释义为：创新公交经营模式，提高公交运行效率，满足多样化出行需求，引领公众出行方式。北京公交集团倡导文明交通，推动绿色出行，共筑智慧公交，提升城市生活品质。北京公交集团做强做优做大主业，以一流人才、一流管理、一流经营、一流服务、一流效益、一流品牌，提升综合实力，提升服务品质，打造国际性控股集团，逐步成为世界公共交通服务领域内具有较强影响力的公交企业。唯有卓越，方能拥抱未来。

3. 核心价值观

核心价值观是北京公交集团存在意义的评价标准，北京公交人行为价值的选择标准，是北京公交集团的文化本质。北京公交集团的核心价值观是：以人为本，乘客至上，创新发展，追求卓越。“以人为本，乘客至上”是北京公交集团文化的历史积淀；“创新发展，追求卓越”是北京公交集团文化的时代引领。核心价值观的内涵释义为：北京公交集团视员工为企业的根本，坚持人性化管理，维护员工基本权益，促进员工全面发展，营造积极和谐的企业氛围，打造北京公交人共同的精神家园。北京公交集团视乘客为服务的主体，秉承“吃苦耐劳、乐于奉献、勇挑重担、先进引领”的优秀品格，践行“让乘客满意”的社会责任，“让政府放心”的政治责任。北京公交集团视创新为发展的核心，坚持观念创新，转变思维方式，开阔发展思路；坚持管理创新，转变管理方式，促进提质增效；坚持技术创新，转变服务方式，实现服务升级。北京公交集团视卓越为前进的目标，追求持续进步，追求跨越发展，追求实现乘客利益最大化、员工进步最大化、公交发展最大化，实现国内领先、世界一流，筑就“公交梦”。

4. 企业精神

企业精神是北京公交集团员工在长期工作实践中形成的意志品质，是企业发展、员工进步的精神动力。北京公交集团的企业精神是：一心为乘客，服务最光荣，真情献社会，责任勇担当。企业精神的内涵释义为：北京公交集团以奉献公交事业为荣，全心全意为乘客服务。温暖同乘，快乐同行，以真心感动乘客、以爱心关怀乘客、以热心帮扶乘客、以细心照顾乘客、以诚心回应乘客，在平凡岗位中永葆创先争优、服务一流的精神追求。北京公交集团以保障公众利益为责，真心实意为社会服务。情牵社会，心系民生，勇于肩负首都国企的政治责任、公益企业的社会责任，时刻保持敢打硬仗、能打胜仗的责任担当，为实现国际一流的和谐宜居之都贡献力量。

三、“同行”共识

“同行”共识是指北京公交集团“同行文化”应用层面的理念，共有八个部分：一是服务理念，二是管理理念，三是安全理念，四是科技理念，五是人才理念，六是学习理念，七是廉洁理念，八是品牌理念。

1. 服务理念

服务理念是北京公交集团为展示良好行业形象、赢得公众认知所奉行的基本信念，体现出北京公交人恪守公益性国有企业定位的服务本质。北京公交集团服务理念主题是打造“真情公交”，理念为“真诚于心，奉献于行”。

真诚是北京公交人一脉相承的光荣传统。北京公交集团把真诚作为优质服务的第一要义、职业素养的第一准则，以诚挚的爱心、热忱的态度、和善的言语、文明的举止服务于社会公众。奉献是北京公交人代代相传的优良作风。北京公交集团坚守国企职责，忠诚公交事业，在急难险重任务中迎难而上，在平凡工作岗位上兼程往复，以强烈的政治责任感和社会使命感奉献于首都发展。

2. 管理理念

管理理念是北京公交集团开展管理活动的基本原则，是实现固本强基、提质增效等一系列管理实践的基础保障。北京公交集团管理理念主题是打造“精益公交”，理念为“管必精细，行必高效”。

北京公交集团坚持目标导向，推行精细化管理。通过“决策科学化、经营法治化、基础坚实化、行为标准化、规范全员化”，管理环节做实做细，实现工作流程精细创优，达到“人人重细节、事事见效益”。北京公交集团坚持问题导向，聚焦高效执行力。言出必践，发挥主观能动性，全面准确，落实决策部署；行有建树，提高工作效率，加强团队协作，实现组织优化协同创效，达到“责任全方位、行动高效率”。

3. 安全理念

安全理念是北京公交集团打造“大安全”体系，打牢安全维稳基础的指导思想，实现企业持续安全稳定发展的基本原则。北京公交集团安全理念主题是打造“平安公交”，理念为“安全发展，共享安全”。

安全是企业的生存之本。北京公交集团树立“总体安全观”，坚持“安全第一”的红线意识和底线思维，依法建安、规范保安、精细创安、科技强安，打牢安全维稳基础，提高全面保障能力，实现企业长治久安。安全是员工的首要责权。北京公交集团牢记“公交无小事”的责任意识，坚持维护安全稳定人人有责，完善责任体系，发挥协同效应，全员“想安全、懂安全、保安全”，共建和谐稳定环境，共享安全发展红利。

4. 科技理念

科技理念是北京公交集团不断追求公共交通服务科技现代化、信息化及设备设施技术开发应用等方面的基本认知。北京公交集团科技理念主题是打造“智慧公交”,理念为“创新驱动,引领发展”。

科技理念旨在着力创新驱动,依托“互联网+公交”的深度融合,发挥创新思维,凝聚创新力量,促进绿色公交、信息公交、智能公交等领域的新技术应用,推动公交科技进步,保持领先水平。引领未来发展,关注公众出行方式的转型升级,聚焦运营效率、服务品质、节能环保、产业发展的全面提升,深化数据资源互联互通,提高国际化智能科技水平,打造城市智慧公交。

5. 人才理念

人才理念是北京公交集团对员工价值和团队管理的根本认知,体现出北京公交集团与员工共生、共创、共赢的发展原则。北京公交集团人才理念主题是打造“人文公交”,理念为“尊重关爱,共同成长。”

员工是企业创新发展的核心推动力。尊重每一位员工的人格尊严与职业诉求,关爱每一位员工的身心健康与发展进步,保障员工合法权益,营造和谐工作环境,激发员工工作热情,增强员工归属感。员工是公交事业进步的关键同路人。依靠每一位员工的价值创造力,完善培育激励机制,提供职业发展平台,让员工更加自信、更加自强、更加自豪,实现企业与员工同步发展、共同成长,增强企业凝聚力。

6. 学习理念

学习理念是北京公交集团对学习重要性和方法论的认知,是打造学习型企业的指导思想。北京公交集团学习理念主题是打造“知识公交”,理念为“尚学求进,尚行求实”。

崇尚学习,追求进步。北京公交集团营造“书香公交”的学习氛围,强调全员学习、主动学习、终身学习,让学习成为习惯、成为乐趣,在学习中开拓思维、增长能力、提升素养,做知识型北京公交人。推崇行动,讲求实干。北京公交集团强调工作岗位就是实践平台,工作过程就是实践过程,工作结果就是学习成果,让实干成为自觉、成为风尚,在实践中知行合一、学以致用,做实干型北京公交人。

7. 廉洁理念

廉洁理念是北京公交集团各级领导干部在党风廉政建设中所遵循的基本原则和政治素养。北京公交集团廉洁理念主题是打造“阳光公交”,理念为“严格自律,风清气正”。

廉洁理念是指自律其身,忠诚信仰、严守底线、慎独慎微;自律其位,坚持原则、秉公履职、知人善任;自律其权,依法用权、公正用权、谨慎用权;自律其行,遵规守纪、率先垂范、接受监督。坚持以“零容忍”的态度惩治腐败。全面构建廉政风险防控体系，筑牢防线、拒腐防变，做到不敢腐、不能腐、不想腐。弘扬风清弊绝的浩然正气，营造激浊扬清、以廉为美的清廉风尚。

8. 品牌理念

品牌理念是北京公交集团的品牌价值承诺，体现出北京公交集团的历史使命与价值追求。北京公交集团品牌理念主题是打造“品质公交”，理念为“一路同行，一心为您”。

北京公交与您一路同行。您是北京公交集团赖以生存的根基，您的需求就是北京公交集团前行的动力。北京公交集团是您最忠实的伙伴，信守与您的约定，寒来暑往真情服务，披星戴月永葆初心。北京公交为您一心服务。致力于构建更加安全、快捷、方便、准时、舒适的现代公共交通服务体系，为您营造更加通畅、和畅、舒畅的出行体验，让更多的人享受更好的公共出行服务。

第四节　北京公交集团员工行为规范

北京公交集团员工行为规范主要从企业文化建设的角度对企业员工进行规范，包括员工行为公约、行为准则和行为礼仪三个方面的内容。

一、行为公约

行为公约是企业全体员工共同遵守的约定，是企业员工共同信守的行为规范。行为公约共有八条，分别是：爱国守法、爱岗敬业、创先争优、团结协作、诚信友善、尊重包容、学习创新、健康自律。

1. 爱国守法

爱国守法是所有北京公交集团员工履职行为的底线，是指要热爱祖国，恪守公民基本道德规范，践行社会主义核心价值观。心中信法、遵纪守法，依法行使权利，自觉履行义务，争做合格公民。

2. 爱岗敬业

爱岗敬业是所有北京公交集团员工履职行为的本分，是指要忠诚企业，热爱本员工作，认真履行职责，优质高效完成任务。秉持职业道德，提高职业素养，充分发挥主观能动性。

3. 创先争优

创先争优是所有北京公交集团员工履职行为的目标，是指要为愿景而奋斗，以高昂的精神状态投入工作,以实际行动创造佳绩。努力成为岗位标杆,为企业创造效益,为社会贡献价值。

4. 团结协作

团结协作是所有北京公交集团员工履职行为的前提,是指要怀有共同的奋斗目标,互相信任,积极沟通,共同搭台。凝聚团队智慧,发挥团队力量,维护工作大局和集体利益。

5. 诚信友善

诚信友善是所有北京公交集团员工履职行为的基础,是指要遵守诺言,恪守信用,言必信,行必果。待人真诚,谦敬礼让,帮扶互助,传递友善。

6. 尊重包容

尊重包容是所有北京公交集团员工履职行为的共识,是指要尊重每一个人的想法和能力,尊重每一个人的付出和价值。换位思考增加理解,坦诚沟通化解争议,深度交流达成共识。

7. 学习创新

学习创新是所有北京公交集团员工履职行为的途径,是指要增强学习意识,提高学习能力,实现学习常态化、学习实效化。突破定式思维,坚持持续改进,追求更高的效率、更好的自己。

8. 健康自律

健康自律是所有北京公交集团员工履职行为的修养,是指要倡导健康的生活方式,陶冶高尚的道德情操,保持积极的阳光心态。严于律己,让自律成为一种习惯,保持良好的精神状态。

二、行为准则

行为准则是北京公交集团员工根据各自岗位的具体要求,在行为公约基础上进一步的工作标准和具体原则。

具体到北京公交集团调度员的行为准则,主要包括岗位理念和关键行为两个方面的要求,调度员的岗位理念是“科学调度,高效指挥”。调度员的关键行为是“合理计划,科学安排,平衡运力,应急稳妥,关心驾乘,团结协作”。

三、行为礼仪

行为礼仪是北京公交集团员工在日常工作中要遵守的道德习惯,是企业员工素质、教养、道德等的集中体现。包括基本礼仪、工作礼仪和公共礼仪三个层面。

1. 基本礼仪

基本礼仪包括仪容仪表和言谈举止两个方面。

仪容仪表就是指要做到:面部干净、发须整洁、妆容淡雅、衣着得体、配饰简洁、形象大方。

言谈举止就是指要做到:语言文明、语调柔和、语速适中、坐姿端正、站姿挺拔、行姿稳健。

2. 工作礼仪

工作礼仪包括工作交往、工作汇报、拜访接待、通讯交流、会务活动五个方面。

工作交往就是指要做到:称谓礼貌、主动问候、亲切握手、言谈和蔼、手势得体、谦和有度。

工作汇报就是指要做到:准备充分、发言简明、条理清晰、征询意见、准确记录、领会精神。

拜访接待就是指要做到提前预约、遵约守时、真诚致谢、安排得当、迎送合规、礼宾有序。

通讯交流就是指要做到:在电话沟通时确认身份、表述清晰、记录重点;在电子邮件沟通时主题明确、语句准确、格式规范;在传真沟通时信息完整、及时转呈、确认送达。

会务活动就是指要做到:组织者能够精心筹备、全程保障、后续跟进;参与者能够准时参会、认真倾听、遵守规则;主持人能够言达行雅、掌控议程、稳健灵活;发言人能够态度谦和、表达精准、把握时间。

3. 公共礼仪

公共礼仪就是指要做到:遵规守纪、文明自律、友善礼让、和睦共处、尊老爱幼、乐于助人、爱护公物、节约环保。

第五节　北京公交集团企业文化实践活动

北京公交集团企业文化实践活动是在企业文化价值理念体系的基础上,从文化外在实践的角度,对企业文化建设进行的丰富发展。通过企业文化实践活动对企业核心价值理念进行宣贯,使之成为企业员工的行动自觉和行为自觉,不断提升企业文化的影响力、传播力、传导力。

北京公交集团企业文化实践活动主要内容是要突出发挥"新媒体、新平台、新仪式、新空间"在企业文化创新实践中的作用,从载体层面深入开展二十项重点任务,即"一个全媒体宣贯载体";"五个文化传播平台",包括员工互动平台、文体活动平台、在线学习平台、形象展示平台、公益活动平台;“六大仪式文化建设”,包括员工入职仪式、员工退休仪式、教育激励仪式、入党入团仪式、管理任职仪式、企业纪念仪式;“八项文化实践活动”,包括讲好一堂企业文化课、组建一支文化宣讲团、拍好一批公交金镜头、挖掘一组公交好故事、开辟一档公交微节目、聘请一批公交代言人、设计一套文化衍生品、设立一个员工“文化节”,简称企业文化“1、5、6、8”实践体系。

一、打造“一个全媒体宣贯载体”,强化文化传导深度

一个全媒体宣贯载体主要指通过树立“互联网 + 文化”的思维,高度重视传播手段建设和创新,充分利用微博、微信、网站、视频平台、宣传园地、车载电视等媒体平台,持续认真做好党的十九大精神的学习宣传,设计制作符合干部员工审美需求的企业文化主题海报、宣传片和微视频,通过全媒体文化宣贯载体宣传企业文化理念和价值导向,实现企业文化建设线下线上同步发力。

二、构建“五个文化传播平台”,增强文化感染力度

1. 员工互动平台

员工互动平台通过开通企业移动门户,丰富新媒体平台的推送内容和服务方式,使员工可以更便捷地浏览企业动态和个人信息,进一步拓展文化宣教管理新渠道。

2. 文体活动平台

文体活动平台主要依托集团公司官方微博、微信、网站和员工文体协会,以员工和公众喜闻乐见的各类文体形式,积极组织开展线上线下互动体验活动,提高公交员工及广大乘客对公交文化的体验感,营造浓厚的企业文化氛围。

3. 在线学习平台

在线学习平台主要指充分利用“公交在线学习平台”APP 功能和资源,以企业文化专题答卷、文化理念教育资料等为主要内容,组织开展知识竞赛、教育培训和学习交流活动,进一步提升企业文化理念宣贯的覆盖率。

4. 形象展示平台

形象展示平台主要指精心筹建新北京公交展示馆,通过引入先进科技手段,创新宣传展示内容,使之成为北京公交历史文化与发展成就的全景展示平台。借助展示馆等载体,开展同行交流、社会宣传、员工教育等文化传播活动,充分展示企业品牌形象,进一步扩大企业文化影响力。

5. 公益活动平台

公益活动平台主要围绕企业文化理念,结合开展特色公益活动,主题日活动、青

年志愿服务活动等，积极传播传导企业价值理念，展现公交品牌价值，提升社会公众对公交企业文化的认知度。

三、推进“六大仪式文化建设”，提升文化体验温度

1. 员工入职仪式

员工入职仪式是指通过组织新员工观看“入职教育片”、参观公交展示馆、举行入职宣誓、参加专业入职教育，促进新员工了解和掌握企业发展历程、使命愿景、核心价值观、企业精神、劳模先进事迹，提高新员工的荣誉感、使命感和忠诚度，使他们尽快适应和融入企业文化。

2. 员工退休仪式

员工退休仪式是指按照“统一规范，分级实施，定期开展，灵活多样”的原则，结合实际，组织退休员工开展“五个一”活动，即开展一次谈心谈话、颁发一块荣誉奖牌、拍摄一张退休合影、赠送一份退休纪念、送上一句温馨祝福活动。提高干部员工的归属感、成就感和获得感。

3. 教育激励仪式

教育激励仪式是指通过开展“金方向盘”评选，先进集体、先进个人评选表彰仪式，“七一”表彰仪式，以及建立员工班前宣读岗位职责等班组仪式、特色仪式，充分发挥仪式的教育激励功能。

4. 入党入团仪式

入党入团仪式是指依照党团规章制度要求，在组织开展相关仪式活动中，增加企业文化理念的相关内容。

5. 管理任职仪式

管理任职仪式是指根据相关管理层级任职要求，开展颁发任命书、举行任职宣誓活动。

6. 企业纪念仪式

企业纪念仪式是指针对企业重要庆典活动，规范纪念活动的报送审批及开展相关纪念仪式的流程，在仪式活动中规范展示企业标志标识，奏唱司歌、升司旗等环节。

四、培育“八项文化实践活动”，拓宽文化影响维度

1. 讲好一堂企业文化课

讲好一堂企业文化课是指以公交“文化讲堂”形式为重点，由各级党组织负责人

结合本单位实际,或邀请外部文化建设专家,定期讲好一堂企业文化课,帮助员工准确把握企业的使命和愿景、企业精神与核心价值观,实现企业文化建设自上而下、有效传导。

2. 组建一支文化宣讲团

组建一支文化宣讲团是指以员工宣讲团为骨干组建企业文化宣讲团,以基层员工喜闻乐见的方式,开展覆盖全体员工的企业文化理念宣贯活动,深入基层车队、车间开展巡回宣讲,宣传先进事迹,讲好公交故事,传播公交正能量,实现企业文化建设由外及内,平行灌输。

3. 拍好一批公交金镜头

拍好一批公交金镜头是指以"金镜头"摄影摄像评比活动为载体,引导员工发现和记录工作中的美好瞬间,展现新时期公交企业发展成果和员工队伍优良风貌,不定期进行评选、奖励,并通过官方平台向外传导,用影像讲述公交故事、传递公交形象,实现企业文化建设寓教于乐,常态运转。

4. 挖掘一组公交好故事

挖掘一组公交好故事是指以传承北京公交优秀文化为主题,深入挖掘公交企业和公交人身上的闪光点,整理出一批反映行业精神和员工风貌的真情故事,形成故事集,实现企业优秀文化的准确记录和文学升华。

5. 开辟一档公交微节目

开辟一档公交微节目是指以解决企业文化持续传导"最后一公里"问题为抓手,编辑制作《公交频道》特别节目,涵盖公交企业文化理念宣传内涵,坚持在基层300台移动终端播放,营造企业与员工同心同德、风雨同行的文化氛围。

6. 聘请一批公交代言人

聘请一批公交代言人是指要开展明星公益代言活动,邀请符合企业理念的社会名人和优秀员工担任"北京公交形象大使",策划丰富多彩的公交企业文化活动,对内吸引员工参与企业文化活动,对外倡导公交文化理念,进一步提升公交企业的影响力。

7. 设计一套文化衍生品

设计一套文化衍生品是指在完善传统视觉识别系统应用的基础上,拓展具有公交行业文化特色的展示渠道,设计制作公交吉祥物等文化衍生品,面向全社会进行设计方案征集,甄选优秀设计图稿,并制作成贴图、海报、展板等宣传品,争取入围"北京礼物",在人流密集的机场、火车站、展馆等公共场所进行广泛宣传和推广,增强公交文化生命力,提升北京公交品牌形象。

8. 设立一个员工“文化节”

设立一个员工“文化节”是指以员工“文化节”为主题，依托“国企开放日”“公交出行达人”“绿色出行公社区”“党员干部进社区”“基层单位互动共建”等公益品牌活动，进一步丰富公交文化实践活动内容和形式，打造具有公交情怀和独特生命力的文化主题节日活动，增强与社会公众的互动交流，提高公交文化吸引力，扩大企业的社会影响力。

第三章

公交职业道德

第一节　城市公交职业道德

一、公交职业道德的特点

城市公交职业道德是社会主义职业道德的组成部分，是企业员工在长期的生产经营活动中形成和发展起来的，是调节公交企业员工之间、公交企业员工与乘客之间、公交企业与社会其他行业之间关系的行为规范和准则。

1.体现公交职业特点和优良传统

城市公交职业道德是随着城市公交的出现，在城市公交职业活动中产生的。在我国，城市公交职业道德的迅速发展是在中华人民共和国成立以后。社会主义制度的建立，使城市公交职工成为国家的主人、企业的主人。同样，社会主义建设事业的发展，也带来城市公交的迅速发展。这些变化和发展，为社会主义城市公交职业道德的形成与发展奠定了坚实的思想基础和物质基础。城市公交职工，是我国具有光荣传统和献身精神的一支队伍。他们在艰苦的环境中，养成吃苦耐劳、能打硬仗的优良品质；对本职工作认真负责，以高度的责任感，深刻理解安全行车、准点运行对公交职业的道德价值；在长期的职业活动中创造了许多为乘客服务的好经验、好方法。企业在不断发展的过程中，经过几代人的努力，形成了具有北京公交集团特色的企业文化。公交职业道德在继承我国优良传统道德的基础上，把社会主义职业道德为社会、为人民服务的根本要求融于自己的职业实践，生动体现了公交员工先进的道德意识和道德标准。

2.全心全意为乘客服务是公交职业道德的核心

城市公交是专门从事客运的服务行业，运营生产过程是运送对象在空间上的移动，其生产效能是满足人们的出行需要，具有鲜明的社会服务性特点。由于运送的对象是乘客，因此，摆正自己与服务对象的关系位置，确立“服务为本，乘客至上”的道德意识，讲求服务信誉，千方百计地维护乘客利益，全心全意为乘客服务，就成为城市公交职业道德的核心。

公交职业道德是社会主义职业道德的一部分，是具体化了的社会主义职业道德，公交职业道德的核心与社会主义道德的核心“为人民服务”是一致的。公交行业是服务行业，为乘客提供满意的服务是企业经营的宗旨。因此，运营一线调度人员要牢固树立服务意识，为一线驾驶员、乘务员的高效运营和优质服务提供全方位的保障，真正具备“为运营一线服务就是为乘客服务”的意识，特别是首都公交，担负着“四个服务”的重任，首都公交的调度员更要牢固树立首都意识，树立“在内宾面前，我代表首都；在外宾面前，我代表中国”的意识，意识牢固与否，要以乘客对服务工作满意与否作为标准。每一名调度员，都应该在努力为更多的乘客提供更满意的服务上提升工作水平，以调度员的科学高效的风格来展示和树立“首都公交”“百年公交”的新形象。

二、公交职业道德的基本内容

根据城市公交行业的性质、任务和特点，北京公交集团企业文化行为识别规范中明确提出，公交员工的职业道德是：诚实守信，尽职尽责；努力学习，提高技能；遵章守纪，廉洁奉公；尊重乘客，文明服务；顾全大局，团结协作；勤俭节约，艰苦奋斗。

1. 诚实守信，尽职尽责

主要内容：对企业忠诚，具有良好信誉，言行一致；立足岗位，忠于职守，具备良好的职业意识、职业素养、职业责任感；勤奋工作，完成规定的工作任务，避免工作失误和疏漏。这一条是公交职业道德的核心内容。企业以“德”“诚”“信”为根本，诚实守信就是要求企业经济活动信守合同，遵守约定，履行承诺，货真价实，保证质量，质价相符。

从公交行业性质来看，公交不是生产性行业，而是服务性行业，其产品是为乘客提供服务。这就要求企业员工必须坚持“以人为本”的思想，树立良好的服务意识。服务代表公交企业的信誉和形象，关系到企业的生存和发展。在当前城市客运市场竞争日趋激烈的情况下，要以规范服务、文明服务和优质服务去赢得市场，更要以安全、准点、方便、快捷的服务树立“首都公交”新形象。员工对企业的忠诚，要体现在维护企业形象上，要体现在忠于职守、尽职尽责、努力工作上，要把职业意识和职业责任感落实到每一个具体服务工作中，以个人的模范行为为企业增辉。

2. 努力学习，提高技能

主要内容：学习科学文化和业务知识，积极参加企业各种学习培训、技术练兵比武活动。掌握本岗位需要的现代通信和信息技术，不断提高工作能力和技术技能等级，成为学习型人才。

职业技能包含文化素养和职业素养。文化素养是在基础教育中培养出来的。而职业素养则是在从事职业过程中逐渐培育起来的。职业素养包含从业动机、职业理想、求知欲望、革新精神和创造力等。因此，公交员工具备良好的职业技能，必须努力学习科学文化知识和业务知识，积极参加各种学习培训，不断提高个人的工作能力和技能等级。公交员工通过参加企业的各种素质培训，培育良好的职业素养，掌握过硬的岗位技能，既是职业本身的要求，也是公交作为社会公益性服务行业对社会各界乘客服务的需要。公交员工要适应首都公交的发展，努力加强业务技术学习，提高技能水平，更好地为广大乘客服务。

3. 遵章守纪，廉洁奉公

主要内容：认真贯彻执行与岗位工作相关的法律法规及本单位的规章制度，严守工作纪律；秉公办事，不徇私情，正确行使工作职权，不以职权和工作之便谋取私利。

职业的高度社会化，必然要求从业者具备严格的组织纪律性。职业纪律是以保证职业活动正常有序开展为标准。公交企业运营服务作业方式是独立作业，流动分散。因此，要确保运营服务工作正常进行，必须要求公交员工自觉遵守职业纪律和企业的规章制度，认真贯彻执行与岗位工作相关的法律法规，特别要严守交通安全法规。公交作为专业性的客运企业，安全责任重于泰山。历史上重大的群死群伤事故，给人民生命财产造成不可挽回的损失，在社会上造成重大负面影响，教训惨痛。痛定思痛，主要原因还是公交员工的法纪观念不强，职业意识淡薄，没有认真遵守规章制度。遵章守纪作为公交员工必须严格遵守的职业道德规范，要强化教育，加大纪律约束，不断提高公交员工遵章守纪的自觉性。

廉洁奉公就是要求所有员工都要秉公办事，不徇私情，正确行使工作的权力，不以职权和工作之便谋取个人私利。公交是开放性的社会服务性企业，每天运送乘客近千万人次，只有每一名员工都做到秉公办事，一视同仁，主持公道，伸张正义，保护弱者，认真处理每一件事情，乘客的满意度才能提高，企业的整体服务水平才能得到社会各界的认同。

4. 尊重乘客，文明服务

主要内容：牢固树立"以人为本，乘客至上"的服务理念，弘扬"一心为乘客，服务最光荣"的企业精神，努力增强服务技能，积极倡导文明服务，不断提高服务水平。

这也是公交职业道德的基本要求。从公交行业服务特点看，公交服务对象是社会各界乘客。因此，公交员工必须牢固树立"乘客至上"的职业意识，认真尊重每一位乘客，把乘客作为自己的衣食父母，把满足乘客需求作为我们唯一的工作标准，做到文明礼貌待客，认真为乘客排忧解难，把满足乘客需求作为工作的出发点和落脚点。特别是在新形势下，更要大张旗鼓地倡导为人民服务的道德观，深化服务意识，创新服务内容，提升服务质量，热情服务乘客。文明待客是公交职业道德在服务工作中的主要表现，是社会人与人之间互相友爱的具体体现，是实现为人民服务宗旨的集中反映。公交行业每天与普通百姓的生活发生千丝万缕的联系，其服务质量的优劣是职业道德水平的最直观、最具体的反映。要以优质服务赢得社会各界的理解，做到人民公交为人民。

5. 顾全大局，团结协作

主要内容：正确处理国家、企业、个人三者利益关系，以大局为重，团结协作，相互尊重，文明交往，树立公交一盘棋思想，强调单位之间、部门之间的和谐，建立员工之间团结、友爱、平等、互助的良好人际关系。

公交企业的工作特点是点多、面广、流动分散、马路、车间、单兵作业。这种工作特点决定了公交员工应具备大局意识，团结协作精神，增强执行纪律的自觉性。讲大局意识，必须个人服从组织，一个车组要服从整条线路运营服务；个人的言行既代表首都又代表中国。讲团结协作，每个车组的人员要紧密配合，共同完成运送乘客的任务；各个车组之间也要团结协作，服从调度的统一安排。顾全大局、团结协作关系到公交企业的生命线，是公交员工必须遵守的职业准则。在多年的工作实践中，许多优秀员工做出了顾全大局、团结协作、可歌可泣的事迹。例如，2003 年，北京"非典"时期，巴士旅游分公司的员工响应市防治"非典"联合工作小组和北京市交通委员会（以下简称"市交通委"）的号召，不顾个人安危，积极报名，增援 120 急救中心驾驶员，同医护人员混同编组，运送"非典"病人。他们的事迹得到市委市政府的表彰。作为公交员工，必须树立"顾全大局，团结协作"的职业道德观念。

6. 勤俭节约，艰苦奋斗

主要内容：增强勤俭节约的意识和观念，从一点一滴做起，节能降耗，建设节约型企业；发扬艰苦奋斗的光荣传统，不怕困难，勇于开拓，不断提高企业的社会效益和经济效益。

勤俭节约、艰苦奋斗是几代公交人的光荣传统，是公交职业道德的重要体现。公交是社会公益性的服务行业，多年来一直靠政府支持和财政补贴。公交经营的目标不仅要提高社会效益，最大限度地满足乘客需要，扩大服务领域，提高乘客的满意度，还要尽最大努力提高经济效益，减少亏损，减低成本。这就需要全体员工树立勤俭节约、艰苦奋斗的意识。勤俭节约，从一点一滴做起，节能降耗，降低成本，不铺张浪费，勤俭办每一件事，建设节约型企业。艰苦奋斗是一个人、一个企业能否发展壮大，有没有希望的重要标志。要树立一种不怕困难、敢于吃苦、拼搏奋斗的精神。几代公交人在艰苦奋斗精神的感召下，身体力行，以乘客利益为第一生命，以服务乘客为光荣己任。正是因为有了这样的职工，公交事业才有了今天的发展。要把勤俭节约、艰苦奋斗的光荣传统进一步发扬光大，并使之成为每一名公交员工的道德准则和行为规范。

第二节　调度员职业道德

城市公交企业由许多工种组成，各工种的工作任务、性质、特点、服务对象等各不相同。调度员是公交运营效率保障的一线骨干，其职业道德和素养对企业整体道德水平影响较大，关系到企业的有序生产和首都的城市生产效率。

一、调度员职业道德的作用

1. 调度工作在公交企业中的作用

行车计划编制出来之后仅是纸上的东西,要组织有计划地实施,把纸上的计划变成现实就要做好调度工作,通过执行行车时刻表,将分散作业的各个车组纳入计划运营的轨道,使公交线路运营工作有计划、有节奏地进行;通过调度系统对线路运营状态的监控和现场适时、合理的调度指挥,保持运营生产的稳定性,保证公交企业较好地、均衡地完成客运任务和各项经济、技术、服务指标。

2. 调度管理的组织形式

公交企业的调度系统担负着组织与指挥所属线路运营和各项客运指标完成的任务。所以,公交调度管理的组织形式要视企业规模大小和行政管理层次而定。大部分公交企业采取二级或三级调度的组织形式。

北京公交控股(集团)有限公司(以下简称“北京公交集团”)企业规模大,运营线路、车辆、人员较多,设三级调度,由北京公交集团调度指挥中心、分公司调度指挥中心和线路调度组成,即在北京公交集团调度指挥中心的领导下按区域位置设分公司调度指挥中心,在分公司调度指挥中心的领导下设线路调度。

3. 调度员职业道德规范

调度员职业道德规范包括:科学调度,文明指挥;遵章守纪,坚持原则;平衡运力,措施妥当;关心驾乘,团结协作。

(1)科学调度,文明指挥。掌握运营动态和客流规律,运用智能调度等先进科学技术调度运营车辆,提高运营效率,文明指挥,耐心解答乘客和乘务人员的问题,为乘客提供方便、快捷的出行服务。

(2)遵章守纪,坚持原则。认真履行职责,恪守调度纪律,执行上级指令,服务大局,严格执行岗位规范,准确记录各项运营数据,维护行车计划的严肃性。

(3)平衡运力,措施妥当。平衡各时组、各断面运力,经济合理使用车辆,最大限度地满足乘客乘车需要;深入实际,及时反馈运营信息,及时汇报、果断处理运营中的突发事件。

(4)关心驾乘,团结协作。关心乘务人员的工作和生活,合理安排就餐时间,协助领导做好思想工作,督促乘务人员完成运行计划,做好与劳动、技术、安全、服务部门的协调配合,提高调度工作质量。

二、加强调度员职业道德建设的意义

城市公交是城市基础设施的重要组成部分,是城市的动脉,是首都精神文明建设的窗口。因此,加强公交调度员职业道德建设具有重要的意义。

1. 有利于城市经济的发展和社会的稳定

城市公交是城市公用事业,与首都的经济建设、城市发展,国际国内交往以及市民生活息息相关。城市公交日复一日、年复一年运送乘客到城市不同地点工作、学习、生活、娱乐,这本就是促进经济发展的基础。可以说,公交越发达,经济越繁荣。公交的正常运营也是社会稳定的重要标志之一。公交调度员职业道德水平的高低,精神文明建设水平的高低,直接关系到广大一线驾乘人员的工作状态和工作效果,关系到首都综合服务功能的发挥,关系到首都在国内外的声誉和形象。

2. 有利于坚持正确的经营发展方向,促进卓越的国际性生产企业的建设

公交的企业精神是"一心为乘客,服务最光荣"。这句话高度概括了公交调度员职业道德中"科学调度、服务一线"的服务理念,从而更好地体现"以人为本,乘客至上"的服务理念。公交企业加强职业道德建设,是努力打造"国内领先、世界一流"的现代公交综合服务企业的基础,也是严格落实"让更多的人享受更好的公共出行服务"的企业使命。

3. 有利于职工队伍素质和运营服务质量的提高

提高调度员运营服务质量最根本的是搞好职工队伍素质。职工队伍素质包括政治素质、技术素质和文明素质。加强职业道德建设,可以提高职工队伍的综合素质,努力提高运营服务水平。近年来,通过开展调度员职业化等相关培训工程,公交调度员素质有了明显的提高。北京公交集团的企业愿景是通过提高运行效率,满足乘客多样化的出行需求,通过调度员职业道德水平的提升,打造一流公交、智慧公交。

4. 有利于公交职工个人的成长和进步

调度员职业道德修养是个人进步和成长的重要条件。调度员个人职业道德水平的提高,是靠平时一点一滴,日积月累的磨炼,只有积善,才能成德。提高调度员的职业道德素养,不是简单的业务技能培训,而是对调度员循法守礼的品格训练。它不仅要活跃调度员的思维,增强调度员的组织纪律性,而且还要培养调度员的公忠正义、自强执节、明致勇毅、勤俭廉洁、恪尽职守、诚实守信、严己宽人、尊老爱幼等优良品德。在严格的职业训练中形成良好职业修养和优秀职业品德是引导每一位公交人走向辉煌的必经之路。

当每一位公交职工的职业道德水平在服务工作中得到体现,北京公交集团职工队伍的整体思想道德素养水平就会有一个显著提高。

三、公交职业道德修养

公交员工要圆满完成本职工作,除必须刻苦学习,努力掌握现代科学文化知识和

专业知识、技能技巧外,更为关键的是应注重道德修养,努力使自己成为一个具有较高职业道德修养的人。

1. 职业道德修养的必要性

1)职业道德修养的含义

修养是指人们为了在理论、知识、艺术、思想、道德品质等方面达到一定的水平,所进行的自我教育、自我改善、自我锻炼和自我提高的活动过程,如理论修养、科学修养、文化修养、艺术修养和道德修养等。修养是人们提高科学文化水平、专业技能和道德品质必不可少的手段。

职业道德修养是指从事各种职业活动的人员,按照职业道德基本原则和规范,在职业活动中所进行的自我教育、自我锻炼、自我改造和自我完善,使自己形成良好的职业道德品质和达到一定的职业道德境界。

公交员工形成良好的道德品质和达到一定的职业道德境界,首先要有对职业道德的正确认识,即明确遵守职业道德规范是一个人从事职业活动的必要条件;其次要根据职业道德规范进行自我教育、自我改造、自我锻炼和自我完善。职业道德修养是一个从业人员形成良好的职业道德品质的基础和内在因素。公交员工仅知道职业道德规范而不进行职业道德修养,是不可能形成良好职业道德品质的。在实际工作中,没有良好职业道德品质的员工往往以个人利益为中心,凡事斤斤计较,缺乏奉献精神。这样是难以立足社会的,更谈不上发展。

2)加强职业道德修养的必要性

职业道德品质决定了公交员工立身处世的方式。如前所述,一个人如果不加强自身的修养,就不可能提高自己的精神境界,也就不可能形成良好的职业道德品质,进而在职业活动中就会出现违背职业道德规范要求的职业行为。因此,职业道德修养对于任何一名员工来说,都具有十分重要的意义。

(1)职业道德修养是公交员工形成良好职业道德品质的必要手段。

良好的职业道德品质不是公交员工先天具有的,而是在长期职业活动中逐步形成的。要使自己成为一个具有良好职业道德品质的职业者,关键在于自己在职业活动中能够按照职业道德规范的基本要求自觉进行职业道德修养。经常自觉自动地检查自己的职业行为,努力使自己的行为符合职业道德规范的要求;并自觉纠正不符合职业道德规范要求的行为,逐渐养成良好的职业行为习惯。

(2)职业道德修养是个人成才的重要条件。

中华民族历来注重德才兼备。常言说:"有德无才,不是人才;有才无德,是个祸害。"每一位立志事业有成的公交员工,都应高度重视自身的职业道德培养,在平时就注重良好行为习惯的养成,逐步形成良好的道德品质,成为对社会发展有所贡献的有用人才。

2. 职业道德修养的途径

职业道德修养的过程是指从业人员在日常学习、工作和生活中按照职业道德规范的要求，进行自我教育、自我改造、自我磨炼和自我完善的过程。职业道德修养的途径主要有以下几个方面。

1）确立正确的人生观是职业道德修养的前提

人生观是指人们对人生目的、人生价值和意义的根本看法和态度。在现实生活中，每一个理智健全的人都有对人生问题的根本看法和态度。例如，有的人认为，人生的目的就在于满足人的生理本能的需要，如吃喝玩乐，追求物质、金钱，以满足享乐的需要，这就是享乐主义人生观；有的人认为，人生在世就要对社会和他人承担责任，要有对社会强烈的使命感和责任感，为社会的进步做出贡献，这是科学的、进步的人生观。人生观既有正确的、进步的，也有错误的和落后的。

享乐主义人生观就是一种落后的、错误的人生观。它注重的是占有物质与金钱，以满足享乐的需要，以是否能满足自己享乐需要作为价值评判标准。在社会实践活动中，具有享乐主义人生观的人，其一切行为都是为满足自己享乐的欲求，因而这种人是不会关心社会进步和他人利益的，在职业活动中是不会按职业道德规范的要求加强职业道德修养的。由此可见，一个人只有确立正确的、进步的人生观，才会有强烈的社会责任感，才会在职业活动中自觉加强职业道德修养，形成良好的职业道德品质。

2）职业道德修养要从培养自己良好的行为习惯着手

职业道德修养是一个长期的改造自己、完善自己的过程，而这个过程是从养成良好的行为习惯做起。而良好行为习惯的养成需要从我做起，从现在做起，从小事做起。

《老子》："合抱之木，生于毫末；九层之台，起于累土；千里之行，始于足下。"《三国志·蜀书·先主传》："勿以恶小而为之，勿以善小而不为。"这都是说一个人良好的行为习惯是从一件又一件小事做起的。如果一个人连一件有利于社会和他人的小事都做不到，那么就不会有强烈的社会责任感和无私的奉献精神，良好的职业道德品质和崇高的精神境界更无从谈起。

自觉培养良好的职业行为习惯，是职业道德修养的基本要求。只有养成良好的职业行为习惯，才能确立正确的职业观，才能使行为符合职业道德，逐渐形成良好的职业道德品质。

3）学习先进人物的优秀品质，不断激励自己

在现实生活中，各行各业都涌现出无数的先进人物。他们在各条战线上为了祖国的繁荣富强，为了人民的幸福无私地奉献自己的才华和心血，做出了卓越的贡献。他们在各自的职业活动中表现出高度的职业责任和崇高的思想境界。他们不但为社

会创造了丰富的物质财富,而且为社会创造了难以估量的精神财富。他们的优秀品质激励无数有志者奋发向上,为祖国、为人民在不同的岗位上做出自己的贡献。首都公交有以陈显花为代表的一大批劳模先进,他们在平凡的调度工作岗位上恪尽职守,用辛勤的劳动和真诚奉献诠释着"一心为乘客,服务最光荣"的企业精神。广大调度员要学习他们对社会的无私奉献精神,学习他们的优秀品质,不断提高调度员的职业道德水平和思想境界。

学习先进人物的优秀品质,就应像先进人物那样具有强烈的社会责任感。责任感是一个人成功的基础,缺乏责任感的人终将一事无成。在现实生活中,一个人的责任感表现在他的一切行为之中。例如,在职业活动中,表现为强烈的职业责任;在与他人交往中,表现为对他人的利益负责,对他人的幸福负责;在日常生活中,表现为对自己的行为后果负责。具有责任感,是一个人做好本职工作,自觉进行道德修养,形成良好职业道德品质的基础。

公交企业职工学习先进人物的优秀品质,就要像先进人物那样严以律己,宽以待人,关心他人胜于关心自己,以集体利益和国家利益为重,为了集体利益和国家利益甚至可以牺牲个人的一切。必须以先进人物的崇高思想境界为榜样,经得起长期的、各种各样的考验,在日常的学习、工作和生活中不断进行自我教育、自我改造,不断提高自己的职业道德水平,逐渐达到较高的思想境界。

3. 职业道德修养的方法

职业道德修养的方法是多种多样的,概括起来有以下几种。

1)加强学习,提高职业道德修养

调度员要认真学习调度员职业道德原则和规范,掌握职业道德基本知识,从理论上明确调度员职业道德规范的基本要求和各类行为要求所蕴含的道理,明确职业道德修养所要达到的目标,把握职业道德修养的标准,以此提高加强职业道德修养的自觉性,增强职业道德修养的针对性。

2)注重自我调节,经常进行自我反思

自觉加强自身道德修养,注重自我调节,是加强职业道德修养、提升职业道德水平的必由之路。

(1)增强自律性,自我反思。它是指依据职业道德标准经常检查自己,同不符合职业道德规范要求的行为作斗争,并自觉地使自己的言行符合职业道德标准的要求。

一要严于解剖自己,客观地看待自己,既要看到成绩,又要看到不足。同时,还可以让领导和同事帮助自己找出存在的弱点和缺点,闻过则喜,积极改正。二要敢于自我批评,自我检讨。"金无足赤,人无完人",与职业道德规范的要求相比,我们肯定还会有不少差距。因此,要积极内省,敢于检讨自己的不足之处,做到"日省吾身,有则改之,无则加勉"。三要有改正缺点的信心与决心,在实践中不断完善自己的职业道德品质。古人有“吾日三省吾身”的修身方法,就是说一个人每天三次检查自己的行为,看是否有不符合道德要求的行为。今天,我们应借鉴古人的修身方法,经常用职业道德标准对照检查自己的言行,敢于正视自身存在的缺点。人只有能正确客观地认识自己,发现自身的缺点,才能改正缺点,不断进步。

(2)努力做到“慎独”。“慎独”是指在没有外界监督、独自一个人的情况下,也能自觉遵守道德规范,不做任何对国家、对社会、对企业、对他人不道德的事情。“慎独”既是一种重要的道德修养方法,又是一种崇高的精神境界,是衡量一个人道德觉悟和思想品质的试金石,是自觉道德意识的体现。“慎独”是儒家提出的一种道德修养方法,从最隐藏处最能看出人的品质,从最微小处最能显示人的灵魂。所以,越是独自一人、没有监督时,越要小心谨慎,不做违反道德的事。人的自我修养就是要诚其意而正其心。否则,就会当面一套,背后一套,说一套,做一套,缺乏诚意和正心。“慎独”正是强调了道德主体的内心信念的作用,体现了严格要求自己的道德自律精神。一个人做了坏事别人也可能看不见、不知道,他的行为善恶全凭他自己的良心判断,这正是对人的道德水平的真正考验,而这种考验对于提高人的道德自律和道德修养大有裨益。

职业道德修养是一个长期而艰巨的自我教育、自我磨炼、自我改造和自我完善的过程。我们只有经常按照职业道德的标准严格要求自己,不断发现和纠正自身存在的缺点与不足,才能不断提高职业道德水平,达到较高的精神境界,在各自工作岗位上发挥更大的聪明才智。

第四章

公交线路

第一节 城市公交线路的概念

随着城市公交在公交中的地位和作用不断提升,政府对公交的监管加强,乘客对公交服务标准、系统稳定性的要求也有所提高。城市客运行业经过规范化发展,对公交线路的定义是:经政府行业主管部门审批,由运输单位组织运营,有固定线路名称、固定营业时间、固定票价、固定停车站,沿着规定路线行驶,面向全体居民提供无差别公交出行服务的城市客运线路。

为了满足市民差异化、个性化的公交出行需求,2013 年,北京公交集团运用“互联网 +”技术,在全国首推并实践了定制公交理念,率先搭建了定制公交平台。2013 年 9 月,北京的首批 3 条商务班车线路开通运营。此后,依托平台,不断扩大商务班车服务规模并推出快速直达专线等多样化服务新产品,为广大北京市民提供了更为安全、快捷、舒适、环保的公交出行服务,引导私人小汽车出行群体向公交转移。这些服务新产品主要包括商务班车、快速直达专线、就医专线、高铁专线、合乘定制公交、节假日专线、夜间接驳专线、村村通专车等。

第二节 城市公交线路的分类

一、运营管理分类

根据公交线路的运营特征进行分类,便于线路的管理和运营指标的统计分析。

1. 根据运营时间特征分类

(1)全日线。运营时间一般为 5:30—23:00,部分市区公交线路延长至 5:00—24:00,部分远郊区进城线路首车时间在 5:00 以前。

全日线是公交主要线路类型,提供基础出行服务,基本覆盖城市公交线网,承担城市客运主要任务。

(2)夜班线。运营时间一般为 23:20—4:50,与全日线结束运营至开始运营的停止段基本符合。

夜班线连接交通枢纽、医院、工厂和住宅区,保证城市昼夜延续的各类活动的正常进行。

(3)高峰线。运营时间一般为工作日 6:30—9:30、16:30—19:30,运营时间应与客流高峰一致,郊区高峰线运营时间应早提晚延。

高峰线主要为进一步方便市民上下班通勤出行,服务于大型住宅区、中心商务区、工业区、轨道站点周边。

(4)定班线。运营时间为固定某几个时点,基本运送固定客流,已有约定俗成的发车时点或对外公布行车时刻表。

定班线是服务于客流稀少、对外交通不活跃的山区、市郊待开发地区,采取固定的发车间隔、时刻表的班车运输形式。

2. 按车型车种分类

就配备车种而言,可分为汽车线路和电车线路。电车线路又分为无轨电车线路和纯电动车线路。

(1)汽车线路。使用传统的柴油、汽油、天然气等燃料类型的公交车辆,其特点是适用范围广泛,线路设置灵活、易于调整,投资造价低,设施用地的要求也相对灵活。随着社会环保意识的不断加强,汽车的尾气排放和噪声污染成为线路站点布设、场站选址的新难题。

(2)电车线路。

①无轨电车线路。电车具有绿色环保的特点,无排放污染,操作简单、噪声低、耗能少,有良好的启动、加速、过载性能,适合在交叉口间距小、交通信号灯多的市区繁华地区行驶。无轨电车需要建设架空线网和变电设备,线网建设投资较大,且线路走向设计受架空线网分布的限制,而且架空线网对城市景观有一定的影响。

②纯电动车线路。随着新能源科技的发展,蓄电池式纯电动车逐步应用于公交。蓄电池式纯电动车继承了无轨电车的绿色环保的优点,由于不依托配电网布设线路,线路布设相对灵活。但是,蓄受电池技术的限制,存在续航里程短、电池性能衰减、车身自重大等问题。因此,纯电动车线路往往需要围绕专门的充、换电设施布设,线路长度需考虑实际车辆续航能力,客流强度不宜过大。

3. 按运营特征分类

按运营特征分为普通公交线路、高速路公交线路和快速公交线路。

(1)普通公交线路是公交线路的基本形式,站距适中,运送速度较低,受交通环境因素影响大,运行稳定性较差。

(2)高速路公交线路通常布置于城市快速路、高速路,连接远郊区县与市区,高速路路段通过不停站,最大站距可达 10km 以上,高速路段运送速度为 60km/h 以上。交通法规明确规定,高速路行驶的公交车辆不允许使用铰接式车辆,且原则上不允许乘客在车厢内站立,因此近年来高速路公交线路逐步采用三轴单机车,解决高速路公交线路高峰客流强度普遍较大的矛盾。

(3)快速公交线路布置在主要客运走廊上,在专用道上行驶,采用大容量车辆,站距较大,运送速度可达到25km/h以上。

4. 按线路管理分类

按线路管理可分为正式线路和临时线路。

临时线路通常是指受场站、道路、客流等因素制约而采取的临时性运营措施,进而为乘客提供特定服务水平的出行服务,随着条件具备临时线路可申请转换为正式线路。

此外,公交线路还存在联运、区间等在主线基础上的运营形式,属于线路调度方法而非正式线路范畴,也不纳入线路管理。如果这类调度方法常态化,形成固定的客流群体,应按开线程序申请为正式线路,予以组织运营。

二、面向功能结构的线路分类

按照北京公交集团"十三五"线网发展规划,根据线路的客流特征、服务功能及在线网系统结构中的作用,可以将地面公交线路分成快线、普线、支线和微循环线四类。

1. 快线

快线是公交线网的骨架,承担长距离、大客流的公交出行服务,具有运能高、速度快的特点,线路主要路段在高速路、快速路、放射线及环线行驶,辅以公交专用道、信号控制优先等公交优先措施。采取大站距,中途设站选择停靠主要客流汇集点,首末站均须具备充足的站台吞吐能力和驻车条件,至少保证站点的一端进入枢纽站或换乘中心站。线路以通道车或大型单机车为主,运营车速为25km/h以上,日均客运量为2万人次以上。其主要功能是提高地面公交服务的快捷性、可靠性,提高地面公交与其他交通方式的竞争力。

2. 普线

普线是公交线网的基础,主要承担中、短距离的出行服务,布设在一些较大客流出行方向上,承担相邻地区的客流运输任务,客流相对集中,线路走向丰富。线路行驶路段以主、次干道为主,支路为辅,沟通各客流集散中心,连接不同方向的轨道交通线路和地面公交快线网。瓶颈路段应采取公交专用道、信号控制优先或公交专用路口等公交优先措施。提供中等站距提供方便的公交服务,线路途经若干换乘站、枢纽站,首末站须具备基本的驻车条件。线路以单机车、双层车、通道车为主,日均客运量达1万人次至2万人次。

3. 支线

支线是公交线网的末端延伸,主要承担区域内短距离的出行服务,使分散的客流与骨干线网、轨道交通形成"饲喂"关系,使普线、快线能专门服务于长距离、大客流的运输。线路以次干路与支路为主，途经中小型住宅区或一般集散点。采用小站距，将零星客流输送到区域集散点或地铁站，衔接骨干线网。端头站应具备一定的站台吞吐能力，首末站须具备基本的驻车条件。线路使用不同类型车辆，日均客运量在3000人次至1万人次。

4. 微循环线

微循环线是支线网的补充，主要满足客流规模、道路通行能力达不到开行常规公交条件的区域内短途出行需求。线路行驶道路以支路、小区路为主，结合道路网循环条件，可考虑环线布设，提高运输效率。在规模较小的住宅区和商务区，线路连接到主要出口；在规模较大的住宅区和商务区，线路引入功能区。采用小站距，灵活设站，线路终点站或折返点应选择地铁站或干路辅路，具备临时驻车、掉头条件的地点就近停靠。线路使用小型化公交车型，日均客运量在3000人次以下。

地面公交线路的类型、运送速度与适宜道路之间的对应关系如图4-1所示。表4-1为不同类型公交线路的设计与运行要求。

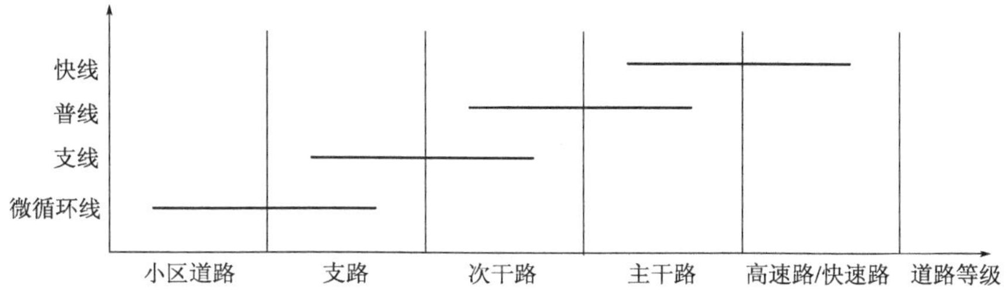

图4-1　不同类型公交线路的运送速度与适宜道路

不同类型公交线路的设计与运行参考　　表4-1

项　目	快　线	普　线	支　线	微循环线
线路功能	提高地面公交服务的快捷性、可靠性	提高线网连接度，保障公交出行的便利，适当减少乘客换乘	减小步行距离，改善线网覆盖，提高公交出行的通达性	弥补出行需求与基础道路网络条件的矛盾，织补公交线网覆盖空白区域，进一步减小市民步行距离，为市民出行提供方便
连接区域	城市主要换乘节点	城市主干道相衔接的场站、枢纽	城市居住、办公区与场站、枢纽的连接	城市居住、办公区内
途经道路	高速路、快速路、主干路	主干路、次干路	次干路、支路	支路、小区路
线路长度	>20	10~20	6~10	<6
站距	>800	500~800	300~500	视情况
运营车辆	大型车	中型车	中型车	小型车
平均运速	>20	15~20	根据车型和道路确定	根据车型和道路确定
日均客运量	2万人次以上	1万~2万人次	3000~1万人次	3000人次以下
高峰间隔	5min以下	5min左右	根据客流和车型确定	根据客流和车型确定

例如，韩国首尔公交系统改善的内容之一，是建立一个功能分级明确的线路体系，即用不同颜色的公交车，代表干线、支线、循环线、远郊区线 4 种线路，并将城市分为 8 个公交服务区域，根据所连接的区域重新组合公共汽车路线号。不同的线路，适应不同的乘客需求和服务要求，并且易于识别。其线路体系对应功能及标识如图 4-2 所示。

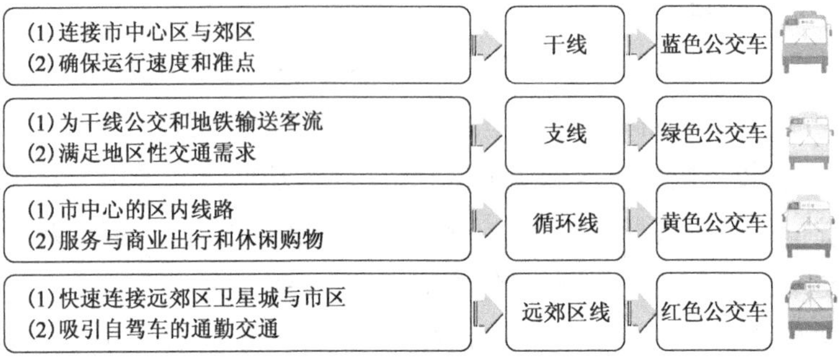

图 4-2　韩国首尔公交线路体系

三、多样化公交服务分类

1. 商务班车

率先推出的商务班车服务项目是广大乘客通过定制公交平台提出出行需求，公交企业按需设计商务班车，并在定制公交平台上招募乘客、预订座位、在线支付，根据约定的时间、地点、方向开行。商务班车可以走公交专用道，具备优先通行的优势；采用一人一座、一站直达、优质优价的服务方式；使用配备空调软座的公交车辆，为广大乘客提供安全、快捷、舒适、环保的公交出行服务。

2. 快速直达专线

在商务班车服务开通后，为了进一步满足广大乘客多样化的公交出行需求，不断丰富服务产品，北京公交集团在总结商务班车运营经验的基础上，结合乘客建议，于 2015 年 8 月 3 日推出了快速直达专线。快速直达专线在早、晚高峰期间运营，采取直达或大站快的运营方式，所有公交车辆配备空调，可以走公交专用道，具备优先通行的优势。快速直达专线与商务班车不同的是，乘客无须提前进行预订，只需到指定的站点按照指定的时间乘车即可。

3. 节假日专线

节假日专线主要用于“清明节”“五一”“端午节”“中秋节”“十一”“红叶节”等节假日期间运营，使用旅游版公交车辆，采取大站直达的方式为乘客提供优质优价的多样化公交出行服务，进一步方便乘客由市区、大型住宅区前往八达岭长城、香山、通州大运河森林公园、密云古北水镇等热门旅游景点。

4. 就医专线

就医专线是指为解决大型医院周边拥堵问题，方便特殊人群的就医出行需求而开通的围绕医院和地铁间的短途接驳专线。就医专线包括儿研所专线和妇产医院专线。

5. 高铁专线

高铁专线是指为解决北京南站夜间抵京旅客的出行问题，在 23:00—24:00 间开通的专线，包括三元桥、公主坟、天通苑、武夷花园、回龙观、来广营等六个方向。

6. 集体出行板块

集体出行板块主要为企事业单位、机关、学校等大型团体用户服务，协助设计、订制符合其特殊需求多样化的公交服务。

7. 合乘定制公交

北京公交集团按“线上预约、合乘出行”理念提供的“准门对门”服务，产品依托定制公交平台，根据乘客提供的出行地点和用车时间，由系统汇集具有相同出行方向和临近时间的乘客，组成出行班次。这种服务产品由固定线路运营组织发展为动态班次运营组织，采取动态线路、动态站点和动态发车时间的个性化需求响应式全新服务，实现了公交运营里程碑式的创新发展。

第五章

客流

第一节　客流的特征及分类

一、客流的概念

1. 客流

客流是指居民出行需要乘坐公交车辆以实现其位置移动而达到出行目的的乘客群。也可以解释为,客流是在公交线路某一方向、某一断面上在一定时间内用某种交通工具来实现位置移动的乘客总称。

2. 客流量

客流量是从总的方面来反映城市居民出行需要乘坐公交车辆的数量程度。它由城市和郊区固定居住人口和外地驻城市的临时人口,因生产、生活等需要出行乘坐公交而构成,包含时间、方向、地点、距离、数量等因素。其中,流动的数量称为流量,流动的方向称为流向,流动的时间称为流时。

客流量的大小取决于城市性质与面积、人口密度、经济水平、就业人口、城市布局、出行距离以及公交线路网的布设、票价、服务质量等因素。

二、客流动态及其演变规律

1. 线路网上的客流动态

线路网上的客流动态是指全市性的平面图上的客流动态。它反映全市公交线路网上客流量的多少及分布特点:一般城市的中心区客流量总是最集中、最稠密的;而边缘地区则相对稀疏。

一般来说,线路网上的客流动态是由市中心区的集散点逐渐向外围延伸。客流动态的分布与城市的总体布局有很大关系,并受道路格局的制约。反映在线路网上,一般有 4 种类型,即放射型、放射环型、棋盘型和不定型。线路网上客流动态数值用通过量表示。各个路段的通过量按照时间顺序排成数列,即可显示线路网上客流量动态数值及变动特点。根据线路网上客流动态变化的方向和数值及波动的幅度,可以提供研究线路的新途径,调整运营车辆的选型及配备各阶段的车辆数,以及修改行车时刻表等等。

2. 方向上的客流动态

每条公交线路都有上行和下行两个方向。两个方向的客流量在同一时间分组内是不相等的,有的线路双向的客流量几乎相等,有的线路上、下行的客流量则差异很大。由于方向上的客流动态的不同,可计算出两个数值,其动态类型也可分为双向型和单向型两种。

1)双向型

双向型是指上、下行的运量数值接近相等,市区线路属于双向型的较多。这种线路在车辆调度上比较容易,同时每部辆车的有效利用率较高,如图 5-1 所示。

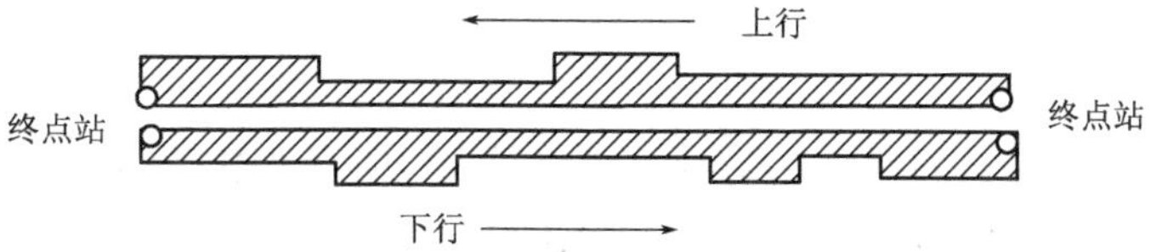

图 5-1　双向型客流示意图

2)单向型

单向型是指上、下行的运量数值差异很大,特别是通向郊区或工业区的线路,很多都是属于单向型。这种线路在车辆调度上较为复杂,每部车辆的有效利用率与双向型线路相比较低,如图 5-2 所示。

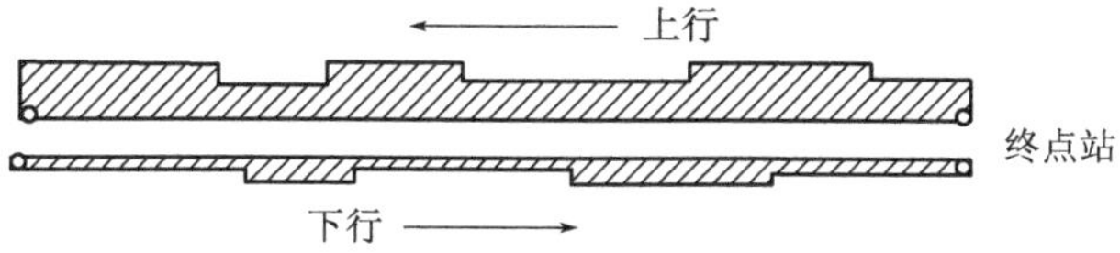

图 5-2　单向型客流示意图

通过研究方向上的客流动态,可以为确定相应的调度措施以及合理地组织车辆运行提供可靠依据。

3. 断面上的客流动态

线路上各停车站的上、下车人数是不相等的,因此车辆经过各断面时的通过量也是不相等的。如果将一条线路上各断面的通过量数值按上行或下行各断面的前后次序排成一个数列,这个数列就能显示出断面上的客流动态。从这些数量关系中,可以看出客流在不同时间内在断面上的分布特点与演变规律。客流在线路各断面上的动态分布是有一定特点的,但从整条线路归纳起来,大致有以下几种主要类型。

1)凸型

各断面的通过量以中间几个断面数值为最高,断面上的客流量成凸出形状,如图 5-3所示。

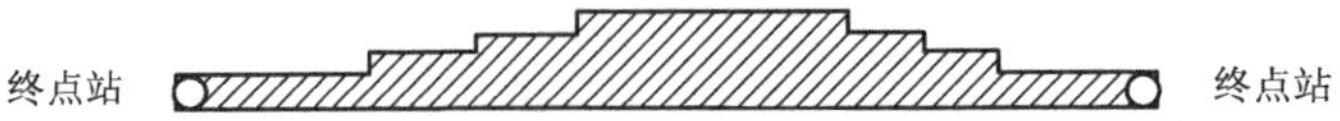

图 5-3　凸型示意图

2)平型

各断面的通过量数值很接近,客流强度近乎在一个水平。有些线路在接近起、终点站前的 1 ~2 站断面的通过量较低,但其余断面的通过量很接近,这也属于此类型,如图 5-4 所示。

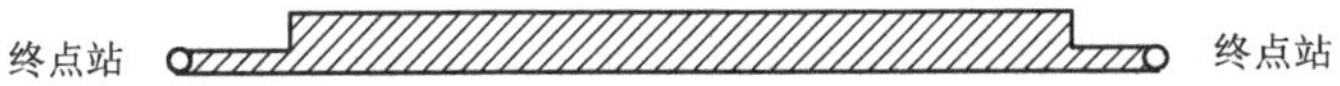

图 5-4　平型示意图

3)斜型

线路上每个断面的通过量由小至大逐渐递增,或者由大至小逐渐递减。断面上的通过量显现梯型分布,整体构成斜型,如图 5-5 所示。

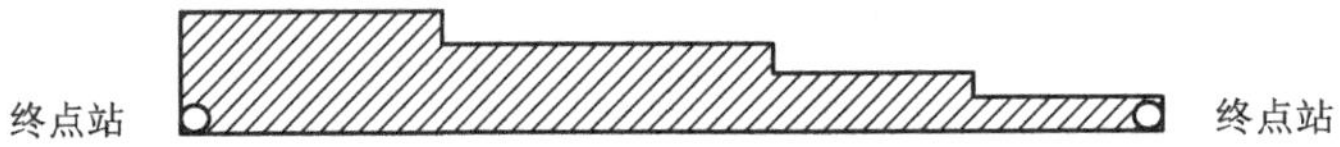

图 5-5　斜型示意图

4)凹型

与凸型断面的通过量动态特点正好相反,凹型断面中间几个断面的通过量低于接近两端断面的通过量。全线路断面的通过量分布呈凹型,如图 5-6 所示。

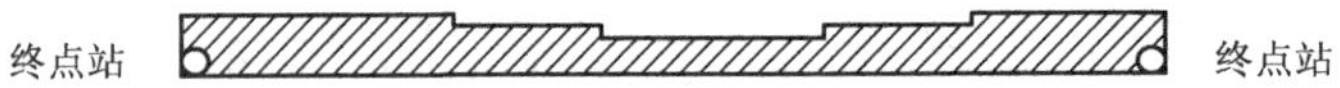

图 5-6　凹型示意图

5)不规则型

线路上各断面的通过量分布高低不能明显地表示为某种形状时,统称为不规则型。

总之,分析断面上的客流动态,可以为经济合理地编制行车时刻表及选择调度措施提供重要的依据。

4. 客流动态的演变规律

客流动态受外界因素影响而经常变动,但经过充分的调查研究后可知,在一定的时间与范围内,其变动程度具有某些规律性。掌握客流动态的变化规律,是公交企业组织运营计划的基础。我们从季节、周日、昼夜三种不同的时间角度可以探求出一定的演变规律。

1)季节性变化

一年中每月的客流量互有差距而不平衡,有一定的起伏变化。在一般情况下,冬季每月的客流量比较高,夏季则比较低。这是因为冬季寒冷,部分骑车人和步行者往往改乘公交车辆。在岁尾年初时,人们的生活出行增多,所以市郊区的客流量都有较大幅度的上升。夏季时，城市居民的一般社会活动量减少，导致客流量普遍下降。

季节性客流动态及其指标既是制订客运计划的主要资料，也是编制各月出车计划的主要依据之一。

2）周变化

在一个星期的7天中，由于受到生产和休息日的影响，每日的客流量是不等的，但变化较为稳定，每周的客流量将会有重复出现的规律。其特点是每周星期一早高峰，星期五晚高峰。周休息日的客流量较高，近郊线路比市区线路尤为明显。市区线路在周休息日，因休假单位量大且集中，通勤客流大幅下降，而平日低峰时间的生活娱乐性客流量在周休息日时则有很大增加。

3）昼夜变化

一昼夜内各个单位时间的客流动态是不相同的。公交基本客流主要是由工作客流而构成，在一天的运营时间内出现两个客运高峰。在工厂区行驶的线路，受三班工作制的影响，还会形成中午与夜间两个客运小高峰。一天内的客流变化规律动态，要以小时为单位，调度员要结合客流动态类型及变化规律进行分析，排好线路的运营时间、劳动班次、车辆使用和行车调度方法等。

根据客流量在一昼夜不同时间内的分布，其客流动态演变可以划分为双峰型、三峰型、四峰型和平峰型四种。

（1）双峰型。双峰型是指在一昼夜有两个显著的高峰：一个高峰发生在上午时间（6:00—8:00），称为早高峰；另一个高峰发生在下午时间（16:00—18:00），称为晚高峰。双峰型是比较典型的。在城市，特别是工业性城市有一定的代表性，如图5-7所示。

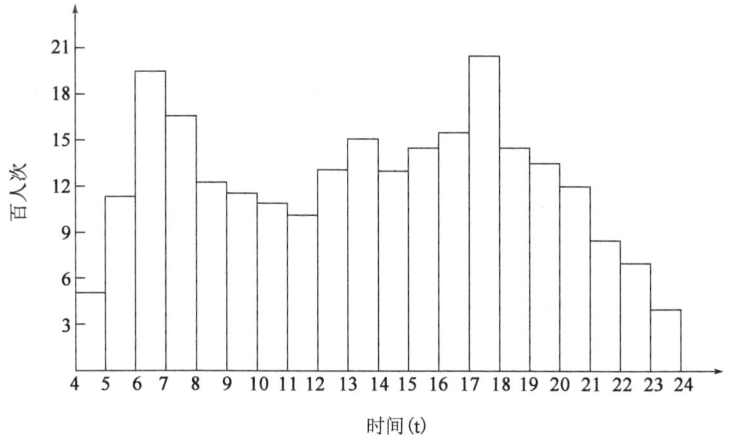

图5-7　双峰型线路昼夜性客流量动态

（2）三峰型。三峰型比双峰型多一个高峰。如果这个高峰出现在中午时间（12:00—14:00）称为中午高峰；出现在晚上时间（20:00—22:00），称为小夜高峰。一般说来，这个高峰的数值比早、晚两个高峰小，三峰型常见于市内线路，如图5-8所示。

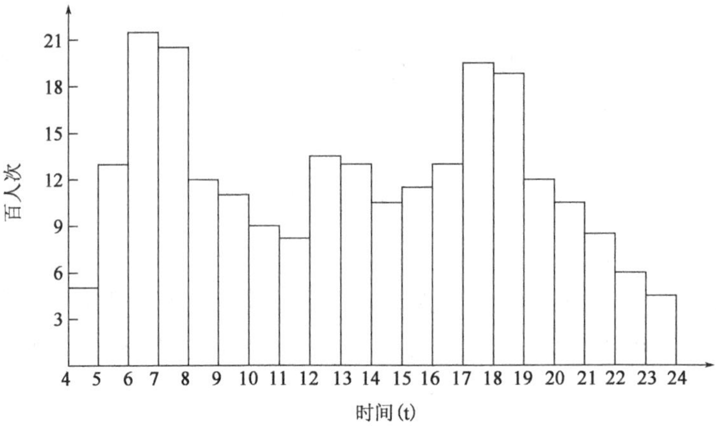

图 5-8　三峰型线路昼夜性客流量动态

(3)四峰型。四峰型比双峰型多出两个高峰。这两个高峰一般出现在中午时间(12:00—14:00)和晚上时间(20:00—22:00),而数值都比早、晚高峰小。四峰型多出现在工业区行驶的线路上,其乘客大多是三班制的工人。高峰时间短,但在调度工作中必须引起重视,如图 5-9 所示。

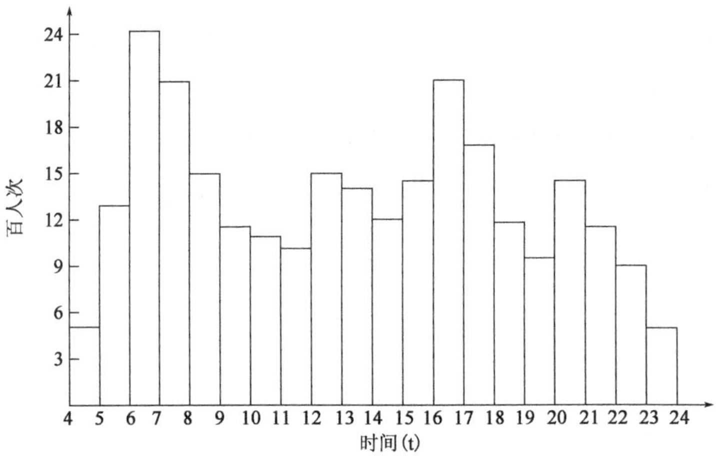

图 5-9　四峰型线路昼夜性客流量动态

(4)平峰型。平峰型的客流动态在时间分布上没有明显的高峰。客流量在一昼夜分组时间内虽有变化,但升降幅度不大,如图 5-10 所示。

以上一昼夜客流动态都是以 1h 为单位时间。线路的客流动态类型及演变规律主要是掌握和分析“峰”在时间上的分布状况。

5. 不良气候影响

在北方地区不良气候(雨、雪、风)对客流有显著影响,而在南方地区则不太明显,南方气候温暖湿润,人们对降雨较为习惯,但台风的影响不能忽视。不良气候对公交客流的影响有两方面:一方面,对于工作性客流,其出行与否不能因不良气候而改变,原有的乘客不能放弃出行;而平常选用自行车的人,可能改用公共交通工具。另一方面，对于生活性的客流，可能因不良气候而取消出行，所以，非高峰时间的客流会因不良气候而下降。特别需要注意的是，在雪天，客流量增加的同时，由于路况恶化、车速下降、晚点增加等的影响会对运营秩序形成双重打击。

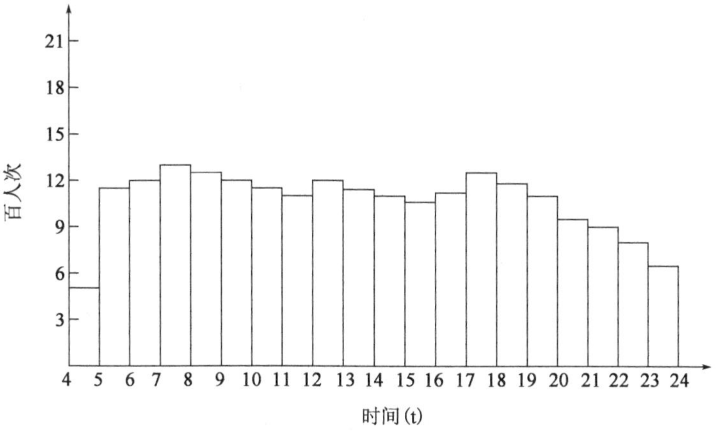

图 5-10　平峰型线路昼夜性客流量动态

三、各种客流的特征及分类方法

客流的构成按照人们的出行目的进行区分，一般可分为工作性客流和生活性客流两大类。

(1)工作性客流是由职工上、下班和学生上、下学乘车而构成的。这一部分客流动态的特点是运量大，乘车时间相对集中，乘车高峰时间短，规律性强，比较稳定，既是客流高峰时的主要来源，也是全日客流量的主要部分。

(2)生活性客流是由人们的多种生活需要构成的，如购物、探亲访友、就医、参加娱乐活动、体育活动等。这一部分客流动态的特点是在一天中持续的时间长，受不良气候变化和季节性变化影响较大。一般来说，节假日客流量较大，平日客流相对较小，它与工作性客流相比具有较大的不稳定性。

市区、郊区的客流动态因各自的特点而有所区别。

(1)市区客流动态的特点是，流量大，时间性强，起伏变化幅度大，高峰时间显著，乘车距离短，转换车交替频繁。

(2)郊区客流动态的特点是，流量小，乘车距离长，早晚方向差异大，一般是早进城、晚归家，节假日乘车人数多，受农忙、农闲、天气变化、季节性变化等影响较大。

由于客流构成的因素较多，具体反映在公交线路网上、方向上、断面上的客流动态特点都是不同的。因此，从事运营调度工作的管理人员，必须掌握这些特点，以便做好相关工作。

四、线路客流综合分析

公交线路是组成公交网络的基本元素,客运量是体现公交企业地位、衡量公交企业业绩的重要指标。客运量是以客流的形态全天候的分布在城市路网中,这是公交企业立业的根本和收入的来源,要分析好线路客流特点,熟知变化,掌握规律,应做到五勤:勤上车——掌握车上客流情况;勤上路——掌握周围影响客流的变化;勤打听——从各种渠道掌握影响客流变化信息;勤分析——从运营数据分析线路投入产出的经营情况;勤思考——提出自己的见解为车队运营生产提出可行性方案。

要掌握客流变化规律,通常使用的方法是通过 IC 卡数据、客流调查、历史数据分析等。把握线路客流变化要做好以下的分析,概括为"源""流""量""向""点""尖""车"。

(1)源——客源点。要明确客流的源头在哪里,乘客从哪里来,到哪儿去,有一个概括性的、宏观的判断。一般情况下的客源点有居民小区、工矿企业、写字楼、轨道交通、公交枢纽、公交换乘站、学校、旅游景点、火车站、机场、码头、商业、娱乐设施、演艺场馆、会展中心、"瓦片产业集中租住地"等。

同时,还要对线路在整个公交线网中的位置、地位、作用进行初步的判断,明确线路的主要作用,对借助线路过境客流做出判断。

(2)流——客流随时间的变化规律,在一昼夜内的变化。一昼夜客流可分为平日和节假日来分析。无论是工作性客流突出的双峰型还是生活型客流突出的平峰型,或者是兼而有之的三峰型、四峰型,或者是其他特殊类型。线路各个峰尖的确定与客源发生的时间紧密相关。同时,客流在年、季、月、周、日内的变化规律或在一个长假内的变化规律都要引起关注。

(3)量——对定性分析给进一步定量的分析,体现线路客运能力和客流规模。线路的客运量、高峰小时客运量(可参照 IC 卡数据)以及时间上的不均衡、高峰断面客流量(检查数据)以及方向上的不均衡、各峰次断面客流量以及断面上的不均衡等要做出数量的判断,并要对现有运力与运量的适应性和调度方法做出基本判断。

(4)向——在确定高峰后,要分析高峰客流的方向。以早高峰为例,居住客流向工作地、学校的方向和居住地向轨道交通、枢纽站、换乘站的方向。晚高峰则与上述方向相反。晚二次客峰客流由不同场所返回居住地方向。当有两个方向的高客流量当时,要密切关注变化,做好比较。

(5)点——重点车通过重点段(最大断面)的时间。在高峰时间里通过最大断面的车辆,要予以特别关注,这个时间段是重点。抛开客观因素,当主观上遇有车辆行驶间隔不均匀时,要提前采取调度措施,确保车辆到达最大断面的行车间隔。

(6)尖——峰尖一般发生在高峰最大断面上,高峰客流聚集时间较长、留乘较多,以放射型快线、方向上不均衡严重、平均乘距大的线路发生情况较多。这也经常是乘客投诉点、运营调度难点,容易成为社会热点。找准尖的时间、位置,积极采取削尖的措施是这类线路运营组织的关键。

(7)车——就是车次,即运力的配置。在给定车型的情况下,根据客流规律,满足各个峰次最大断面客流,确定小时车次和行车间隔,确定分时配车,进而确定劳动班数。同时,根据客流特征安排区间、快车等方法合理使用车辆。随着客流的变化对车数、车型提出调整建议。

第二节　客流调查的方法

一、客流调查的作用、目的和意义

1. 客流调查的作用

客流调查的作用主要体现在以下五个方面:

(1)了解城镇、乡村、厂矿企业、机关学校及有关单位的人口数量与分布状况和对乘车的要求,为合理布设线路网、开辟新线路、调整现有线路提供依据。

(2)了解商业网点的分布情况、群众的购买力、郊区农民的生产和生活规律以及城市流动人口等对乘车的要求,为合理设置停车站或调整现有停车站提供依据。

(3)了解运营线路的道路通行能力以及沿线乘客的出行时间、出行次数、步行远近、倒乘运距等情况,为选择客运交通工具的车种、车型以及经济合理地配备运能提供依据。

(4)了解现行行车时刻表的行车间隔以及客流变化规律,为改进调度方法,编制适应客流需要的行车时刻表提供依据。

(5)通过客流调查以及对客流量全面系统地研究和分析,可充分掌握完整的客流动态,对未来的客流变化趋势做出科学的评估和预测。为制订公共交通企业的长远发展规划,适应城市发展,满足人们不断增长的乘车需求提供依据。

总之,客流调查是公交运营管理的基础性工作。通过对客流调查资料进行分析,可以掌握客流在各断面上、时间上、方向上的不均衡规律,以便经济合理地使用车辆。

2. 客流调查的目的和意义

通过大量的、实时的客流数据,可以及时、科学地分析城市居民出行的源强度、分布、具体结构、目的等基本出行特征的变化情况,以便更好地为市民提供舒适的乘车环境。

客流动态的调查,需要积累比较长期的资料以供分析,除直接从调查中获得资料外,企业中常用的各种运营报表所反映的统计数字,也是反映客流周期性升降波动的重要资料。但是要掌握客流动态的规律,还要取得经常性的、全面的调查资料进行综合分析。因此,公交企业需要建立定期的、全面性的客流动态调查制度。有时为了某一特定的目的,也可以进行临时的、局部性的调查,或可以组织抽样调查或典型调查。

总之,只有在明确客流动态调查目的指导下,选择最有效的、简便的调查方法,才能取得预期的效果。

二、客流调查的方法

客流调查是一件经常性的、比较细致的工作。根据不同的调查目的,可以采用不同的调查方法。经常使用的调查方法有随车客流调查法、目测客流调查法(驻站客流调查法)、问询客流调查法、IC 卡客流调查法(分段计价、OD 调查)和其他调查法等。选择调查方法时应注意以下两个要点:

(1)尽可能以最少的劳动和时间消耗,取得足够量的、精确的调查资料。

(2)尽可能以最简便的方法,得到被调查者的配合,保证所需资料的及时性与可靠性。

1. 随车客流调查法

1)概述

随车客流调查是指在线路运行的每辆车中安排专人记录每个车站上、下车的乘客数量以及车站上留站人数多少的一种全面调查。

随车客流调查可以在全市范围内进行,也可以选择部分或一条线路进行;可以组织全天营业时间内进行,也可以在某一段营业时间内进行,这主要取决于调查的不同目的。

2)随车客流调查的组织方法

随车客流调查法是一种较大型的调查方法,其具体作法如下:在运营的所有车辆上,从早出的第一班车开始直至晚上末班车为止。有夜班车的线路也要安排专人进行随车调查。随车调查的人数,根据车型而定(一个门设置一个人),在车门附近选好适当的位置(查看上、下车人数时,视线不受阻碍)。按照记录表中的要求进行上、下车人数的记录,此表格为原始记录表。当车辆拥挤并有留站乘客时,还需注明未上车的留站人数。

3)随车客流调查注意事项

(1)对调查人员的配备事先要做好周密的安排。做好培训工作,如高峰时同时上、下车人数集中,应如何观察记数;车在行进过程中如何在记录表上写清数字;等等。

(2)在原始记录表上注明路别、车号，写清发车时间。

(3)上、下行每一个单程车次填写一张统计表格。统计表格由线路调度员在该车辆未发出时签注，交给随车调查人员，到达终点站时交换下一车次的表格。

(4)终点站设收表员、发表员及核算员。核算员要及时对收回的调查表进行核对和几个车门的记录表合一，并负责对车上的调查人员进行业务指导。

(5)大型的随车客流调查，必须建立领导班子，并要有专人负责调查人员的生活。此外，注意随车调查人员交接班的连续性，安排接送调查人员的车辆。

(6)必须保证原始资料的准确性和完整性。

(7)在调查日，要和线路的运营调度员做好配合，保证按行车时刻表执行。

(8)以购票标准尺度计算人数，不足购票标准尺度的儿童不计算。

(9)按调查表认真填写，尤其注意 IC 卡数据与售出票数的分类。

(10)几个车门(1 部车辆)的原始表记录合计数出现上、下车人数差额时，核算员应进行调数。调数时从低往高调(如上车人数为 216 人，下车人数为 208 人，应将下车人数调平为 216 人)，应在上车人数或下车人数较多的站点进行调平。

(11)当某车次丢失或漏掉原始记录表时，应补上此车次统计表。

上、下车人数均以本车次的前一次车和后一次车的原始记录表中的数值之和的平均值进行记录。

4)随车客流调查的一般作用

(1)全市性的调查可以在一天的全部运营时间、全部线路上进行。它可以反映在同一时间内全市公交系统的运营状态，全市各大型集散点与居民区及工业区的集散情况。

(2)局部线路的调查是为了研究某些线路客流动态的特点和规律而进行的全日性调查，以获得该地区和线路的客流动态变化。例如，沿线主要集散点客流量的增减、不同时间的断面客流量的分布，可为该地区的部分线路的行车时刻表的编订、改进调度方法提供依据。

(3)局部时间的调查(根据需要只进行高峰或平峰的调查)局限性较大，需要结合历次调查的统计资料进行分析，为局部修正行车时刻表、适应客流需要提供依据。

5)随车客流调查的效果和特点

全市性随车客流调查的资料全面，准确度较高，一般误差数不超过 ±5%，用途较广。对内可以掌握客流动态规律的全貌，是研究站点、布设线路、调整开辟线路、合理组织运输和制订经营方针的科学依据；对外可为城市规划、交通治理提供参考数据，但这种调查所需人力、物力较多。例如，北京市目前要搞一次全市性的昼夜调查，随车调查人员就需要 3 万多人。另外，还要有车下预备人员、收发表人员以及其他工作人员等,总人数达到4万人。

调查数据一般采用计算机处理,但如急需局部地区、线路、单位时间(如早、晚高峰小时)、断面(如最大断面客流量)的客流通过量,也可用2~3天的时间整理出来,前提是整理的车次较少。

随车客流调查法存在资料不够完整的问题,如客流的流向量,缺乏OD(起止点)资料、乘客的换车等因素不能正确反映等。

2. 目测客流调查法(驻站客流调查法)

1)概述

目测客流调查法(驻站客流调查法)是指在中途重点站(1个站或多个站)或客流量较大的高峰断面上设置调查员,在规定的时间里,以目测的方法记录上下车乘客人数,车厢内人数、留站人数和通过车次的一种断面调查法。这种调查方法是了解断面的客流量在时间上的变化与配车是否合理,定线、定站、定时、定期进行的调查。将调查资料汇总积累,随时可供对比分析之用,为线路增减配车,调整运力提供可靠的依据。目测客流调查相关记录表。见表5-1~表5-4。

目测客流调查表 表5-1

路: 站: 方向: 年 月 日

车 号	到站时间	进站人数	下车人数	上车人数	出站人数	留站人数	备注
合计							

目测客流调查汇总表 表5-2

路: 站: 方向: 年 月 日

时间分组	断 面	通过量	计 划		实 际	
			运力	满载率(%)	运力	满载率(%)
5:00—5:30	××—××					
5:31—6:00						
6:01—6:30						
6:31—7:00						
⋮						
合计						

目测客流调查统计表(一) 表5-3

路： 站： 方向： 年 月 日

顺序	车号	到站时间	停车时间	乘客流量(人)				候车时间	备注
				下人	上人	车内	留站		
1									
2									
3									
⋮									
合计									

目测客流调查统计表(二) 表5-4

路： 站： 方向： 年 月 日

时间分组	车次			车容量	通过量	满载率(%)	上人	下人	留站(人)		留站次数	候车时间		
	通道	单机	合计						最多	最少		最多	最少	平均
5:00—5:30														
5:31—6:00														
6:01—6:30														
⋮														
合计														

2)目测客流调查的组织方法

(1)目测客流调查法技术性较强,调查人员应熟悉线路运营情况,必须掌握各种车型的座位数、乘客可站立的面积和额定车容量,能准确地估算车厢人数。所测得的资料准确度一般要求在90%以上。

(2)调查日期与具体时间可根据一般客流动态规律和调查线路的具体情况而定。时间选择的是否适当,直接影响能否达到调查的预期目的。

3)目测客流调查注意事项

(1)调查人员要掌握不同车型的座位数、额定站立人数和最大定员数。

(2)调查员目测位置的选择要适当。

(3)当候车人数多时,可提前数清在站人数。

(4)按调查表要求及时填好每次车的数据。

4)目测客流调查的作用

(1)目测客流调查法简单易行,所需人力少,资料整理简便,效果好,便于组织局部性的重点调查,如重点地区、重点线路、重点断面、重点时间等。

(2)调查资料的可靠程度较高,是改进调查措施、编制或修改行车时刻表的基础资料。

(3)目测客流调查法反映的客流动态是局部的,与其他调查资料结合使用,效果更好。

3. 问询客流调查法

1)概述

问询客流调查法是指派调查人员通过问询的方式,记录每一个乘客上、下车地点的一种方法。

2)问询客流调查法的组织方法

问询客流调查法的组织方法可分为随车问询和驻站问询两种形式。

随车问询一般适用于站距长、上下车交替量小的线路。而在客运量大、站距短、上下车交替量大的市区线路,则采用驻站问询的方式。指派问询调查人员的数量可根据每个站乘客集散数量而定。

问询客流调查法可以根据需要及公共交通的规模,在全部线路或一条线路上进行。在调查人员有限的条件下,可以定期分批进行。调查时间的长短,可依据调查目的确定。

3)问询客流调查的作用

问询客流调查既能反映每个乘客上下车的地点,也能反映每一站上车的乘客到其余各站下车的人数、每一站上车乘客的乘距、每个断面的客流量负荷情况和满载率等。在条件许可的情况下,还可以询问乘客的转乘,以掌握乘客的乘车规律与集散方向,解决线路高断面站的乘车问题,便于将线路布设衔接得更好。

4. IC 卡客流调查法

目前,城市公交智能卡系统已经在公交 IC 卡系统的基础上发展成为市政交通一卡通系统,实现各种交通方式的数据共享,这对于各方式出行行为的对比分析、数据的共同处理和建模、实现多种公交方式协调发展等都具有重要的意义。

1)概述

通过挖掘 IC 卡技术可扩展的应用领域,实现用电识别技术,进行客流数据的采集。IC 卡技术通过乘客在上下车时各刷卡一次,实现了分段计价的功能,同时能采集乘客数量,对这些数据进行收集整理并形成具有实用价值的客流分析结果。

由于单一票价的线路刷卡,只有上车刷卡人次,没有下车刷卡次,无法直接测算出乘客的下车站情况,因此 IC 卡客流调查法基本在分段计价线路上使用。

但是,对于单一票价线路的乘客,可以假定一张卡号对应一名乘客,通过追踪一张卡一天的刷卡次数和搭乘线路、时间,确定乘客换乘和二次出行的信息,有条件的可根据乘客出行规律推测乘客出行的起讫点(OD)数据,这样需要较大量的信息和计算作为支持。

2)IC 卡平台的可得出行信息

基于 IC 卡支付平台可以获得很多用于公交出行行为分析的数据项,进而对城市公交系统整体进行现状分析和规划,或者对单一公交及地铁线路的客流情况进行统计分析,为线路规划及运营管理提供依据。下面是IC卡平台的可得出行信息项。

(1)公交方式分担率及日出行频率。

基于公交IC卡支付平台,可以得到城市公交出行频率,再结合传统出行调查得到的全方式日出行率,可得城市公交方式分担率,从而作为评价城市交通结构和公交服务水平的一个有效指标。

(2)各线路客流量。

根据得到线路各站点的上车人数,可以分析线路的客流量分布,如通过北京626路公交车早高峰2h各站点上下车人数(图5-11)和北京626路早高峰各断面客流分布图(图5-12),结合一日的客流数据观测,可得线路全日客流量随时间的变化情况。

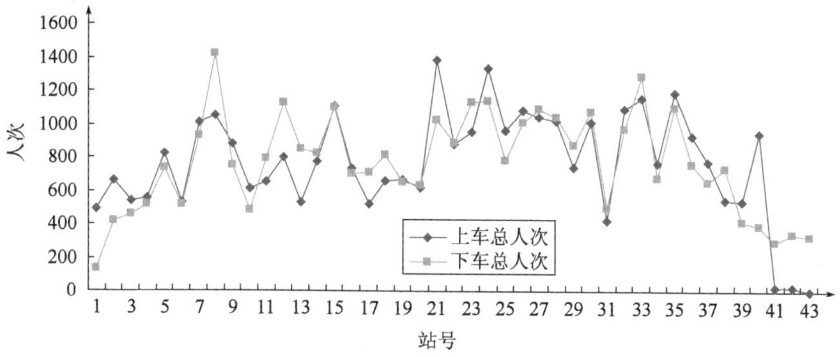

图5-11 北京626路早高峰各站点上下车人次图

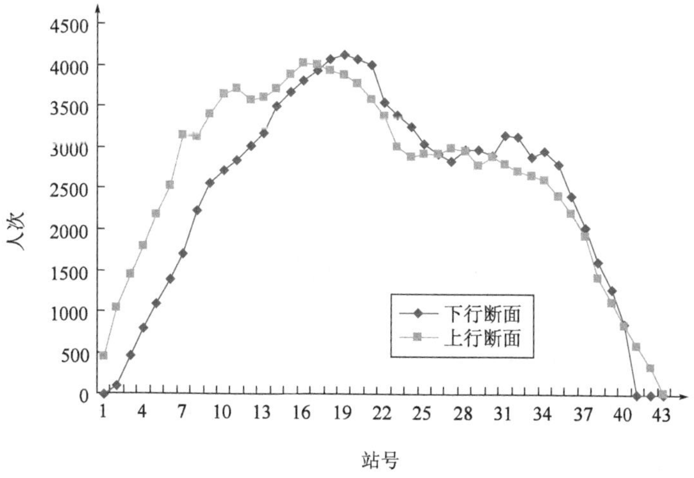

图5-12 北京626路早高峰各断面客流分布图

(3)各站点客流量。

通过各条线路在各站点上下车人数的横向查询,可以输出各站点客流量数据。基于一卡通系统,通过各方式所得数据的汇总查询,我们还能够得到大型换乘枢纽的客流量数据,如地铁、公交、出租换乘枢纽的各时间点的客流量等。此类数据可以作为确定站点或换乘枢纽的建设规模、公交站牌位置分布、站间距等的参考依据。

(4)换乘信息。

基于市政交通一卡通数据及前述的IC卡数据环境下的换乘定义,可以得到出行者的换乘属性(包括换乘时间、换乘线路、换乘站点等),进而通过按线路名称或站点名称的换乘数据统计查询,得到不同公交线路间、不同交通方式间及各站点(或换乘枢纽)的换乘数据。此外,还可以从总体上统计日公交换乘率、换乘量站点分布及换乘量时间分布等。

(5)出行行为分析数据。

根据日出行链架构方法,可以应用IC卡数据描述每一位持卡者的日出行链,进行出行频率、出行地点、出行时间、换乘方式等的分析,同时可以结合其个人基本属性数据,研究个人属性对出行行为的影响,进而建立出行行为分析模型,预测及分析城市公交出行行为。

需要说明的是,目前各城市交通的IC卡通常分为记名卡和不记名卡。对于记名卡,可以通过系统记录,获取持卡人年龄、职业、家庭住址等基本信息;对于不记名卡或临时卡,只能通过补充调查获得持卡人的个人信息。

(6)公交出行OD数据。

对于地铁、轻轨等有上、下车数据的交通方式,可以通过组合上、下车地点的数据对得到各站点之间的出行OD数据,用于地铁、轻轨线路的客流预测及线路建设可行性研究。对于上、下车均刷卡的公交IC卡系统,也可以采用这种方式进行OD数据整理。而对于缺少下车数据的公交车出行数据,下车站点数据可以通过日常性出行的去程与返程首尾相接、站点对应的原则,通过上、下车站点发生频率统计,得出大概的下车站点,并根据车辆运行时间得出下车时间,从而统计公交出行OD矩阵。

3)补充调查和计算

当应用IC卡数据进行出行行为分析时,为了使分析更加全面、详尽,尤其是进行出行者分类分析、个人属性对出行行为的影响分析和出行OD数据分析时,需要做一些补充调查。

(1)出行者持卡支付与现金支付的比例调查。由于目前现金支付还占有很大一部分比例,因此进行大规模公交规划之前,需要通过抽样调查得到持卡支付与现金支付的比例,必要时结合补充的现金支付出行者公交随车调查,估算现金支付的大概出行规律,弥补样本采集范围不全面的问题。

(2)实际出行起迄点调查。公交IC卡系统只能获得起迄公交站点数据,而出行者一般采取步行等方式去公交站点乘车,即实际出行起迄点并不是起迄公交站点。因此,在调查分析还需要进一步对实际出行的起迄地点进行调查,此部分数据也可以作为公交站点可达性分析的基础数据。

(3)下车站点调查。对于只记录上车信息的 IC 卡系统来说,估算下车时间和站点时需要实际数据进行模型标定。因此,最好对下车站点进行补充调查,或者直接采取二次刷卡或由乘务人员输入下车站点号的方式收费。进行下车站点调查时可以采取人工随车调查法或者在下车门位置安装传感器的方法。

(4)出行信息和出行者个人属性调查。基于目前的公交 IC 卡数据的调查方式无法得到居民的出行目的信息,同时有些不记名卡也没有持卡者的个人基本属性数据。因此,如果做大规模的公交规划或分析出行者个人属性对公交出行行为的影响,还需要对持卡者的出行目的、个人年龄、职业、家中交通工具拥有情况等进行小规模补充调查。

(5)公交服务数据调查。以二次刷卡或分段计价的公交 IC 卡数据为基础,通过计算可以获得公交车在各站点区间的运行速度,但是公交出行的方便性和舒适性、站点等车时间、站点可达性等表明公交服务水平的数据无法获得,因此需要进行专门的公交出行满意度调查以获得此部分数据。

4)公交 IC 卡数据调查方法的优缺点

公交 IC 卡数据调查方法与传统的出行数据调查方法相比,运用 IC 卡支付平台获得公交出行数据有省时、省钱等优点,但同时也存在一些缺点,下面我们对基于公交 IC 调查方法的优缺点进行分析。

(1)公交 IC 卡数据调查方法的优点:

①实现长时间观测。传统的居民出行调查一般只能获得出行者某一日的出行数据,而基于公交 IC 卡的调查方式可以通过数据库查询获得出行者长时间的出行数据,从而保证了日常性出行的占有比例(与偶然性出行相比),使之结论更能反映出行者的一般出行规律。

②样本量大。对于人口在百万以上的城市,传统的居民出行调查的抽样率一般设定为 4%,而许多城市的公交 IC 卡开通率都在 80% 以上,轨道交通达到 100%,因此,基于 IC 卡数据的调查方法抽样率要比传统的居民出行调查高出很多。

③省时、费用低。传统的居民出行调查需要进行人工入户调查,调查人员收集整理调查表格后,进行数据录入;而基于 IC 卡数据的调查是在上车缴费的同时完成的,数据直接用数据字化方式存储到设备中,只需导出和按需要查询整理即可,省去很多调查费用、调查人员和时间。

④数据精度高。传统的居民出行调查一般由出行者自己填写表格,难免受个人文化水平、理解程度、个人喜好等方面的影响,而且数据录入环节也存在一定误差,相比之下,基于公交 IC 卡数据的精度要高出很多。

(2)公交 IC 卡数据调查方法的缺点:

①存在主观判断误差。IC 卡数据有时要通过设定一些假设条件,处理、计算后才能

达到数据分析的需要，例如，我们在构造出行链时，假设两次上车时间少于30min当作是一次换乘，这些假设条件通常是针对一般情况来设定的，会存在主观判断误差。

②数据涵盖范围窄。目前IC卡数据最多仅能覆盖轨道交通、公交、出租车等方式（而出租车方式无法获得上、下车地点数据），无法获取步行、骑自行车等其他交通方式的出行数据。

③各城市公交IC卡系统发展不统一。目前我国各城市公交IC卡系统建设程度参差不齐，有的城市已建立市政交通一卡通系统，有的城市仅在大部分公交车辆上安装了IC卡系统，而有的城市还没有引入IC卡系统。另外，具体实施方法也有所区别，有的城市采用分段计价、有下车数据，有的城市采用单一票价、没有下车数据；有的城市发行无记名卡，有的城市发行记名卡。

5）IC卡客流调查的作用

（1）在发车调度中的应用。在IC卡数据应用方面，公共交通企业可以根据上述客流统计分布情况，特别是可以根据各条线路各个时段的客流状况，用于制订行车时刻表，削尖补当，保证运力平衡。

（2）在线路线网优化中的应用。

公交企业在一定周期内，都需要根据城市道路交通情况、客流分布变化以及各种主客观因素来制订新开、调整、延长或撤销线路的方案，以保证满足乘客的出行需求，更好地保证社会效益。因此，IC卡数据的应用分析，可以及时提供各条线路的营运客流状况。

（3）在决策支持中的应用。

数据库一般不具备数据的分析和预测的功能，查询的结果不能满足决策者为决策而进行的需求分析，建立IC卡数据综合分析系统，可以进一步完善和提升数据库的管理功能及应用功能；通过数据仓库，利用多维的方式对IC卡数据进行分析、预测及判断，为领导决策提供科学的依据；通过IC卡数据的应用统计，综合相关数据整合，形成企业完整的数据中心，有效地进行监督监控，以确保企业各项决策的执行。

IC卡客流调查可以实现对客流动态特点和规律而进行的全日性调查，以获得该地区和线路的客流动态变化。例如，沿线主要集散点客流量的增减、不同时间断面上客流量的分布，为该地区的部分线路行车时刻表的编制、改进调度方法提供依据。目前，在北京一卡通刷卡人次与购票人次之比已经达到9:1左右，因此IC卡数据样本能够客观、全面地反映线路客流状况且是容易获取的。

5. 其他调查法

1）发票调查法

发票调查法是指由调查人员在调查的线路上每个站向每个上车的乘客发一张该

站的调查票。同时收回每个下车乘客的调查票，以取得该线路各个断面乘客分布动态的数据。

发票调查法可在线路的重点站段进行，也可全线展开。每个调查点按该线发车频率高低，配备调查人员。调查时，要由行车人员密切配合，才能确保调查质量。

发票调查法用得较多的是局部抽样调查。调查点一般应选择那些对全线影响大，集散量大，上下车交替频繁，且乘车规律不够明显的站点，对每个调查点上车的乘客进行发票调查，然后在其后的停车站派人负责收票并进行统计，分别计算出调查点与其他非调查点的乘客人数及其相互间的比例关系。

发票调查法的调查效果与特点和询问调查法相近。但由于被调查的对象都是乘客，且需要乘客在车内乘车时填表，受乘客文化程度、时间、车上环境条件等因素影响，调查的难度比较大。

2）填表调查法

填表调查法是对工厂、机关、学校、文体场馆等单位的职工或住宅区的居民出行动态进行调查的一种方法。填表调查主要用于了解各单位的职工、居民等基本客流的出行动态及其规律，为进一步改进调度措施，解决乘车矛盾，编制近期计划与远期规划提供依据。填表调查有以下三个类型。

（1）工厂（机关、学校）。这类调查主要是对单位职工乘车动态进行的调查。以单位的地域分布为基础，按位置顺序派调查员上门做填表调查统计。建立基础资料后，可保持经常性的联系，按照调查内容和要求告知或寄送上门（表5-5），定期收回。资料收集后，再按地区或路段范围加以统计汇总（表5-6）。

单位职工人数及上下班时间调查表　　　　表5-5

<table>
<tr><td>单位名称：</td><td colspan="3">地址：</td><td colspan="3">所属局、公司：</td></tr>
<tr><td>联系部门：</td><td colspan="3">联系人：　　　　电话：</td><td colspan="3">厂休日：</td></tr>
<tr><td rowspan="2">职工总人数</td><td colspan="2" rowspan="2">生产班次</td><td>班别</td><td colspan="2">上下班时间</td><td>人数</td></tr>
<tr><td>日班</td><td colspan="2">时—时</td><td>人</td></tr>
<tr><td>骑自行车人数</td><td colspan="2" rowspan="3">时间及人数</td><td>早班</td><td colspan="2">时—时</td><td>人</td></tr>
<tr><td>厂自有客车数</td><td>晚班</td><td colspan="2">时—时</td><td>人</td></tr>
<tr><td>载客人数</td><td>夜班</td><td colspan="2">时—时</td><td>人</td></tr>
<tr><td>职工居住分布</td><td>区人</td><td>区人</td><td>区人</td><td>区人</td><td>区人</td><td>区人</td></tr>
<tr><td>要求和意见</td><td colspan="6"></td></tr>
</table>

（2）文娱体育场馆。这类调查是指对线网范围内的影院、剧场、游艺场所、文化宫、公园、体育场（馆）等公共场所进行的调查。

单位职工调查汇总表 表5-6

地区或路段： 调查日期：

单位名称	地址	所属系统	电话	职工人数	其中		坐厂车人数	厂休日	上班时间人数				下班时间人数			
						骑自行车人数			日班	早班	晚班	夜班	日班	早班	晚班	夜班

调查的内容包括：每天演出场次和入、散场时间；最大容纳量（或席位数）、均上座率；近期节假日活动安排和观众预计；季节变化对游客的影响。

文娱体育场馆的活动和观众动态，对有关公交线路的运行影响较大。大型体育场馆的活动，往往不是附近原有线路所能承担的，必须调配较多的车辆方能适应。固定节假日更是文娱体育表演场所吸引大量观众的时间，无疑会大大增加公交客流量。

除对文娱体育场馆建立基础性的调查资料外，每逢固定节假日前，还应进行一次全面的调查。这样可以预测这些公共活动场所观众的数量、活动时间及其对附近公交线站的影响，只有了解这些情况，才能有效地安排调度工作，增加行车班次，及时运送观众。

（3）居民出行调查。居民出行调查也叫作起讫点调查、起终点调查、OD（Origin-Destination）调查，是对居民出行活动进行的全程调查。出行调查一般不仅仅是为了安排公交线路或调度措施进行的，而是一个城市为交通规划、城市发展总体规划进行的基础数据采集工作。但调查结果对城市的客运规划、公交线路布局、车辆发展规模等与企业密切相关的诸多方面都具有十分重要的意义。

第三节 客流预测

一、概念

公交企业的客流预测，是指在各种客流调查和客流统计的基础上，经过全面、系统的研究和分析，使之从现在研究未来，从已知研究未知，在未来、未知的许多不确定因素中研究各种可能性，以减少未来发展的不确定性和盲目性，增强未来的预见性和适应性，对未来的客流变化趋势作出科学的估计。

二、客流预测的作用

(1)客流预测主要是预测客流量和客运工作量，从而对未来客流的变化趋势作出科学的估计。

(2)科学的客流预测是决策的依据，是制定线路网规划的依据。

(3)公交的客流预测是公交企业为提高服务质量，组织运营，编制运营计划的一项重要的基础工作。

三、客流预测的分类

客流预测按周期可分为短期预测(1～3 年)、中期预测(5～10 年)和长期预测(15 年以上)。

客流预测的基础是大量的、丰富的统计资料。它包括掌握城市的经济与社会发展计划、城市发展规划、城市社会经济各种统计资料、公共交通企业历年的客流资料、各种客流调查资料、现实的客流状况以及各种客流理论的著作等。

在取得这些基础资料后，应用数学方法和经验判断，对资料进行分析和整理，得出规律性的结论，从而为决策提供依据。

客流预测的全过程如图 5-13 所示。

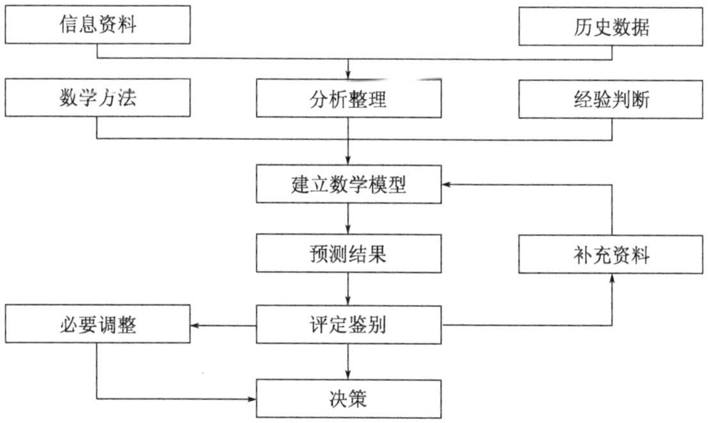

图 5-13　客流预测的流程示意图

四、客流预测的方法

1. 直线趋势法

(1)徒手画线法。徒手画线法是将原始的对应数值在坐标图上用点描出来，以表明其分布情况。一般来说,以时间(t)为横坐标(x 轴),以客运量为纵坐标(y 轴),如图 5-14 所示。坐标面上点的分布是比较分散的,初看起来没有规律,因为变量之间并不都是确定性的函数关系。但是,如果从这些关系的发展趋势来看,随着时间的推移,客运量是上升的,时间和客运量之间存在相关关系。因此,可以不用数学公式,而在这些点之间徒手画出一条直线,所有数据点的波动基本上都是以这条直线为中心的。然后把这条直线延长,就可以推算出预测值,这条直线可称为趋势直线。当然徒手画线法因人而异,没有一个客观的标准。徒手画线法比较粗略,但十分简便,如果认真仔细地画,也不失为一种有用的方法。

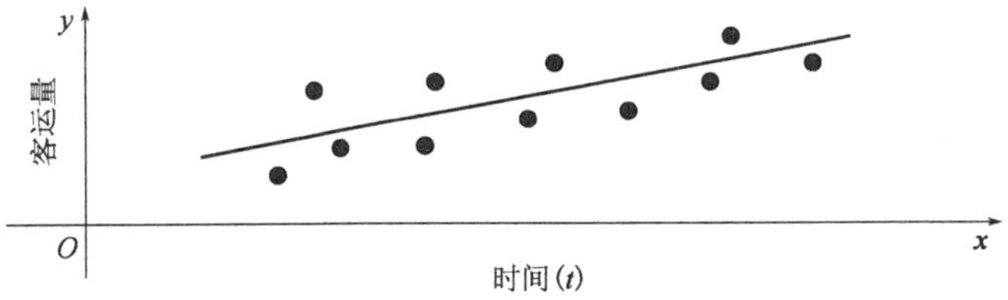

图 5-14　直线趋势法图示(一)

(2)数学公式法。用数学方法给社会经济现象配一个适当的方程式,是进行客流预测的有效方法。

一般的直线趋势方程为

$$y = a + bx \tag{5-1}$$

式中:y——预测客运量;

x——时间周期数;

a、b——待定系数。

根据图 5-15 中所示,坐标上的点可按数学公式描绘出图形,仍是一条直线(图 5-15)。其数学公式应为:取其任意 2 个点的坐标即一对值(x_0,y_0)和(x_1,y_1)。这一对值可描绘出的 2 个点可以唯一的确定 1 个直线方程 $y = f(x)$,$y_1 - y_0/x_1 - x_0 = y_1 - y_0/x_1x_0$。

整理得:

$$y = y_0 + \frac{y_1 - y_0}{x_1 - x_0}(x - x_0) = f(x) \tag{5-2}$$

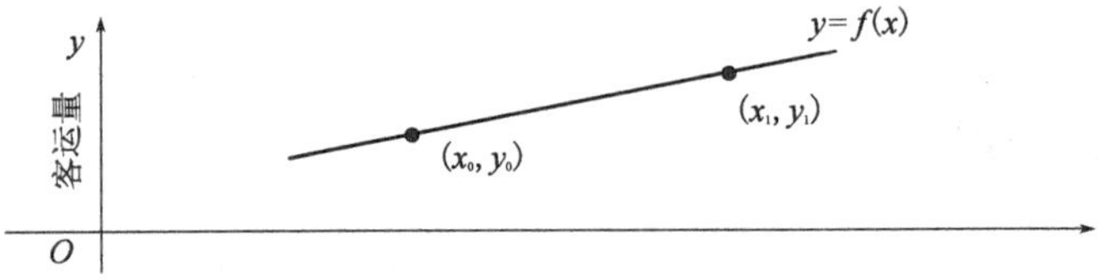

图 5-15　直线趋势法图示(二)

直线趋势法用一对数值(x_0,y_0)和(x_1,y_1)求得 $y=f(x)$ 的近似值。由于2个点的对应值本身受各种偶然因素的影响,会有误差因素,而且1个对应值常常不仅与2个相邻的对应值有关,同时还与一系列的对应值都有联系。因此,画出的直线与实际相比会有较大的误差(所取的一对值,决定一条直线有直接关系)。在 $y=a+bx$ 中,只要知道了 a、b 这两个待定参数,即可预计任何一个时间的客流量。应用最小平方法(也称最小二乘法),可知 $y=a+bx$ 的标准方程为:

$$\begin{cases} b\sum x + na = \sum y \\ b\sum x^2 + a\sum x = \sum xy \end{cases} \tag{5-3}$$

式中:a、b——待求参数;

y——已掌握的客流量资料;

x——已掌握的时间资料;

n——已掌握资料的项次数。

通过式(5-3)可求出待定参数 a、b。将求出的 a、b 值代入趋势方程 $y=a+bx$ 即可进行预测。运用最小二乘法取得的趋势方程是唯一的,也是最适线,即误差的平方和为最小的直线。

2. 曲线趋势法

曲线预测法是指根据实际资料,研究现象数量变化的规律,以便预测这些现象将来发展趋势的一种方法。就其数量表现而言,现象数量变化的规律性是可以从其变化的增长量或增长速度显示出来的。根据动态数列确定其数量增长的基本类型,再用合适的曲线把它变动的趋势加以描绘。但资料的曲线配合不能完全描述现象的趋势,只有从分析现象本身的发展特点出发,正确判断变化的基本类型,才可能有效地运用曲线配合的方法,预测趋势的发展。

(1)如果现象的发展大体上是按每期以相同的增长速度增减变化,则这种现象发展的基本趋势是指数曲线型的。指数曲线的方程式:

$$y = ab^x \tag{5-4}$$

式中:a——基期的初始水平;

b——现象的一般发展速度。

a,b 都是待定参数,即 x 年的变量 y 等于初始水平乘以一般发展速度的 x 次方。

对上式两边取对数:

$$\log y = x\log b + \log a \tag{5-5}$$

设 $y'=\log y$,$\log b=A$,$\log a=B$;则

$y=ab^x$ 可转化为 $y'=Ax+B$,可以按直线配合的方法确定所需要的指数曲线。

(2)如果现象的发展是按每期增长量大体相同的增减变化,则这种现象发展的基本趋势是抛物线型的,抛物线的一般方程式:

$$y = ax^2 + bx + c \tag{5-6}$$

这种现象的发展特点是,每期都有增长变化。但是这种变化既不是按相同的增长量,也不是按相同的增长速度,而是表现在增长量的变化上,即每期的增长量按相同的增长量增长(增长绝对数相同)。

3. 平均速度趋势外推法

平均速度趋势外推法是一种将历年客运量发展的速度平均化,并按平均发展速度推算未来若干年客运量的方法。计算公式为

$$\bar{x} = \sqrt[n]{\frac{a_n}{a_0}} - 1 \tag{5-7}$$

式中:$\bar{x}$——年平均增长速度;

a_n——第 n 年的客运量;

a_0——基年的客运量;

n——时期因数。

这个方法简单易行,所需要的资料不多,是一种常用的预测方法。

【例 5-1】 某公共汽车公司 1982—1998 年每年的客运量总量见表 5-7。

客运量统计表　　表 5-7

年份(年)	年客运量(百万人次)	年份(年)	年客运量(百万人次)
1982	466.70	1991	531.24
1983	469.30	1992	580.44
1984	471.51	1993	610.31
1985	458.24	1994	690.05
1986	474.21	1995	681.12
1987	481.37	1996	721.18
1988	490.14	1997	752.17
1989	440.74	1998	763.86
1990	492.11		

从表中可以看出,1982 年的客运量为 467 百万人次,到 1998 年的客运量为 764 百万人次,由此可以求出 16 年中这家公司的客运量年平均增长率:

$$\bar{x} = \sqrt[16]{\frac{763.86}{466.70}} - 1 = 1.0313 = 0.0313$$

即3.13%。

从中推算出2006年的年客运量为

$$a^n = a_0 (1 + \bar{x})^n \tag{5-8}$$

即 $a_{06} = 466.70 \times (1 + 3.13\%)^{24}$

$= 466.70 \times [(1 + 3.13\%)^{16} \times (1 + 3.13\%)^{8}]$

$= 466.70 \times (1.637 \times 1.280)$

$= 466.70 \times 2.095$

$= 977.74$(百万人次)

4.指数平滑法

指数平滑法是对平均速度的改进,是客流预测中广泛使用的方法。指数平滑法分为一次指数平滑、二次指数平滑和三次指数平滑。

一次指数平滑法的计算公式:

$$\bar{y}_{t+1} = \alpha \bar{y}_t + (1 - \alpha)\hat{y}_t \tag{5-9}$$

式中:$\bar{y}_t$——t 期的实际客运量;

$\hat{y}_t$——t 期的预测客运量;

α——平滑系数($0 < \alpha < 1$,根据经验而定);

$\bar{y}_{t+1}$——下期预测客运量。

从式(5-9)中可以看出,一次指数平滑用来进行客流预测的优点是,只要有本期客运量实际完成数、本期运量的预测数和一个合理的 α 值,就能做出下期的客运量预测。对于平滑系数 α 取值的大小,可以根据过去的预测值与实际值比较而定。差额大则 α 值应取大一些,差额小则 α 值取小一些。通常 α 值的取值范围在0.1~0.3范围内。

【例5-2】 某公共汽车公司2009年全市的客运量预测值为12亿人次,2009年全年实际客运量为11.82亿人次。依此预测,2010年客运量(取 $\alpha = 0.3$)。

$\bar{y}_{2010} = 0.3 \times 11.82 + (1 - 0.3) \times 12$

$= 3.546 + 8.4 = 11.946$(亿人次)

由于一次指数平滑只能预测一期的客运量。所以,这种方法只适用于短期预测。若要向前预测今后若干期的客运量,就需采用二次指数平滑法。

二次指数平滑法是对一次指数平滑的数据再做一次指数平滑。它不直接用于预测,只用于估计直线趋势模型的参数,然后再建立预测方程进行预测。

同理,还可以进行三次指数平滑,用于估计曲线趋势模型的参数。这里不一一介绍了。

5. 相关分析法

相关分析法是一种从事物之间相互依存关系出发进行预测的方法。相关分析法的可靠性比前面几种方法高,但所需资料较多,计算比较复杂。

计算公式为:

$$y = a_0 + a_1x_1 + a_2x_2 + \cdots a_ix_i \tag{5-10}$$

式中:y——预测客运量;

x_1——相关自变量(如城市人口数、收入水平、居民购买力或商品零售额等,$i=1$、2、3、…、n);

a_i——待定参数,($i=1$、2、3、…、n)。

6. 经验估计法

经验估计法是指在没有比较准确的、可靠的客流数据时或客流出现某种不可能用数量揭示的偶然性波动时所采用的方法。它是依靠参加预测人员的实践经验和综合分析能力,根据所掌握的情报信息,将主观认识的意见化为所需要的客流预测资料,对未来的客流状况作出判断和估计。

经验估计法的主要依据包括:

(1)根据提供的信息和资料,召集有关人员(如熟知客流规律的有关部门的主管人员),广泛听取意见,再由决策人做出结论性判断。

(2)召集与预测客流有密切关系的专业部门的有关专业人员进行分析。他们对客流变化的规律有相当的认识和理解,可提出预测意见。

(3)由专业部门就客流预测的内容向基层现场有关人员征求意见。基层人员对所管辖的线路和地区的客流变化有丰富的直观资料和实践经验。

综上所述,不论采用哪种客流预测方法,由于客流的波动变化多端,影响因素复杂,因此预测的结论也不可能是百分之百的准确。但客流、客源都有其自身发展的变化规律,只要充分掌握客流变化资料,了解其动态,熟悉预测方法,预测的准确程度是完全可以逐步提高的。在实际应用中,也可以同时将几种方法结合投入使用,以其不同的预测结果,作为预测标的数值上下波动可能性的参考。

第四节　客流的数量指标

为了分析客流在公交线路上的具体分布,经常要了解某一路段或某一站点的乘客乘车情况,就产生了以下指标:

(1)流向量。在单位时间内,向同一个方向乘车的乘客通过人数。

(2)通过量。在单位时间内,通过某站(段)的单方向的乘客人数。

(3)集结量。在单位时间内,某站(段)需要乘坐公交车辆的人数。

(4)疏散量。在单位时间内,某站(段)下车的乘客人数。

(5)待运量。在单位时间内,某站(段)未乘上公交车辆的、滞留在站台上的乘客人数。

(6)交替量。在单位时间内,某站(段)上、下车的乘客总人数。

(7)客运量。在单位时间内,实际运送的乘客人次。一般的统计为年、季、旬、周、日的客运量。其计算方法:

客运量 = 普票乘客人次 + IC 卡乘客人次 + 免票乘客人次 + 包车乘客人次　　(5-11)

(8)客运工作量(客运周转量)。客运工作量(客运周转量)是指公交乘客里程的总和,这项指标是用来衡量公交企业工作量得指标。计量单位为"人公里",其计算公式为

$$E = \sum_{i=1}^{n} A_i S_i \tag{5-12}$$

式中:E——人公里之和;

A——各站(段)或各断面人数(通过量);

S——站距;

i——一个自然数,即

客运周转量 = 断面通过量 × 站距　　(5-13)

(9)平均运距。平均运距是指公共交通乘客乘坐一次车的平均距离。其计算公式为

$$平均运距 = \frac{客运周转量}{客运量} \tag{5-14}$$

(10)客位数。客位数是指运营车辆的额定载客数。它是反映运营车辆运输利用率的基础数据。计量单位为"人·客位",其计算方法:

客位数 = 乘客座位数 + 车厢有效站立面积 × 每平方米允许站立人数(9 人)　　(5-15)

(11)断面满载率。断面满载率是指报告期内运营个断面车辆的满载程度。一般用于衡量主要线路在高峰小时最大方向,最大断面车辆的拥挤程度和车辆使用效率,也是编制行车时刻表的一个重要指标。其计算方法:

$$断面满载率 = \frac{报告期内断面客流通过量}{报告期内通过车次 \times 车客量(车型定员)} \times 100\% \tag{5-16}$$

$$主要线路高峰满载率 = \frac{高峰小时断面客流通过量}{高峰小时通过车次} \times 车客量 \times 100\% \quad (5\text{-}17)$$

(12)平均满载率。平均满载率是指公交企业运营车辆运载乘客的平均满载程度,用以反映企业投入有效的运能与运量的适应程度。其计量单位为“%”,计算方法:

$$平均满载率 = \frac{客运周转量}{客位公里} \times 100\% \quad (5\text{-}18)$$

(13)乘客密度。乘客密度是指公交企业运营车辆载客行驶中,平均每公里车厢内载有的乘客人数。其计量单位为“人/公里”,计算方法:

$$乘客密度 = \frac{客运周转量}{营业行驶里程} \quad (5\text{-}19)$$

第五节　客流数据统计基础知识

一、信息采集与数据收集技术

公交运营信息是整个公交企业管理业务的基础,全面、准确地把握公交客流是公交管理工作的基础,它既为日常调度提供依据,也为线网优化提供参考。

公交客流信息采集技术与车辆定位、无线信息传输等技术相配合,可完成公交车辆的乘客上下车人数、上下车时间、相应站点等数据统计,真实地记录各时间、各区段的上下客流情况,实时或准实时地把信息传输到公交调度中心,获得随时间变化的客流、公交OD、断面通过量、满载率、平均运距等一系列指标数据,从而为科学、合理地安排调度车辆、优化公交线路、辅助完成客流调查提供第一手资料,还可以全面、如实地反映出公交车辆的实际载客人数,方便与钱箱收入之间的核对。出行调查由城市政府决定调查时间,一般由规划部门组织实施,其间需要公交、公安(主要是户籍)、交管、街道等方面的配合,调查工作一般以居民(居住地)为单位抽样进行,也包括旅店、集体户的人员。

常用的客流信息采集方法有以下几种。

1. 公交客流人工调查

组织大量人员随车进行客流调查、通过问卷进行调查。

人工调查的特点:不需要进行信息采集设备的投资;调查资料比较全面、灵活。

但公交客流调查是一项非常烦琐和耗费人力、财力的工作,在实际操作过程中,做到经常性、系统性非常困难。人工调查也不能为调度中心随时提供实时数据。在调查准备阶段,需对调查人员等做大量的组织工作。公交客流人工调查后,资料整理的工作量也很大,人工调查的数据在使用之前必须经过编辑整理、数据筛选等过程。在费用一定的情况下,人工调查难以保证数据质量。

2. 利用公交 IC 卡系统进行公交客流调查

公交 IC 卡系统的应用为客流调查提供了一种新的手段。通过对 IC 卡数据接口的系统设计,可以获取乘客上下车的时间、相应站点等数据,也可以通过 IC 卡数据分析得到乘客出行的基本信息,如平均出行次数、起讫点分布、平均换乘次数、出行耗时、出行距离等。

由于一般实行上车刷卡,下车不二次刷卡,所以下车人数、起讫点分布等信息需要根据 IC 卡数据获取的乘客出行信息进行推测。这种调查方法的突出优点是技术简单可靠,成本较低;其缺点在于对不使用 IC 卡的乘客不能进行统计。

3. 基于图像处理的公交客流调查

基于图像处理的公交客流调查的工作原理:在上下车门口位置安装摄像机获取视频图像,通过软件对连续图像进行分析处理,识别乘客及其运动从而自动对上下车人数及方向进行计数。

这种方法的计数精度在很大程度上取决于图像分析软件的设计水平。系统易受振动、光线、温度的影响,图像质量的好坏影响软件分析结果的精度。由于需要高质量的摄像器件,很强的图像处理能力,这就使得系统成本较高,一般可用于检验人工调查及自动乘客计数系统的计数精度。

4. 自动乘客计数系统

自动乘客计数(Automatic Passenger Counter,APC)是自动收集乘客上下车时间和地点的有效方法,结合车辆自动定位、无线信息传输等技术,可以实时传送客流信息;通过数据管理系统和地理信息系统,经过数据统计和空间分析可以得到运营所需的多样、广泛的数据资料。

相对于人工调查,APC 系统可以用较合理的成本不间断地实时获取大量较高准确度(约 95%)的数据资料,与统计分析软件相结合自动产生公交系统运营管理所需的各种报表。由于 APC 系统需要与其他系统共同协调使用,成本及运营环境要求较高。

二、调查资料的统计汇总

随车观测所得的资料必须按线路上下行的不同方向和发出车辆先后到达的顺序

分别整理排列后,按规定的分组时间(一般按 0.5h 或 1h 分组),进行统计汇总,见表 5-8 ~ 表 5-11。

随车调查原始记录表　　　　表 5-8

单位:　　　　姓名:　　　　年　月　日　　　　星期

路别		方向	
车次		车号	
发车时间		车门位置	前门　中门　后门
站名	下车人数	上车人数	留站人数
1			
2			
3			
⋮			
合计			

某路单程上下车人数汇总表　　　　表 5-9

单位:　　　　方向:　　　　年　月　日　　　　星期

车次	车号	发车时间	登　降	××站	…	××站	合　计	
							人数	其中普票张数
			上人					
			下人					
			上人					
			下人					
			上人					
			下人					
			上人					
			下人					
			上人					
			下人					
合计			上人					
			下人					

某路单车断面流量汇总表　　　　表 5-10

单位:　　　　方向:　　　　年　月　日　　　　星期

车次	车号	发车时间	××站	…	××站	合计
合计						

某路各站分时上下车人数汇总表　　　　表 5-11

单位：　　　　方向：　　　　年　月　日　星期

时 间 分 组	站名	× ×站	…	× ×站	合　计	
					人数	其中购普通票人数
首车—5:00	上人					
	下人					
5:01—6:00	上人					
	下人					
⋮	上人					
	下人					
合计	上人					
	下人					

客流调查资料的准确与否非常重要，它反映了线路在昼夜运行的各个时间内各站上、下车人数和车内的乘客人数。这些基本数据是计算其他各种数据的基础。

第六节　客运调查的统计分析

一、随车客流调查的分析

随车客流调查所得的资料，经汇总统计后能反映客流量在线路上各断面的分布状况。因此，在表 5-12 的基础上需分别计算各断面的通过量，分别计算反映运营状态的各种有关指标的数值，如各站上下车人次、各断面通过量、高峰小时最大断面通过量及满载率、各线路客运周转量（人公里）、平均运距、乘客密度、不均衡系数、刷卡人数与普票人数以及它们的比例等，见表 5-13 ~ 表 5-17。

某路分时断面流量汇总表　　　　表 5-12

方向：　　　　年　月　日　星期

断面 时间分组							合计
首车—5:00							
5:01—6:00							
6:01—7:00							

续上表

断面 时间分组						合计
7:01—8:00						
合计						

某路五峰最大断面满载情况汇总表 表 5-13

年 月 日 星期

时间分组	最大断面	时间	通过车次	运力	流量	满载率(%)	备注
早高峰(1h 单向)							
上午低峰							
中午高峰							
下午低峰							
晚高峰							
合计							

注:某峰时间按实际运营情况填写,要 60min 的资料,通过车次要分车型,运力,分车型定员。

某路三峰人公里汇总表 表 5-14

方向: 年 月 日 星期

断面名称					最大断面不平衡系数	合计
站距						
早高峰(1h 单向)	流量					
	人公里					
中午高峰	流量					
	人公里					
晚高峰	流量					
	人公里					
全日	流量					
	人公里					

注:人公里 = 断面流量 × 站距;

最大断面不平衡系数 = 最大断面流量 ÷ (人公里之和/线路长度)。

各路高峰小时满载情况汇总表 表 5-15

年 月 日

路别	早高峰小时			中午高峰			晚高峰			备注
	平车均运每能	密度	满载率(%)	平车均运每能	密度	满载率(%)	平车均运每能	密度	满载率(%)	
××路										

续上表

路别	早高峰小时			中午高峰			晚高峰			备注
	平车均运每能	密度	满载率(%)	平车均运每能	密度	满载率(%)	平车均运每能	密度	满载率(%)	
合计										

注：平均每车运力 = 分车型定员 × 分车型车次之和/总车次；

密度 = 人公里之和/营业公里；

高峰小时满载率 = 密度/平均运力 × 100%；

或高峰小时满载率 = 高峰小时断面客流量/高峰小时通过车次的车容量 × 100%。

各路有关数据汇总表 表 5-16

年　月　日

路别	线路长度	配车数		单车定员	全日运营公里	全日运送人数				高峰小时运送人数				全日人公里	平均运距	不平衡系数		
		车型	车数			合计	普票	IC 卡	IC 卡比例(%)	合计	普票	IC 卡	IC 卡比例(%)			断面	时间	方向
×路																		

注：全日运营公里 = 本营业线路所行驶的公里。

某路分时普票、IC 卡人数汇总表 表 5-17

年　月　日

时间分组	合计			普票人数			IC 卡人数			IC 卡比例(%)			高峰小时客流量占全日比例(%)
	合计	上行	下行	合计	上行	下行	合计	上行	下行	合计	上行	下行	
首车—5:00													
5:01—6:00													
6:01—7:00													
7:01—8:00													
⋮													
合计													

注：计算普通票数字以发车时间为准。例如，某车 7:30 发车，到终点站是 8:15，普通票售出 20 张，则将普通票视为 7:01—8:00 的时间内售出的，并填入相关格内。

二、目测客流调查资料的统计汇总及分析

(1)把各站点测得的原始记录，按 10min、30min 或 1h 分组统计上下车人数、通过车次(运力)通过量、车辆满载率和留站人数等。

①10min 分组。在高峰时间内进行 10min 分组，以计划间隔为基础，根据实际通

过的情况,允许适当调整,计算出高峰时间内的集中小时、集中小时的满载率以及高峰尖通过的高峰车(10min 客流分组,需要在运营秩序正常的情况下进行)。

②30min 分组。在高峰时间内的小高峰进行 30min 分组,以计划车数为基础,参考实际车数,计算 30min 分组的满载情况。

③1h 分组。一般是指在低峰时间按小时分组,主要是了解低峰时间内各个小时的满载情况。

(2)依统计汇总的客流资料,分析运行车辆的满载程度。根据调查点的乘客集散量,可分析调查时间内的运力适应运量的状况,调配增车、减车及改进调度方法,使运力与运量保持平衡。

三、问询客流调查资料的统计汇总及分析

问询客流调查资料的统计汇总及分析见表 5-18 ~ 表 5-21。

某路流向量问询调查原始记录表 表 5-18

调查站名: 站号: 方向: 年 月 日

站号 站名 时间	1	2	3	4	5	合计
	××	××	××			
5:00—5:30		正正正正正正 正正正正正正	132	280	310	
5:31—6:00						
6:01—6:30						
⋮						

注:此表为在 1 号站原始数据调查,如由 1 号站上车到 2 号站下车人数为 58 人,到第 3 站下车人数为 132 人,到第 4 站下车人数为 280 人,……,依此类推。

某路流向量问询调查记录整理表 表 5-19

站名: 站号: 方向: 年 月 日 星期

站号 站名 时间	1	2	3	4	5	6			合计
	××	××	××						
5:00—5:30		58	132	280	310	160			
5:31—6:00									
6:01—6:30									
6:31—7:00									
⋮									

注:此表为 1 号站调查汇总表。

某路流向量问询调查记录整理表 表 5-20

站名： 站号： 方向： 年 月 日 星期

站号 / 站名 / 时间	1	2	3	4	5	6			合计
5:00—5:30			62	200	367	201			830
5:31—6:00									
6:01—6:30									
6:31—7:00									
⋮									

注：此表为 2 号站调查汇总表，即在 2 号站上车后到 3 号站下车人数 62 人，到 4 号站下车人数为 200 人，……，依此类推。

乘客流向量统计表 表 5-21

调查时间 5:00—5:30 年 月 日

满载率（%）	运能	通过量	站名	下车人数	58	194	640	1312	1331	3535			
				Ⅰ	58	132	280	310	160	940	940	2150	43.70%
					Ⅱ	62	200	367	201	830	1712	2150	79.50%
						Ⅲ	160	305	200	665	2183	2150	101.50%
							Ⅳ	330	260	590	2133	21050	99.20%
								Ⅴ	510	510	1331	2150	61.90%
									Ⅵ	上车人数站名	通过量	运力	满载率（%）

例如，在 1 号站调查：时间 5:00—5:30。从 1 号站上车的总数 940 人，这些客流在 2 号站下车有 58 人，在 3 号站下车有 132 人，在 4 号站下车有 280 人，在 5 号站下车有 310 人，在 6 号站下车有 160 人。其他站调查的下车人数可依此类推。

根据原始记录表上的数字，整理出资料见表 5-23，说明如下：

根据原始记录表调查的数据，将各站下车人数填写到表格内，（粗实线格内）。上车人数填写到表格外。例如，1 号站共上车 940 人，即顺看 1 号站横栏与上车人数交叉处格内填写 940 人。其中，在 2 号站下车人数 58 人，即在 1 号站与 2 号站交叉格内填写 58 人；在 3 号站下车人数 132 人，即在 1 号站与 3 号站交叉处格内填写 132 人；在 4 号站下车人数 280 人，……，依此类推。

在粗实线格上边的横栏内为下车的人数，如 58 人、194 人、640 人、1312 人、1331 人，总数是 3535 人。这个 3535 人是单程的客流总量。

在粗实线格右侧竖行的格数分别为各站上车人数。各格内人数相加（如 940 +

830 + 665 + 590 + 510)为上边第一格内的下车人数。

根据各站上车人数计算通过量:第1站与第2站间的通过量为第1站的上车人数940人;第2站与第3站间(第2断面的通过量)的通过量为第1断面通过量加上第2站的上车人数减去第2站的下车人数(940 + 830 - 58 = 1712人),……,依此类推;最后一个断面的通过量应等于终点站的下车人数,也就是1332人。

按照此表填入运力,求出满载率,即可分析现行的行车时刻表的适用情况。

四、线路IC卡客流数据分析实例

在线路上,采取上下车各刷卡一次的刷卡方式。这种方式可以准确地记录上下车时间和位置信息,对于客流调查分析具有重要的意义。

下面介绍北京某线路IC卡数据分析客流特征的实例。

(1)客流数据。该线路路长20.1km,设22个站位。数据选取:2008年12月15日—12月21日,对早高峰时段1h的数据进行整理,见表5-22、表5-23。

下行(首站—末站)早高峰断面客流量数据 表5-22

断面位置	断面代码	断面客流						
		12月15日	12月16日	12月17日	12月18日	12月19日	12月20日	12月21日
第1~2站间	1	48	9	57	66	42	14	25
第2~3站间	2	139	90	176	148	127	52	64
第3~4站间	3	139	90	179	148	125	52	65
第4~5站间	4	180	176	205	148	188	59	64
第5~6站间	5	304	335	350	281	276	87	133
第6~7站间	6	783	670	784	684	674	255	223
第7~8站间	7	437	362	407	385	457	196	235
第8~9站间	8	571	419	556	471	579	290	280
第9~10站间	9	721	506	659	620	716	369	309
第10~11站间	10	880	784	847	801	878	478	419
第11~12站间	11	1032	1018	959	1033	1096	418	466
第12~13站间	12	1405	1240	1203	1408	1192	553	512
第13~14站间	13	1521	1305	1311	1242	1282	533	547
第14~15站间	14	1189	1116	1294	1250	1189	495	521
第15~16站间	15	1135	1020	1019	1125	1079	527	589
第16~17站间	16	1393	1636	1362	1180	1374	816	639
第17~18站间	17	1893	1544	1766	1542	1682	675	776
第18~19站间	18	2086	1695	1929	1687	1741	726	800
第19~20站间	19	1790	1603	1557	1489	1730	727	889
第20~21站间	20	776	896	815	923	659	463	378
第21~22站间	21	336	420	513	438	328	188	246

依据表4-24整理线路早高峰下行断面客流分布图如图5-16所示。

上行(末站—首站)早高峰断面客流量数据　　表5-23

断面位置	断面代码	断面客流						
		12月15日	12月16日	12月17日	12月18日	12月19日	12月20日	12月21日
第2~1站间	1	130	175	171	127	194	54	67
第3~2站间	2	67	134	123	118	134	49	56
第4~3站间	3	178	202	220	214	242	85	95
第5~4站间	4	411	466	501	531	488	168	184
第6~5站间	5	749	720	812	755	830	229	338
第7~6站间	6	1301	1187	1442	1241	1234	441	502
第8~7站间	7	688	669	718	670	666	319	396
第9~8站间	8	845	833	1000	819	996	527	560
第10~9站间	9	756	744	995	865	768	487	453
第11~10站间	10	589	541	755	621	674	422	423
第12~11站间	11	679	523	590	559	644	362	469
第13~12站间	12	472	494	471	466	467	329	269
第14~13站间	13	380	380	462	466	520	266	264
第15~14站间	14	345	309	334	315	348	212	234
第16~15站间	15	270	330	339	265	310	157	190
第17~16站间	16	355	253	389	196	372	208	188
第18~17站间	17	223	184	243	199	239	152	101
第19~18站间	18	229	214	264	211	211	128	102
第20~19站间	19	118	197	218	141	193	124	81
第21~20站间	20	29	49	50	55	102	37	26
第22~21站间	21	11	11	4	2	4	0	4

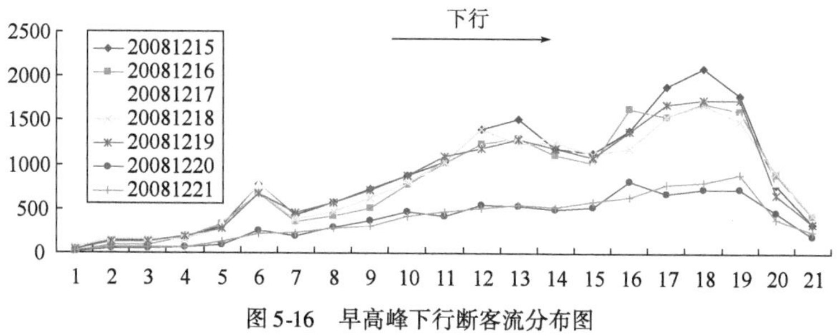

图5-16　早高峰下行断客流分布图

依据上表整理线路早高峰上行断面客流分布图如图5-17所示。

(2)客流分析。断面客流分布图上的每条曲线,代表了某一天的数据。横坐标为各个站间断面,纵坐标为小时通过量(人次)。2月15日—2月19日为工作日的4组数据。2月20日、21日为节假日的两组数据。

①早高峰断面分析。日常早高峰数据:下行最大断面为第18断面,即第18号站

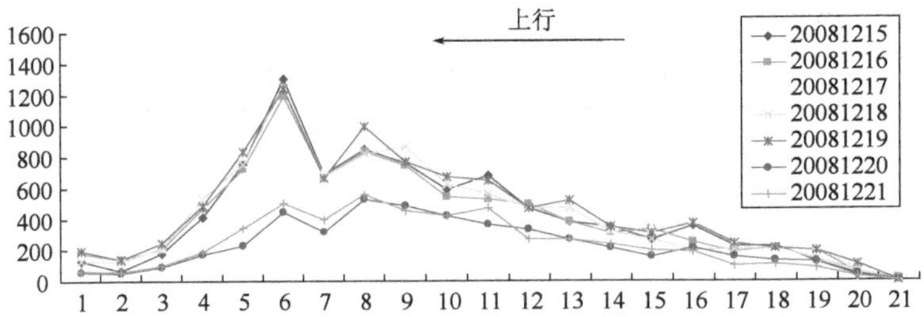

图 5-17　早高峰上行断面客流分布图

和 19 号站之间的下行方向；小时通过量在 1800～2200 人次；上行最大断面为第 6 断面，即第 7 号站和 6 号站之间的上行方向；小时通过量在 1200～1400 人次。高峰最大断面在下行方向第 18 断面。

②高峰客流的不均衡性分析。下行最大断面，小时通过量在 1800～2200 人次；上行最大断面，小时通过量在 1200～1400 人次；早高峰方向不均衡系数在 1.5 左右。双方向的断面不均衡均较大，最大断面附近客流激增。

③假日客流分析。早高峰假日客流要远低于平日水平。平日双方向客流高峰断面位置附近，客流下降明显；平日客流较小断面，假日减少量也小，假日的断面客流不大且比较均衡。

第六章

行车时刻表

第一节 行车时刻表的概念

行车计划(行车时刻表)是城市公交企业管理的重要基础工作之一,它是在现行运营管理模式下,根据运营生产特点,全面分析运营生产条件和乘客在现阶段的需求而确定出合理的运营服务水平之后编制的,用以组织和指导公共电汽车运营生产的全过程,从而保证城市公交系统的基本功能——完成人们在城市范围内的位移——得以充分实现的生产作业性计划。

行车计划包含以下五个层面的内容。

1. 行车计划要保证一定水平的公交服务能力

行车计划要满足服务标准,保证一定水平的公交服务能力,其编制原则是以客流需求为依据,以满载率为标准,同时要保证极限行车间隔。

2. 行车计划要与公交企业的能力相匹配

车辆配置、劳动力使用、行驶里程投入规模等要素要通过行车计划的编制、执行来实现,行车计划连接着客流需求与运力提供,决定了运力资源如何科学合理地投入。

3. 行车计划要满足效率要求

对于公交企业,完成行车计划所需的车辆、劳动力的应用要满足效率需求,同时要用相对公平、统一的标准衡量线路的运营效率。因此,有效班工时、平均班公里、车日行程、车辆利用等参数应满足效率要求。

4. 行车计划是企业生产计划的本源

从宏观角度来看,行车计划决定了企业生产效率,支撑着企业规模,服务于企业发展策略,关系着城市的和谐运转。

5. 行车计划指导着企业的有效运转

从微观角度来看,行车计划在编制上根据生产特点和运营生产条件,满足乘客当前阶段的需求。给线路规定了行车次数、营业公里,同样也给班组规定了班公里、班工时、交接班时间、每次车的发车时间、到达时间、途经各站(区段)的时间等,每日线路依照这个轨道有秩序、有节奏地运转的。

第二节 行车时刻表在线路运营中的作用

(1)线路行车时刻表是组织线路运营的具体作业计划,它指导线路各个车组运营生产的全过程。

线路行车时刻表内容包括：本线路的营业时间、全日计划车次、载客公里；本线路高、低峰时间各时组行驶车数，行车间隔和首末站的停站时间；本线路的行车调度方法；本线路低峰停车、晚间驻站的时间、班次和地点。

根据行车时刻表的需求，可编制出需配备的劳动班次、班型、班数、司售人员数量。规定出每个车组驾驶员和乘务员进出场（站）时间和上下班的时间及地点。

根据线路行车时刻表可推算出车辆进出场、中途调度站和车组的各种行车时刻表。通过线路行车时刻表可以把线路上分散、流动的车辆和驾驶员、乘务员组成一个整体，纳入计划运营的轨道。

（2）线路行车时刻表依据客流的不均衡规律，确定营业时间内各时组的行车频率、行车调度方法。

由于乘客乘车方向不同、终点站不同以及电汽车线路铺设受到街区道路条件的影响和首末站选址的制约，因而形成了电汽车线路客流量在时间上、断面上、方向上、数量上的不均衡。行车时刻表依据客流时间上的不均衡可确定出各时组车次、配车数，依据客流断面上、方向上的不均衡可确定出行车调度方法，从而保证各时组、各断面运力和运量的平衡，符合满载率的要求。

（3）线路行车时刻表为提高公共交通的整体服务水平提供了条件。

乘客选择公交车作为出行代步的工具，寻求的是候车时间短、迅速、宽松的乘车条件，如果行车时刻表编制的质量高，就能将乘客的需求具体化。通过安全、服务、运营各专业部门的相互配合，共同执行好行车时刻表，就可以使公交企业整体服务水平达到较高水准。如果行车时刻表编制得不合理，线路满载率过高，就很难做到服务周到。

（4）线路行车时刻表具有计划管理和经济核算的功能。

行车时刻表反映出线路对车辆、劳动力、营业公里的需求量，有关部门依据行车时刻表的要求安排劳动力、车辆保养，制定相应的考核指标。

例如，油耗指标的计量单位为公升/百公里，故障指标的计量单位为秒/百公里。

公里兑现率的计算公式：
$$\frac{\text{实际公里}}{\text{计划公里}}\times 100\% \tag{6-1}$$

车次兑现率的计算公式：
$$\frac{\text{实际车次}}{\text{计划车次}}\times 100\% \tag{6-2}$$

第三节　行车时刻表的分类

一、不同季节的行车时刻表

气候因素对人的出行影响很大，要根据不同季节客流规律的变化调整和重新编制行车时刻表。

1. 春季点(3 月中—6 月中)

春暖花开,旅游客流大幅度增长,游览线路低峰时段需要加车。

2. 夏季间歇点(防暑降温点,6 月中—8 月)

有的线路在学生放暑假时,再更换一次暑期点。

暑期点在非空调线路 13:00—15:00 每班安排一次大停站点。一般线路为单程点的 25%(含停站时间)。连续行驶时间过长的郊区线路,还应采取其他相应措施增加休息时间。

夏季日照时间长,晚间文体活动、消夏纳凉活动多,营业时间长、沿线活动场所多的线路应保证晚二次运力充足。

3. 冬运点(11 月 1 日—来年 3 月)

冬运期间早晚高峰客流突出,冬季运输的重点是保障早、晚高峰及高峰前的布局。车队安排一定数量的机动车,削尖补档,弥补因道路拥堵造成的大间隔情况,确保高峰时段的运行秩序。

4. 过渡点

根据各路的特点,在季节转换时还可使用过渡点,更能体现点客合一。

二、不同日期的行车时刻表

1. 平日行车时刻表(周一至周五)

早、晚高峰客流大,与低峰客流有明显差异,主要运送工作客流,根据客流特点,早、晚高峰配车数要高。

2. 假日行车时刻表(周六、周日)

假日点高峰时间与平日点的客流不同,主要运送生活客流,即以游览、探亲访友、就医、购物等为出行目的的客流,因此低峰客流(日班)比重大。

3. 节日行车时刻表(国家规定的法定节日)

节日点高峰起落时间与假日点的客流大体相同,但客流量相对更大、更集中。

例如,"春节"假期长,道路通畅,尤其是初一,大部分线路要缩短单程行驶时间,提高车辆行驶速度,有的线路根据客流情况和道路通行情况在节日 7 天使用不同的 4 份行车计划,真正做到了"点客合一"。

4. 节日前夕行车时刻表(大周末点)

节前购物的人多,一般公交车的客流不大,但道路阻塞严重。到了 17:00 以后,人们都回家吃团圆饭,路面清静,客流明显下降。即使晚二次运力比平日减少 50%,

线路满载率仍偏低。

5. 专用行车时刻表

特殊情况下采用的专用行车计划。例如,国际马拉松比赛、春节前10天和后10天、香山红叶节、植物园桃花节等的临时加车点。有的加车点虽然只有1~2天,但由于影响面大,尤其是配车数较多的线路,靠临时调整相当困难:一是调度员劳动强度大,二是也容易满载不均衡、因此还是要提前计划。另外,当社区通勤快车形成较大规模、出车较多时,也要有专用行车时刻表。

三、不同岗位的行车时刻表

1. 线路行车时刻表

线路行车时刻表是行车时刻表的主体,由线路首末站执行。

2. 线路车辆进出场时刻表

以线路行车时刻表中每个班次(车辆)的站发、最后一次车到站的时间和地点为依据,可推算出每个班次的出场、进场时间,排列起来即线路车辆进出场时刻表。线路车辆进出场时刻表用以检查、监督车组按时进出场,以保证线路运营需要和场内保养、供油等有关计划的落实。

3. 车辆中途站行车时刻表

依据线路行车时刻表中各班次首末站的发车时间、中途区段行驶时间,推算出每班车从首站(末站)发车,途经中途调度站的计划时间,即车辆中途行车时刻表。中途站行车时刻表用以检查车组中途正点情况,以及行车时刻表的执行情况。该时刻表由中途站调度员使用。

4. 车组行车时刻表

每个车组就是线路行车时刻表中的一个班次,从线路时刻表中把每个班次首末站发车时间分解出来即车组行车时刻表。车组行车时刻表有利于车组掌握计划,按规定的时间运营。

横式行车时刻表是按班次顺序排列的,不用分解即可直观车组行车时刻表。

第四节 行车时刻表的形式

城市公共电汽车行车时刻表的基本类型包括车辆时刻表和车站时刻表两种形式。

一、车辆时刻表

车辆时刻表是指按行车班次制定的车辆运行时刻表。

(1)横式行车时刻表(表6-1)。

(2)竖式行车时刻表(表6-2)。

横式行车时刻表(首末站)　　表6-1

某路　　年　月　日

车次	末站	首站	末站	首站	末站	首站	末站	首站	末站	首站
1				6:00	6:48	7:33	8:25	9:29	10:15	11:05
2			5:27	06	53	38				
3				12	58	43	32			12
4				18	7:03	48	39	37	23	20
5			36	23	08	54				
6			44	28	13	8:01	47	45	31	27
7				33	18	09	55	53	39	35
8				38	23	17	9:03			42
9		5:00	52	43	28	25	11	10:01	47	50
10		09	6:00	48	33	33	19	09	55	57
11		17	07	53	38	41	27	17	11:03	12:05
12		25	13	58	43	49	35	25	11	12
13		32	18	7:03	48					
14			23	08	54	57	43	33	19	20
15	5:00	39	28	13	8:00	9:05	51	41	27	②27
16		45	33	18	06					
17	09	50	38	23	12	13	59	49	35	35
18	18	55	43	28	18	21	10:07	57	43	③43
19										
20										

竖式行车时刻表(首站)　　表6-2

某路　　年　月　日

到达时间				发出车辆					
班次	到达时间		车辆动态	班次	发出时间		停站时间	行车间隔	单程点
	时	分			时	分			
				1	6	00		首	36
				3		12		12	
				5		23		11	
				7		35		12	
2	6	36		2		46	10	11	
4		50		4		58	8	12	
6	7	03		6	7	10	7	12	
1		16		1		22	6	12	
3		28		3		34	6	12	
5		39		5		47	8	13	
7		51		7	8	00	9	13	
2	8	03		2		15	12	15	
4		15		4		30	15	15	
6		27	停						
1		40	停						
3		53	停						
5	9	06	停						

二、车站时刻表

车站时刻表是指线路首末站及重点中间站的时刻表。车站时刻表内显示出各班次车开出该站的时间。长途车站（表6-3）、火车站均使用车站时刻表。

永定门长途汽车站运行时刻表　　表6-3

出发站	到达站	出发时间	里程	车型	全程票价	需用时间	备　注
北京—青岛	青岛	07:30	719	大型中级	195/0	—	青岛交运 车次:8120
北京—淄博	淄博	12:00	508	大型卧高一级	0/120	—	淄博交运 车次:8107
北京—徐州	徐州	11:30	770	大型高一级	136/0	—	江苏徐州运总 车次:8029
北京—聊城	聊城	08:00	481	大型高一级	75/0	—	北京长途
北京—泰安	泰安	07:30	575	大型高一级	120/0	—	北京长途 车次:8116
北京—蓬莱	蓬莱	12:30	725	大型高一级	191/0	—	烟台交通集团 车次:8024
北京—宁晋	宁晋	08:30	339	中型中级	70/0	—	邢台运总 车次:8042
北京—招远	招远	08:00	641	大型高一级	170/0	—	北京长途 车次:8167
北京—济南	济南	11:00	440	大型高二级	110/0	—	山东济南 车次:8226

第五节　行车时刻表的编制

一、行车时刻表编制依据

1. 客流

客流是编制行车时刻表的依据,可根据客流情况配置线路车辆、人员及调度方法。

(1)可分析线路最大客流断面集中小时的客流通过量,结合企业满载率标准(高峰80%)确定线路计划点上配车。

(2)可分析线路客流在时间、方向、断面上的不均衡规律,确定线路配班及调度方法。

①客流在时间上不均衡规律。

通过分析线路各时组的客流程度,结合满载率标准(高峰80%、低峰60%),确定线路各时组配车,从而推算出线路配班。

一般可通过分析五峰集中小时客流量,确定线路五峰配车,推算出线路配班。

②客流在方向上不均衡规律。

通过分析线路在同时组内双方向的客流量,可计算线路最优配车,并且可以在确定行车计划中是否采取单向快车的调度方法。

③客流在断面上不均衡规律。

通过分析线路在同一时组内各断面的客流程度,可以在确定行车计划中是否采取大站快车的调度方法。

2. 企业运营服务标准

线路计划发车间隔应满足客流需求、满载率标准及服务标准要求。

1)市郊干线、市区干线

(1)高峰小时最大断面客流800人以上,高峰时段平均计划发车间隔应不大于5min。

(2)高峰小时最大断面客流500~800人,高峰时段平均计划发车间隔应为5~10min。

(3)21:00以前的客流低峰时段和非工作日低峰时段平均计划发车间隔应根据线路客流特点一般为10~15min。

(4)21:00至末车时段的平均计划发车间隔应根据线路客流特点一般为

12～20min。

2)普线

(1)高峰小时最大断面客流750人以上,高峰时段平均计划发车间隔应不大于5min。

(2)高峰小时最大断面客流400～750人,高峰时段平均计划发车间隔应为5～10min。

(3)21:00以前的客流低峰时段和非工作日低峰时段平均计划发车间隔应根据线路客流特点,一般为10～15min。

(4)21:00至末车时段的平均计划发车间隔应根据线路客流特点,一般为12～20min。

3)微循环线路

平均计划发车间隔应与干线相匹配。

4)夜班线

首车—24:00平均计划发车间隔应不大于20min;24:00—次日2:00平均计划发车间隔应不大于30min,2:00—4:00平均计划发车间隔应不大于40min;4:00—末车平均计划发车间隔应不大于20min。

5)客流低的特殊线路

根据线路客流特点且规律明显,全日或部分时段发车间隔长期大于20min,应采取全日定点发车或部分时段定点发车,并通过站牌与信息化手段向乘客公布发车时间或发车间隔。

3. 主要指标

1)平均满载率

平均满载率是指公共汽车运营车辆运载乘客的平均满载程度。目前北京公交集团要求客流高峰不超80%,低峰不超65%。

2)小时车次

小时车次是指单位时间内在某方向经过某断面的车辆数。

3)行车间隔

行车间隔是指前后两辆车在运行过程中经过某一站点的时间(分钟)距离。

4)营业时间

营业时间是指一条线路组织运输的开始时间和终止时间。

5)单程行驶时间

单程行驶时间简称"单程点",是指运营车辆由发车站到终点站的行驶时间。

6)停站时间

停站时间是指运营班次运营一次后在终点站的停留时间。

目前,要求编制计划时高峰首末站停站时间平均为3min,低峰首末站停站时间按单程行驶时间×(15%～20%)确定。

7)有效工时

有效工时是指车辆在线路上纯行驶时间,不包括首末站停站时间、换饭时间和辅助时间。

8)换饭时间

换饭时间是指计划编制中为乘务人员提供的计划吃饭时间。原则为整班每班安排一次,且避开高峰时段;单班不安排。标准为早餐18～20min,中、晚餐20～25min。

9)辅助工时

辅助工时是指为乘务人员提供的酒测、签到、车检、日见面等接班辅助工时。原则上每整班安排一次,单班两次。标准为每次15min。

10)车型定员

车型定员是指用以考核客流高峰时间的满载程度和确定配车数的依据。

二、行车时刻表的编制

1. 线路最大配车

线路最大配车的确定,以高峰方向最大断面小时客流量为依据。一般线路因早高峰时间客流量大,时间集中,为全日最高配车数。因此,通常把早高峰配车数作为本线路最大配车数。

计算方法:

$$\text{计划配车数}=\frac{\text{周转时间(分)}}{\text{小时间隔(分)}} \tag{6-3}$$

注意:计算时遇小数点必须进位处理。

车辆周转时间是指运营车辆在规定的线路上运行一个往返行程需要的时间。其计算方法:

周转时间=(单程点+平均停站点)×2

或=上行单程点+下行单程点+首站停站时间+末站停站时间 (6-4)

小时间隔=60分/小时车次

$$\text{小时车次}=\frac{\text{高峰集中小时断面客流}}{\text{单车定员}\times\text{满载率标准}} \tag{6-5}$$

注意:小时车次计算时遇小数点必须进位处理。

2. 分时配车

通过分析运营线路客流规律,按照线路营业时间可分为5个连续的时组,每个时组大约4h左右,具体如下:

一时组(一班):首车—8:30 早高峰(含早高峰);

二时组(二班):8:31—12:00(含上午低峰);

三时组(三班):12:01—16:00(含下午低峰);

四时组(四班):16:01—20:00(含晚高峰);

五时组(五班):20:01—末车(含晚二次高峰)。

通过分析5个时组高峰集中小时的客流量,确定5个时组的配车数,简称为分时配车。统计分时配车时,在5个班制的中间有1h的过渡时间,当1个车同时出现在两个时组内时,可参照时间占比确定出车班次,绝不可重复计算。

3. 配班

按照8h工作制,可将上述5个时组两两组合,形成具体班型,可分为连续作业的整班和间断作业的单班。具体如下:

(1)整班:早班(一、二班);中班(三、四班);晚班(四、五班);日班(二、三班)。

(2)单班:大单(一、四班);小单(一、三班);二四班(二、四班);晚班间歇(三、五班)。

线路配班为线路所有班数相加得出线路配班数,也可将各峰出车数之和除以2,即可计算线路配班数。

4. 每班计划车次

(1)有效工时标准。

有效工时标准是指车辆在线路上纯行驶时间,不包括首末站停站时间、吃饭时间和辅助时间。经计算整班有效工时390min;单班有效工时370min。

(2)按照有效工时标准和线路单程行驶时间,计算得出每班次计划车次。可视情况适当增加线路有效工时。

①如线路单程点为65min,那么每班计划车次应为:

390/65 =6 次

②如出现不能整除时,可视线路单程点情况,取整处理或结合线路客流特点采取区间、快车等调度方法,调节有效工时利用。

5. 编制行车时刻表

编制行车时刻表可根据情况采取竖式时刻表编制,也可采取横式时刻表编制。无论采取哪一种形式编制时刻表,都必须按照前期客流分析计算得出的线路配车、配班、间隔等相关指标编制,同时在高低峰间隔转变时,需平滑过渡。

第七章

调度工作

第一节　调度工作概述

一、调度工作在公交企业中的作用

行车计划编制出来之后,仅仅是纸上的东西,要组织有计划地实施,把纸上的计划变成现实,就要做好调度工作。通过执行行车时刻表,将分散作业的各个车组纳入计划运营的轨道,使公交线路运营工作有计划、有节奏地进行。通过调度系统对线路运营状态的监控和现场进行适时、合理地调度指挥,保持运营生产的稳定性,保证公交企业较好地、均衡地完成客运任务和各项经济、技术、服务指标。

二、调度管理的组织形式

公交企业的调度系统担负着组织与指挥所属线路运营和各项客运指标完成的任务,所以,公交调度管理的组织形式要视企业规模大小和行政管理层次而定。大部分公交企业采取二级或三级调度的组织形式。

北京公交集团企业规模大,运营线路、车辆、人员较多,设三级调度制。由北京公交集团调度指挥中心、分公司调度指挥中心和线路调度三级组成,即在北京公交集团调度指挥中心的领导下按区域位置设立分公司调度指挥中心,在分公司调度指挥中心的领导下,设线路调度。

三、部门职能岗位职责

(一)北京公交集团层级(第一运营管理层级)

1.调度指挥中心日常管理工作职责

(1)负责利用智能调度系统监控首、末三班准点发车情况,掌握未准点发车原因,督促分公司进行整改,向部室负责人员报送准发情况。

(2)根据智能调度系统提供的拥堵指数,对当前拥堵严重地区途经线路进行监控,掌握相关线路采取的临时措施及大间隔情况,督促分公司及时采取合理有效的措施,确保线路运营秩序正常。

(3)根据智能调度系统预测的次日拥堵信息,确定次日重点监控区域,督促分公司提前做好应对措施准备。

(4)利用智能调度、调度指挥等信息化系统实时监控各峰次运营指标动态变化,掌握各分公司指标整体完成情况,重点监控指标偏离度较大线路运营情况,督促分公司及时采取整改措施,并对整改效果进行跟踪检查。

(5)以运营考核指标为依据,通过智能调度系统对线路运营指标的完成情况进行定期检查,分析数据的真实性、准确性,将相关问题报送本部门相关负责人员。

(6)负责通过智能调度系统审核上报的大间隔情况与采取的临时措施,对原因及采取措施予以认定与审批,定期对大间隔及临时措施进行分析汇总,向本部室负责人员报送统计结果。

(7)负责对视频监控图像进行分组。根据重要时期、重点线路、拥堵情况等各类信息,制订视频图像监控分组方案,每日按照方案对中途站、场站、车辆进行监控,发现问题及时向负责单位及人员反馈情况。

(8)负责汇总分析投诉建议主要集中的线路与地区,通过智能调度系统提供的视频、行车记录、客流数据,分析线路存在的问题,督促分公司加强监控与整改措施的落实。

(9)根据线网优化调整方案,对优化调整、替代承接线路进行专项监控,通过智能调度系统检查指标完成、车内满载情况,向本部室负责人员报送相关线路运营情况。

(10)通过智能调度系统完成政治备车任务的分派,监控当日政治备车执行情况,检查当日政治备车运营数据上报情况;协调上级部门及北京公交集团相关专业,指导分公司及时处置政治备车执行过程中出现的各类问题。

(11)负责监控夜班线路整体运行情况,及时掌握夜班线路出现的异常情况,并对夜班线路准点运营进行检查,统计分析夜班线路各项运营数据。

(12)负责监控有轨电车线路运行情况,及时掌握影响运营的异常情况,组织地面公交进行支援保障,并上报本部门领导及相关部室,按汇报标准向政府主管部门汇报情况。

(13)负责收集、汇总乘客对定制公交服务的建议和意见,向部室平台管理人员提供定制公交业务新产品需求、平台服务功能新需求、线路开调撤需求等信息。

(14)负责定制公交平台订单管理,处理余座预订,进行乘客在线退款操作,发送定制公交服务短信等。

(15)根据定制公交乘客需求及平台订单,合理配置线路运力,指导、督促各分公司执行运力安排。

(16)负责维护定制公交线路运营基础数据,统计汇总定制公交日常运营数据,监控定制公交平台运行状态,通过服务热线与在线客服解答乘客咨询。

(17)负责定制公交平台与智能调度系统运营基础数据维护,控制智能调度系统数据补录权限的开放,对智能调度系统功能开发与完善,提出需求建议。

(18)每月定期统计各项运营数据,汇总各单位指标完成情况,分析影响指标完成情况的各类原因,编写月度运营情况报告,上报部室主管领导。

(19)对外负责与相关政府部门保持密切沟通,通过上报、反馈、协调等方式,完成日常运营数据的汇报、异常情况的报告、相关问题的协调处置工作。

(20)对内负责向北京公交集团相关专业部室紧密联系,通报运营数据、异常情况、保障工作安排,协调各专业资源保障与人员配合等工作。

(21)负责利用报纸、电台、电视、网络等多媒体平台,收集掌握公交运营信息,核查追踪相关情况,并向部室主管领导汇报情况。

(22)根据北京公交集团相关要求做好调度指挥中心大厅参观接待工作,负责运营工作的讲解与介绍。

(23)负责完成上级领导交办的各项工作任务。

2. 调度指挥中心重大活动工作职责

(1)根据北京公交集团重大活动保障方案,制定调度指挥中心专项工作安排,检查监督各单位、各线路保障措施的落实情况。

(2)负责与市交通委、北京市公安局交通管理局(以下简称“市公安局交管局”)等政府相关单位及活动主办方的协调配合,处置活动期间各类异常情况。

(3)负责与应急管理中心、集团值班室、宣传部等相关专业建立沟通机制,确保重大活动相关信息及时反馈。

(4)制订重大活动监控方案,在活动中利用信息化手段实时监控重大活动区域内及周边道路通行能力,掌握活动保障车辆运行情况,汇总分析各类运营数据,及时协调处置保障工作中遇到的问题,做好调度指令的准确下发。

(5)负责监控重大活动受影响线路的运营秩序,掌握调度措施预案的执行情况,督促分公司落实保障方案,确保线路运营秩序。

(6)负责建立重大活动调度指挥联动机制,通过800兆电台、应急指挥手机客户端、电话等通信手段,掌握保障人员动态信息,确保调度指挥中心、现场指挥部、调度指挥分中心之间的通信畅通与信息共享。

(7)收集统计活动期间各项运营数据,对重大活动运输保障工作进行专项总结。

3. 调度指挥中心处置突发事件工作职责

1)处置轨道交通突发情况工作职责

(1)负责制订北京公交集团轨道交通突发事件应急运输保障工作预案。

(2)负责与市交通委、北京市轨道交通指挥中心等部门和单位建立的沟通机制,第一时间掌握轨道交通突发情况的详细信息,根据轨道交通突发情况运输保障工作预案,确定响应等级,组织相关客运单位启动应急预案。

（3）负责启动轨道交通监控模式，利用智能调度系统实时监控各分公司预案执行情况。

（4）负责实时掌握道路通行能力、途经线路运营秩序、地铁接驳站点客流疏散等情况，督促分公司及时采取有效措施缓解地面客流压力。

（5）负责建立突发情况调度指挥联动机制，通过800兆电台、应急指挥手机客户端、电话等通信手段，掌握保障人员动态信息，确保调度指挥中心、调度指挥分中心、北京市轨道交通指挥中心之间的通信畅通与信息共享。

（6）负责收集统计突发情况期间各类支援数据，对轨道交通突发情况运输保障工作进行专项总结，改进完善应急运输保障工作方案。

（7）负责与交通服务热线、应急管理中心、集团值班室、宣传部等相关专业进行情况的通报、续报、反馈信息等工作。

2）处置有轨电车突发情况工作职责

（1）负责制订北京公交集团有轨电车突发事件应急运输保障工作预案。

（2）掌握有轨电车突发情况的详细信息，根据有轨电车突发情况运输保障工作预案，确定响应等级，组织相关客运单位启动应急预案。

（3）负责建立北京公交集团、支援单位、有轨电车公司的沟通对接机制，掌握支援车辆到位时间、地点、负责人员等支援信息。

（4）负责启动有轨电车应急监控模式，监控有轨电车各站点客流情况及车辆位置，并掌握有轨电车调度措施的动态变化，以及各客运单位支援车辆运行情况。

（5）负责实时监控有轨电车周边道路通行能力、途经线路运营秩序、地铁接驳站点客流疏散等情况，根据现场变化情况，适时调整预案等级，组织支援单位采取措施缓解有轨电车线路客流压力。

（6）负责收集并统计突发情况期间有轨电车受影响情况，及地面公交各类支援数据，对有轨电车突发情况运输保障工作进行专项总结，改进完善应急运输保障工作方案。

（7）做好向上级主管部门及集团相关专业部门通报、续报、反馈信息等工作。

3）处置城市道路突发事件工作职责

（1）负责与市交通委、北京市交通委员会运输管理局（以下简称"市交通委运输管理局"）、市公安局交管局等部门的沟通协调，掌握交通管制、道路通行情况、预计恢复时间等信息。

（2）负责确定受影响线路，并与相关分公司核实现场情况，通报相关道路通行与管制信息。

（3）负责建立突发情况调度指挥联动机制，通过800兆电台、应急指挥手机客户端、电话等通信手段，掌握保障人员动态信息，确保调度指挥中心、调度指挥分中心、现场人员之间的通信畅通与信息共享。

(4)负责督促相关分公司及时采取临时调度措施,通过智能调度系掌握受影响临时调度措施采取情况,并对线路临时调度措施的合理性与及时性进行监督。

(5)负责启动突发情况监控模式,实时监控受影响线路整体运营情况,通过相关部门反馈、智能调度系统、现场人员、新闻媒体,实时掌握道路通行、工程进度等现场情况。

(6)负责根据现场情况变化,指导各分公司灵活调整调度措施,确保线路运营秩序。

(7)负责统计受影响线路各项运营数据,编写突发时间影响情况说明,总结处置过程的经验与教训。

(8)负责与交通服务热线、应急管理中心、集团值班室、宣传部等相关专业进行情况通报、续报、反馈信息等工作。

4.调度指挥中心应对特殊天气工作职责

(1)负责制订和完善运营中应对特殊天气的预案,调整修订年度积水点段及途经线路信息,明确划定途经高速路、山区道路等公交线路属性,做好分公司处置预案及负责人员通信方式的备案工作。

(2)根据气象部门发布的天气预警信息,做好运营专业内部信息的上传与下达工作,并向集团应急办公室、集团值班室通报预警信息。

(3)根据预警信息和实时天气变化,结合北京公交集团防汛工作要求,启动相应等级应急预案。

(4)通过气象系统、新闻媒体、相关政府部门等多渠道掌握实时天气变化,并收集整理各类因天气影响采取的道路封闭、抢险、管制等信息。

(5)做好特殊天气监控方案,实时监控市区主要道路通行能力,以及枢纽站、火车站等重要换乘节点客流情况,督促相关分公司及时采取措施缓解重点地区客流压力。

(6)负责掌握各分公司总体运营情况及首末三班发车情况,统计受影响线路采取措施的情况,及时上报主管领导与相关政府部门。

(7)负责与北京公交集团相关专业部门沟通配合,及时通报、续报、反馈线路运营信息和道路抢险等相关信息。

(8)负责统计特殊天气对北京公交集团运营总体影响情况和受影响线路措施执行情况,编写特殊天气运营情况总结。

(二)客运分公司层级(第二运营管理层级)

调度指挥分中心监控指挥管理工作职责主要有以下几方面。

1.调度指挥分中心日常管理工作职责

(1)负责利用智能调度、报表等信息化系统监督所辖车队行车计划的执行情况,实时掌握所辖区域道路通行、线路运营秩序等情况。

(2)负责利用智能调度系统,对线路大间隔情况进行监控,对车队上报大间隔原因及临时采取措施的情况予以认定与审批,并上报北京公交集团审批。

(3)负责落实安排调度指挥中心政治备车工作,做好政治任务的分派、数据和信息的统计与汇总,利用信息化设备监控政治备车的执行情况;协调分公司各部门及时处置政治备车执行过程中出现的各类问题。

(4)负责利用智能化系统对所辖区域运营生产数据进行核查,并对运营信息进行汇总与报送。

(5)通过报表系统监控所辖区域线路指标完成情况。利用 GPS、智能调度、视频监控等信息化手段,及时发现运营生产过程中存在的问题,做好分析与追踪工作。

(6)通过视频设备监控所辖区域各大节点、重点地区的客流,分析客流变化情况。

(7)通过智能调度等信息化系统,实时监控所辖区域整体道路通行能力,重点分析途经拥堵路段线路的运营情况,监督线路及时采取合理、有效的调度措施,迅速恢复线路运营秩序。

(8)利用车载视频等信息化设备对调整后的线路车辆、行车计划、线路路由等进行监控,实时掌握线路客流变化,及时发现问题,指导车队采取措施。

(9)通过报纸、电台、电视、网络等多媒体平台,收集掌握所辖区域公交运营信息,核查追踪相关情况。

(10)熟练运用指挥调度指挥分中心的信息化设备及软件,做好调度指挥及突发事件的处置工作。

(11)负责夜班线路日常调度指挥与运营秩序的监控。

(12)负责完成上级领导交办的各项工作任务。

2. 调度指挥分中心重大活动工作职责

(1)根据北京公交集团运输保障工作安排,细化本单位运输保障工作实施方案,指导各车队制定线路运营组织措施,做好专项备车等活动用车的组织工作。

(2)通过智能调度、视频监控等信息化系统,监督本单位各条线路运营组织情况,确保各项措施落实到位。

(3)落实上级调度命令,确保线路车队的有效执行。

(4)做好现场指挥人员、车队运营专业人员的培训工作,提高调度指挥和应对突发情况的处置能力。

(5)实时掌握现场指挥人员反馈信息,指导各线路做好调度指挥相关工作。

(6)及时将各项信息反馈至集团调度指挥中心及线路车队,充分发挥上下级之间的纽带作用。

(7)准确统计相关线路运营数据,及时掌握线路受影响情况等相关信息。

(8)负责重大活动结束后的总结工作。

3.调度指挥分中心处置突发事件工作职责

(1)处置轨道交通突发情况工作职责。

①负责细化北京公交集团轨道交通突发事件应急运输保障预案,制订本单位应急运输保障工作预案。

②负责通过智能调度、视频监控等系统,掌握本单位线路运营组织情况,确保各项措施的落实到位。统筹做好所辖区域内运力调整安排,降低突发情况对区域内线路运营秩序的影响程度。

③负责落实上级调度命令,监督线路执行情况。

④负责实时掌握现场指挥人员的反馈信息,及时将各项信息反馈至北京公交集团调度指挥中心及线路车队,指导各线路做好调度指挥相关工作。

⑤负责统计相关线路运营数据,及时掌握线路加车等相关信息,并上报北京公交集团调度指挥中心。

⑥负责运输保障结束后的总结工作。

(2)处置城市道路突发情况工作职责。

①根据突发事件影响范围,协调安服、安保等相关专业,共同审核各线路制订的绕行、区间等临时方案,并及时上报北京公交集团调度指挥中心备案。

②负责通过智能调度、视频监控等系统,监督本单位各条线路运营组织情况,确保各项措施的落实到位。

③负责实时掌握现场指挥人员的反馈信息,及时将各项信息反馈至北京公交集团调度指挥中心及线路车队,指导各线路做好调度指挥相关工作。

④负责统计相关线路运营数据,掌握线路受影响情况,并上报北京公交集团调度指挥中心。

⑤负责运输保障工作结束后的总结。

4.调度指挥分中心应对特殊天气工作职责

(1)负责根据北京公交集团特殊天气预案,结合本单位所辖区域性特征及积水点的分布,制订本单位特殊天气运输保障方案。

(2)根据调度指挥中心发布的天气预警信息和保障工作要求,做好本单位内部信息的上传与下达工作。

(3)根据北京公交集团要求启动应急预案等级,结合本单位所辖区域实时天气变化,执行本单位运输保障方案。

(4)负责监督所辖线路执行特殊天气运输保障方案,实时监控特殊天气各线路运营情况,执行北京公交集团调度指挥中心发布调度指令,指挥本单位在特殊天气条件下的运营生产工作。

(5)负责实时统计受影响道路与相关线路采取措施的情况，并对调度措施进行审核，及时上报北京公交集团调度指挥中心与本单位运营专业领导。

(6)通过信息化系统、新闻媒体、北京公交集团等多渠道掌握实时天气变化，收集整理各类积水、结冰、交通管制等特殊天气信息。

(7)负责与本单位相关专业部门沟通配合，及时通报、续报、反馈线路运营和道路通行情况等相关信息。

(8)负责统计特殊天气对本单位运营影响情况和受影响线路措施执行情况，编写特殊天气运营情况总结。

(三)车队层级(第三运营管理层级)

1.行政队长运营管理方面职责要求

(1)落实北京公交集团与本单位运营管理工作要求，在本单位主管领导的指导下开展运营生产组织工作。

(2)为完成车队运营生产任务与经营指标，负责审定本车队年度、季度、月度运营生产计划，认真完成各项运营指标，做好运营生产的管理工作。

(3)负责运营指标的综合管控，利用信息化系统分析运营数据。做好行车计划的审核与落实，对内指挥各岗位人员共同完成运营生产任务，对外协调分公司各专业落实各项资源保障。

2.运营队长岗位职责

(1)严格落实运营生产工作任务，负责车队所属线路调度指挥及运营生产管理工作。

(2)负责制订车队运营生产指标计划，审核调度组长编制的行车计划，协调车辆、人员等行车计划保障资源的配备，确保满足客流实际需要及运营服务标准。

(3)熟练使用智能调度系统，掌握车队所属线路行车计划执行和实际运营生产情况。

(4)定期上路检查运营服务质量，掌握客流变化规律与行车计划执行情况。做好线路运营生产完成情况分析，制订、完善、改进措施，落实各项运营保障工作，确保运营生产指标的完成。

(5)负责按照上级运营管理部门工作要求，制订、落实线路在节日、重大活动、突发情况、恶劣天气、特殊情况时的运营组织方案及应急预案，做好现场调度指挥，确保线路运营生产秩序。

(6)负责组织召开调度专业会，分析运营生产指标完成情况，讲评运营工作质量，部署运营生产工作任务。

(7)负责管理运营生产参与者，对违反运营管理制度的责任人进行考核。

(8)负责车队调度员的选拔任用工作。

(9)完成上级运营管理部门及车队交办的工作任务。

3. 调度组长岗位职责

(1)严格落实运营生产工作计划。组织线路调度员执行行车计划,协助运营副队长做好各项运营生产工作。

(2)根据北京公交集团行车计划编制要求,科学合理地编制线路行车计划。通过智能调度系统导入行车时刻表,并填写相关运营基础数据,提交分公司运营部进行审批。

(3)负责按照运营管理部门工作要求,协助运营队长制订并落实线路在节日、重大活动、突发情况、恶劣天气、特殊情况时的运营组织方案、应急预案及调度措施。

(4)负责客流调查的组织与实施工作。调度组长须亲自参与客流调查与上路检查运营秩序,做好调度员五峰客调安排,整理分析客流数据,查找运营管理中存在的问题,与运营队长共同制订整改措施,并监督保障工作的落实。

(5)负责分析线路行车计划执行情况,掌握线路运营的实际情况,制订各项调度措施预案,确保行车计划严格落实。

(6)负责根据智能调度系统提供的各项运营统计数据,协助运营队长对线路运营生产指标完成情况进行分析,并提出改进措施;定期分析票务系统提供的刷卡数据,为行车计划的调整做好准备工作。

(7)负责对调度员进行业务培训和工作质量检查等管理工作,参与初任调度员的推荐工作。

(8)配合运营队长完成新任调度员选拔,组织人员考取调度员资质。

(9)负责乘客来电、来访接待,运营投诉与建议的办理工作。

(10)完成上级运营管理部门及车队主管领导交办的工作任务。

(11)配合运营队长完成开调沿线、增移站位、调整营业时间等工作。

4. 线路调度员岗位职责

1)线路调度员日常工作职责

(1)遵守企业各项规章制度,负责组织线路日常运营生产,严格执行上级下达的调度指令,努力完成运营生产指标。

(2)熟练操作智能调度系统,通过智能调度系统加强对线路运营秩序的监控,重点关注客流实时变化情况,及时处置系统提示的各种告警信息。

(3)严格执行智能调度系统审批的行车计划,并根据实际运营情况对行车计划调整提出修改建议。

(4)充分利用智能调度系统,掌握线路日常运营情况。对线路运营中出现的问题及时掌握、及时汇报,并通过智能调度系统及时采取灵活、有效的调度措施,迅速恢复运营秩序。

(5)通过智能调度系统监控和提示驾驶员、乘务员提前进站,准点发车。

(6)遇有重大活动、突发事件、恶劣天气时,严格落实相关工作安排和预案,实时监控车辆运行,并及时向车队和分中心汇报运营情况。

(7)服从调度组长工作安排。业余时间上路开展客流调查工作,认真记录,如实反映情况,并根据客流调查实际情况,不断改进调度工作,主动向车队提出合理化工作建议。

(8)严格落实政治备车安排,利用智能调度系统监控运行情况,确保运营数据准确。当出现特殊情况时,立即向调度指挥分中心及车队领导汇报。

(9)严格执行车辆保修、保养计划。

(10)完成领导交办的相关运营工作。

2)线路调度员重大活动工作职责

(1)根据运输保障工作实施方案,做好本线路的运营组织与调度指挥工作。

(2)在保证线路运营秩序的同时,做好机动车、专项备车等活动用车的运营组织工作。

(3)掌握调度指挥分中心及现场指挥人员反馈信息,并利用 GPS、视频监控等信息化手段,通过多渠道了解道路及线路运营的实际情况,及时采取合理、有效的调度措施;在交通管制结束后,迅速恢复线路运营生产秩序。

(4)落实上级调度命令,确保线路的有效执行。

(5)负责与调度指挥分中心、车队值班领导进行情况通报、续报、反馈信息等相关工作。

(6)负责重大活动后的运营数据的统计和上报工作。

3)线路调度员处置轨道交通突发情况工作职责

(1)根据运输保障工作预案,做好线路的运营组织与调度指挥工作。

(2)落实上级调度命令,确保线路调度指挥的有效执行。

(3)利用 GPS、视频监控等信息化手段,实时监控线路车辆的运行情况,根据方案合理采取调度措施,确保支援车辆及时到位。

(4)负责与调度指挥分中心、车队值班领导进行情况通报、续报、反馈信息等相关工作。

(5)负责运输保障工作结束后的运营数据的统计和上报。

4)线路调度员处置城市道路突发情况工作职责

(1)负责制定本线路的临时调度措施。

(2)根据调度指挥分中心及现场指挥人员反馈信息,及时采取调度措施。

(3)落实上级调度命令,确保线路的有效执行。

(4)利用GPS、视频监控等信息化手段,实时监控线路车辆的运行情况,根据方案合理采取调度措施。

(5)负责与调度指挥分中心、车队值班领导进行情况通报、续报、反馈信息等相关工作。

(6)负责运营数据的统计和上报工作。

5)线路调度员应对特殊天气处理的工作职责

(1)负责根据上级运营管理部门发布的预警信息,启用特殊天气运输保障方案,执行特殊天气专项行车计划。

(2)负责执行上级运营管理部门下达的调度指令,并根据天气变化与道路通行情况,及时采取调度措施,确保线路运营秩序正常。

(3)负责及时准确地向调度指挥分中心、车队值班领导汇报特殊天气对线路的影响情况及线路采取的具体措施。

(4)负责监控运营车辆执行调度措施情况,掌握措施执行效果,灵活调整调度措施,确保线路运营秩序平稳。

(5)配合车队相关专业,做好特殊天气条件下的运营组织工作。

(6)负责统计特殊天气对本线路运营影响情况,在调度日志中对运营生产情况进行如实记录。

5. 运营纪律

运营纪律是指为确保运营服务质量,调度指挥灵活有效,要求全体管理人员、职工在日常工作中所必须遵守的行为规则。

第一条 公交的运营车辆用于有计划地运送乘客,车辆的调配指挥权统属调度指挥体系各层级。

第二条 保修单位要对运营车辆及时保修,不得拖保漏项;保养试车须在指定地点进行。不得以试车为名私自动用运营车辆,如需出场试车磨合时,须经调度系统负责人同意。

第三条 驾驶员、乘务员要做到:

(一)服从值班调度员指挥,按计划正点运营,积极疏导,有空让上。不得私自甩站不停,或拖点怠行,不得干扰调度员正常工作。

(二)运行中,接班人员未到,不得摆车不走,不得等点下班。

(三)运行中发生事故、纠纷、故障及影响运营情况时,必须迅速向值班调度员报告。

(四)运营车辆不得私自改线行驶,不得将其开回家中。

第四条 调度员要做到:

(一)签注、记录、录入、汇报数据及信息,须真实、准确、及时。

（二）工作负责，调度措施得当，确保运营正常。

（三）服从上级调度指挥，遵守行车计划。

（四）不得擅离工作岗位，或交他人代行本职工作。

（五）不得利用职权刁难司乘人员，办事公平。

（六）做好智能调度系统设备、车载设备等运营信息化设备的故障记录和报修。

（七）线路调度员要认真执行线路费率卡有关规定，严禁未刷线路费率卡的车辆上路运营。

四、调度员职业道德和职业守则

1. 职业道德

热爱本职，忠于职守；文明执勤，秉公办事；科学调度，均衡间隔；遵章守纪，正确记录；钻研业务，精益求精。

2. 工作规范

（1）科学调度，文明指挥。掌握运营动态和客流规律，运用智能调度系统等先进技术科学调度运营车辆，提高运营效率；文明指挥，耐心解答乘客和乘务人员的问题，为乘客提供方便、快捷的出行服务。

（2）遵章守纪，坚持原则。认真履行职责，恪守调度纪律；执行上级指令，服务大局。严格执行岗位规范，准确记录各项运营数据，维护行车计划的严肃性。

（3）平衡运力，措施妥当。平衡各时组、各断面运力，经济合理地使用车辆，最大限度地满足乘客乘车需要；深入实际，及时反馈运营信息，及时汇报、果断处理运营中的突发事件。

（4）关心驾乘，团结协作。关心乘务人员的工作和生活，合理安排就餐时间，协助上级领导做好思想工作，督促乘务人员完成运行计划，搞好与劳动、技术、安全、服务部门的协调配合，提高调度工作质量。

3. 职业守则

（1）遵守法律、法规和有关规定。

（2）爱岗敬业，忠于职守，自觉履行各项职责。

（3）工作认真负责，严于律己。

（4）刻苦学习，钻研业务，努力提高思想和科学文化素质。

（5）谦虚谨慎，团结协作，主动配合。

（6）严格执行工作流程，保证质量。

（7）重视安全、环保，坚持文明生产。

五、各级调度的工作流程

(一)北京公交集团层级(第一运营管理层级)

1.调度指挥中心日常管理工作流程

1)监控行车计划执行情况

每天通过智能调度、报表等信息化系统,实时监控各运营单位计划出车、实际出车、计划车次、实际车次、少车次原因等情况。

2)审核大间隔、临时调度措施

(1)关注智能调度系统大间隔情况,刷新大间隔报表(早、晚高峰每30min、低峰每1h),对重点线路、重点区域的大间隔情况进行核查,对调度措施的合理性与及时性进行评估,定期向部室负责人员反馈存在问题。

(2)根据智能调度系统实时反馈的临时调度措施,核实现场情况,对临时采取的调度措施的合理性进行审核,审核通过后推送至交通服务热线。

(3)根据产生大间隔及临时调度措施的地点,分析原因及影响范围,及时向其他运营单位通报情况,指导调度指挥分中心采取措施。

(4)监控智能调度系统向交通服务热线系统推送信息情况、及时向宣传部通报线路影响情况。大间隔、临时调度措施恢复后,及时反馈线路恢复信息。

3)政治备车任务

(1)根据市公安局交管局调度指挥中心的用车要求,按照就近分配的原则,安排相关调度指挥分中心执行任务。

(2)政治备车任务下达后1h内,利用智能调度系统查收分公司完成执行任务的车辆、司机、联系电话的填报工作情况,及时督促分公司完成相关信息的填报工作。

(3)每日利用GPS、视频监控等智能化设备监控政治备车执行任务情况。

(4)在执行过程中,如遇到突发情况(联系不上联系人、临时更换备车地点等),应及时与相关部门沟通协调。

(5)每日运营结束后,通过智能调度系统核对备车任务统计数据填报情况,督促调度指挥分中心及时填报各项备车数据。

4)定制公交平台管理

(1)通过在线客服、电话客服接听、记录、收集、汇总乘客建议,做好乘客咨询、解释、人工退款工作。

(2)监控定制公交线路运营情况,及时、妥善处理线路突发事件。

(3)每日10:00前完成预定乘客配车工作,将配车安排下达所属运营单位,监督运营单位落实运力安排。

(4)利用定制公交平台统计运营数据，分析乘客预定需求、车辆准点运行等相关情况，及时向部室负责人员反馈信息。

(5)做好商务班车余座预定的统计与下发工作。

(6)根据商务班车与公务员定制公交线路准点到达情况，对晚点到达 20min 以上的线路通过后台管理系统发布班车晚点公告。

(7)做好后台管理系统线路基础数据维护工作，确保基础数据准确。

5)利用报表系统核对运营生产数据

(1)平日：

①6:30 前，完成核对汇总前一日商务班车、直达通勤、村村通、快速公交及常规线路实际数据与系统数据不一致线路的全日数据，汇总前一日分公司的普票人次、普票收入。

②9:30 开始，核对汇总商务班车、直达通勤、村村通、快速公交及常规线路实际数据与系统数据不一致线路的早高峰(首车—8:30)的数据。

③20:30 开始，核对汇总商务班车、直达通勤、村村通、快速公交及常规线路实际数据与系统数据不一致线路的晚高峰(16:01—20:00)的数据。

(2)假日：

6:30 前，完成核对汇总前一日商务班车、直达通勤、村村通、快速公交及常规线路实际数据与系统数据不一致线路的全日数据，收集前一日分公司的普票人次、普票收入。

(3)周休息日：

①6:30 前，完成核对汇总前一日商务班车、直达通勤、村村通、快速公交及常规线路实际数据与系统数据不一致线路的全日数据，收集前一日分公司的普票人次、普票收入。

②9:30 开始，核对汇总商务班车、直达通勤、村村通、快速公交及常规线路实际数据与系统数据不一致线路的早高峰(首车—8:30)的数据。

③17:00 开始，核对汇总商务班车、直达通勤、村村通、快速公交及常规线路实际数据与系统数据不一致线路的下午低峰(12:01—16:00)的数据。

(4)节日：

①6:30 前，完成核对汇总前一日商务班车、直达通勤、村村通、快速公交及常规线路实际数据与系统数据不一致线路的全日数据，收集前一日分公司的普票人次、普票收入。

②13:00 开始，核对汇总商务班车、直达通勤、村村通、快速公交及常规线路实际数据与系统数据不一致线路的上午低峰(8:31—12:00)的数据。

③17:00 开始，核对汇总商务班车、直达通勤、村村通、快速公交及常规线路实际数据与系统数据不一致线路的下午低峰(12:01—16:00)的数据。

④22:30 开始,核对汇总商务班车、直达通勤、村村通、快速公交及常规线路实际数据与系统数据不一致线路的晚二次(20:01—末车)数据。

(5)运营生产数据核对汇总内容:

①全日。核对汇总出车数、包专车数、政治备车、上级调派、工作车率、全日计划车次、实际车次、兑现率、加车次、加车次原因说明、少车次、少车次原因。

②早高峰(首车—8:30)。核对汇总完好车数、完好车率、计划配车数、实际出车数、出车率、加车数、加车原因说明、少出车原因、计划发出车次、实际发出车次、车次兑现率、加车次、加车次原因说明、少车次、少车次原因、放车次、放车率、到达车次、正点车次、正点率。

③晚高峰(16:01—20:00)、上午低峰(8:31—12:00)、下午低峰(12:01—16:00)、晚二次(20:01—末车)。核对汇总配车数、计划出车数、实际出车数、出车率、加车数、加车原因说明、少出车原因、计划发出车次、实际发出车次、车次兑现率、加车次、加车次原因说明、少车次、少车次原因、放车次、放车率、到达车次、正点车次、正点率。

6)实时监控运营组织情况

(1)每日 6:30 前完成视频设备调试,确保视频正常,并按要求显示相关内容。

(2)通过智能调度、报表等信息化系统监控各线路首三班发车情况,及时了解未准发原因及采取的措施情况。

(3)通过智能调度系统和 GPS、视频等设备及分公司汇报内容,实时了解监控大间隔、临时调度措施情况,并将相关信息(可能受影响的运营单位)进行通报。

(4)分析报表系统中准、晚点情况,监督指导调度指挥分中心组织运营生产。

(5)汇总五峰重点区域运营秩序情况信息,在调度日志中准确记录。

7)监控指标完成情况

(1)通过智能调度、报表等信息化系统实时掌握各运营单位指标的完成情况。

(2)每日(每月)通过报表系统对前一日(上月)早、晚高峰、全日的工作车率、车次兑现率、少车次原因等进行分析。

(3)每日(每月)通过报表系统对前一日(上月)大间隔情况及临时调度措施进行分析。

(4)对指标的完成情况进行排序,选取完成情况较差的 20 条线路,指导调度指挥分中心分析原因,并要求相关运营单位进行整改。

(5)根据智能调度系统、客服中心、稽查中心、新闻媒体等渠道反馈的信息,确定每月重点监控线路,北京公交集团调度指挥中心调度员每人每月对 20 条重点线路运营考核指标抽查 3 次,并将结果反馈至部室负责人员。

8)监控客流变化

(1)利用站台视频设备实时监控各大节点、重点路段等地区的客流情况。

(2)利用车载视频实时监控重点线路车上满载率情况。

(3)当线路运营组织(线路车辆、行车计划、线路路由)有调整时,及时利用站台视频及车载视频,监控线路的客流变化及满载变化。

(4)当发现客流异常情况时,监督指导调度指挥分中心采取措施,快速疏散客流。

(5)遇线网优化调整时,监控开调延及替代线路的客流情况,并将相关信息反馈线网中心。

9)监控路况信息

(1)每日利用视频监控系统、大数据等信息化平台,实时监控主要通道、重点区域、主要客流集散地等路况信息。

(2)利用智能调度、报表等系统中的车辆实时速度、平均速度等掌握线路运营情况。

(3)根据各路段道路拥堵指数,监督指导线路运营组织。

(4)定期对路况信息汇总总结,指导调度指挥分中心优化运营组织。

10)收集公交运营信息

每日利用报纸、电台、电视、网络等多媒体平台,收集并掌握乘客出行需求、公交运营动态信息,及时向部室相关负责人员反馈情况。

11)负责大厅日常管理

(1)每日上班前整理操作台,确保操作台干净、整齐、无杂物。

(2)每日交接班时对大厅设备及软件运行情况进行检查,发现问题及时报修,并做好记录。

(3)按照不同时期需求展示相关内容,提前准备好相关展示内容。

(4)随时做好参观接待工作,及时对接待的 PPT 文件进行更新,根据不同的接待要求制作出不同的 PPT 文件。

12)负责有轨电车线路、夜班线路运营秩序的专项监控

(1)每天 23:00 前开启夜班监控模式,登录智能调度系统,检查系统及相关设备、网络是否正常,显示时间是否与当前时间一致,行车计划与劳动排班数据是否导入系统,监督夜班车前三班发车情况。

(2)针对各运营单位上报的夜班车运营过程中发生首末车发车不准点的情况,监督分公司立即采取有效的调度措施。

(3)审批各运营单位上报的临时调度措施,分析原因及影响范围,及时地向其他运营单位通报情况,指导调度指挥分中心及时采取调度措施。

(4)每日 7:00 前汇总整理好夜班车运营数据、迟发情况、临时调度措施情况等。

13)数据报送工作

(1)每日 6:00 前通过"北京市交通运输行业综合统计信息系统"、TOCC 邮箱报

送北京公交集团前一日预测运营情况。

(2)每日10:00前通过“北京市交通运输行业综合统计信息系统”、TOCC邮箱报送北京公交集团前一日实际运营情况。

(3)节日期间按相关要求及时汇报。

2.运营调度指挥中心重大活动工作流程

1)重大活动前

(1)收集整理重大活动相关信息,全面掌握重大活动的具体地点、时间、活动内容及活动等级。

(2)根据重大活动涉及区域及活动期间交通管制范围,确定重大活动涉及的分公司和线路情况,组织相关线路上报活动期间临时调度措施。

(3)编制重大活动期间运输保障方案。

(4)与主办方和相关主管部门确认运输保障方案,协调相关单位或部门配合落实保障方案。

(5)下发重大活动运输保障方案,召开重大活动工作部署会议。

(6)收集、整理、审核相关线路上报的临时调度措施,安排活动保障车辆与活动现场保障人员。

(7)检查各调度指挥分中心重大活动保障工作落实情况,主要包括临时调度措施安排和活动保障车辆准备两个方面。

2)重大活动过程中

(1)确认现场值岗人员及活动保障车辆到位情况。

(2)了解重大活动进程与临时变动情况,及时向各分中心及现场值岗人员通报活动信息。

(3)充分利用智能调度系统、视频监控系统、调度指挥管理系统等信息化平台,监控重大活动现场保障车辆使用情况,核查相关受影响线路及临时调度措施落实情况。

(4)通过现场值岗人员、活动主办方、新闻媒体等渠道掌握活动现场情况,如重大活动出现临时变动,应根据制订的应急保障方案,组织相关单位落实应急保障方案相关工作。

(5)指挥车按保障方案规定时间内到达指定位置,将现场视频图像发送至集团调度指挥中心,集团调度指挥中心根据活动进程或临时变动情况及时调整指挥车辆位置与现场人员工作。

3)重大活动后

(1)通过主办方或媒体等多种手段确认活动结束情况,第一时间通知相关调度指挥分中心及现场值岗人员。

(2)利用智能调度系统监控受影响线路运营秩序恢复情况。

(3)确认全部受影响线路恢复后，通知现场值岗人员、保障车辆、指挥车撤出现场。

(4)统计重大活动期间受影响线路的各项数据以及现场保障车辆的使用情况，按运输保障方案要求报送至相关单位或部门，并做好重大活动的总结工作。

3. 运营调度指挥中心处置突发事件工作流程

1)北京公交集团调度指挥中心处置轨道交通突发情况工作流程

(1)制订运输保障工作预案。

①制订支援轨道交通突发情况应急运输保障预案。

②指导调度指挥分中心制订支援轨道交通突发情况应急运输保障预案。

③将应急运输保障预案编辑到调度指挥管理系统中。

④定期对应急运输保障预案进行维护。

(2)轨道交通突发情况发生过程中。

①迅速与市交通委、北京市轨道交通指挥中心等部门沟通，明确轨道交通突发情况地点、方向、乘客滞留情况、北京市轨道交通指挥措施情况、开始时间等详细情况。

②立即执行预案，向有关部门、调度指挥分中心通报情况，并监督指导各调度指挥分中心落实应急运输保障安排。

③协调各调度指挥分中心安排人员现场值岗，建立联系通道，及时了解现场情况。

④了解事件进程与临时变动情况，及时向各分中心及现场值岗人员通报相关信息。

⑤充分利用智能调度系统、视频监控系统、调度指挥管理系统等信息化平台，监控应急运输保障预案的落实情况。

(3)轨道交通突发情况结束后。

①通过现场人员反馈及相关北京市轨道交通指挥中心确认轨道交通恢复正常、客流疏散完毕，第一时间通知相关部门、调度指挥分中心及现场值岗人员。

②做好突发事件的总结工作，统计运营数据情况，按要求报送相关信息。

2)北京公交集团调度指挥中心处置城市道路突发情况工作流程

(1)收集整理突发情况相关信息，全面掌握重大活动的具体地点、时间、交通管制情况等，评估影响程度。

(2)根据突发情况涉及区域及交通管制范围，确定所涉及的分公司和线路情况，组织相关单位制订临时调度措施。

(3)审核相关单位上报的临时调度措施。

(4)协调各调度指挥分中心安排人员现场值岗，建立联系通道，及时了解现场情况。

(5)通过智能调度、视频监控等系统,实时监控各客运单位运营组织情况,监督各运营单位落实临时调度措施,及时发现运营组织工作中存在的问题,做好相关追踪反馈工作。

(6)了解事件进程与临时变动情况,及时向各分中心及现场值岗人员通报相关信息。

(7)通过市公安局交管局、市交通委等相关部门及现场值岗人员确认恢复信息后,第一时间通知相关部门、调度指挥分中心,指导调度指挥分中心恢复正常运营。

(8)做好突发事件的总结工作,统计运营数据情况,按要求报送相关信息。

4. 运营调度指挥中心应对特殊天气工作流程

1)发布天气预警通知或特殊天气准备工作

(1)检查通信设备并开启相关信息化系统,将智能调度系统与大厅监控转换为特殊天气模式。

(2)通过信息化系统全面掌握预警情况,了解预警范围、等级及天气变化情况等相关信息。

(3)及时向各客运单位发布预警信息或通报天气变化情况,并向运营专业领导及相关职部室汇报。

(4)做好受影响情况统计及报送材料准备工作。

2)特殊天气过程中

(1)利用智能调度系统实时监控全市降水、积水、地质灾害等特殊天气的情况,全面掌握因特殊天气对公交安全运营的各类信息。

(2)与市交通委应急办、市公安局交管局指挥中心等相关政府部门密切沟通,及时掌握天气变化、交通管制及道路抢险信息,并向各单位通报情况。

(3)根据特殊天气对道路通行能力影响情况,指挥客运单位采取调度措施,调派相关客运单位管理人员到现场确认情况,并进行现场指挥。

(4)收集、整理各单位上报采取调度措施线路信息,及时上报运营专业领导及相关专业部室。并对外报送至政府主管部门。

(5)通过智能调度系统对特殊天气影响路段和采取调度措施线路进行重点监控。

(6)由于临时交通管制造成车辆滞留在管制区域内,立即掌握车辆信息,并通报相关单位、上报运营专业领导与相关专业部室,利用智能调度系统对管制区域内全部车辆进行实时监控。

(7)督促各单位保证首末三班车准点发出,通过智能调度系统监控准发情况,掌握各线路运营结束后驻车情况。

3)特殊天气结束后

(1)通过信息化系统持续跟踪继续采取调度措施线路,指挥相关客运单位尽快恢复线路正常运营。

(2)做好特殊天气情况的总结工作,统计相关线路受影响数据。

(3)对特殊天气应急预案修改完善提出建议。

(二)客运分公司层级(第二运营管理层级)

1.运营调度指挥分中心日常管理工作流程

1)监督行车计划执行情况

(1)每日通过智能调度、报表等系统,实时监控各线路计划出车、实际出车、计划车次、实际车次、少车次原因等情况。

(2)分析行车计划落实情况,监督各线路执行行车计划。

(3)指导线路行车计划执行中出现的问题采取措施。

2)审核线路大间隔情况、临时调度措施

(1)关注智能调度系统大间隔情况,刷新大间隔报表(早、晚高峰每30min、低峰每1h刷新一次),对重点线路、重点区域的大间隔情况进行核查,并指导调度指挥分中心采取措施。

(2)接到线路上报的临时调度措施后,利用车载视频查看临时调度措施路段情况,对临时调度措施进行审批,通过对比经过相同路段的线路、相近路段线路情况,核查临时调度措施的合理性。

(3)根据产生大间隔、临时调度措施的地点,分析原因及影响范围,及时向其他线路通报情况。

(4)将大间隔、临时调度措施情况及时向集团调度指挥中心汇报,按照北京公交集团审核指导线路采取措施。

(5)收到北京公交集团调度指挥中心转来的投诉建议时,进行分析处理,把大间隔投诉情况进行归类,并及时发放给线路核查。

(6)对线路反馈的大间隔投诉情况进行审查,并上报北京公交集团调度指挥中心。

3)政治备车任务

(1)根据北京公交集团调度指挥中心的政治备车要求,按照"就近分配"的原则,安排相关线路执行任务。

(2)政治备车分配30min内,收集执行任务的车辆、司机、联系电话并上报北京公交集团调度指挥中心。

(3)利用CPS、视频监控等智能化设备监控政治备车执行任务情况。

(4)在执行过程中,遇到突发情况(如联系不上联系人、临时更换备车地点等)时应及时向北京公交集团调度指挥中心汇报,并按照北京公交集团调度指挥中心相关要求执行。

(5)备车任务执行结束后,及时统计执行备车任务发出车次、运送人次并上报集团调度指挥中心。

4)定制公交线路管理

(1)根据乘客通过在线客服与电话客服咨询、意见反馈,做好答复与解释工作。

(2)利用智能调度系统监控定制公交线路运营情况,及时、妥善地处理线路应急突发事件。

(3)根据北京公交集团运营调度指挥中心发送的配车结果,安排好各线路运力。

(4)统计定制公交线路运营数据,做好数据分析,为线路优化调整工作提供数据支撑。

(5)通过后台系统关注线路预定情况,根据预定情况做好增减班次工作,将预定结果发送车队,督促车队根据预定结果安排车辆并做好乘客验票工作。

(6)根据班车实际运营情况,填写早、晚高峰及全日运营情况统计表,并上报集团运营调度指挥中心。

(7)做好后台管理系统线路基础数据维护工作,确保基础数据准确。

5)运营生产数据核对并上报

(1)平日:

①每日6:00前,完成核对汇总并上报所辖线路前一日商务班车、直达通勤、村村通、快速公交及常规线路实际数据与系统数据不一致线路的全日数据,上报前一日分公司的普票人次、普票收入。

②每日9:30开始,完成核对汇总并上报所辖线路商务班车、直达通勤、村村通、快速公交及常规线路实际数据与系统数据不一致线路的早高峰(首车—8:30)的数据。

③每日20:30开始,完成核对汇总并上报所辖线路商务班车、直达通勤、村村通、快速公交及常规线路实际数据与系统数据不一致线路的晚高峰(16:01—20:00)的数据。

(2)假日:

6:30前,完成核对汇总并上报所辖线路前一日商务班车、直达通勤、村村通、快速公交及常规线路实际数据与系统数据不一致线路的全日数据,上报前一日分公司的普票人次、普票收入。

(3)大周末:

①6:30前,完成核对汇总并上报所辖线路前一日商务班车、直达通勤、村村通、快速公交及常规线路实际数据与系统数据不一致线路的全日数据,上报前一日分公司的普票人次、普票收入。

②9:30开始,完成核对汇总并上报所辖线路商务班车、直达通勤、村村通、快速公交及常规线路实际数据与系统数据不一致线路的早高峰(首车—8:30)的数据。

③17:00 开始,完成核对汇总并上报所辖线路商务班车、直达通勤、村村通、快速公交及常规线路实际数据与系统数据不一致线路的下午低峰(12:01—16:00)的数据。

(4)节日:

①6:30 前,完成核对汇总并上报所辖线路汇总前一日商务班车、直达通勤、村村通、快速公交及常规线路实际数据与系统数据不一致线路的全日数据,上报前一日分公司的普票人次、普票收入。

②13:00 开始,完成核对汇总并上报所辖线路商务班车、直达通勤、村村通、快速公交及常规线路实际数据与系统数据不一致线路的上午低峰(8:31—12:00)的数据。

③17:00 开始,完成核对汇总并上报所辖线路商务班车、直达通勤、村村通、快速公交及常规线路实际数据与系统数据不一致线路的下午低峰(12:01—16:00)的数据。

④22:30 开始,完成核对汇总并上报所辖线路商务班车、直达通勤、村村通、快速公交及常规线路实际数据与系统数据不一致线路的晚二次(20:01—末车)数据。

(5)运营生产数据核对汇总内容:

①全日。出车数、包专车数、政治备车、上级调派、工作车率、全日计划车次、实际车次、兑现率、加车次、加车次原因说明、少车次、少车次原因说明。

②早高峰(首车—8:30)。完好车数、完好车率、计划配车数、实际出车数、出车率、加车数、加车原因说明、少出车原因说明、计划发出车次、实际发出车次、车次兑现率、加车次、加车次原因说明、少车次、少车次原因说明、放车次、放车率、到达车次、正点车次、正点率。

③晚高峰(16:01—20:00)、上午低峰(8:31—12:00)、下午低峰(12:01—16:00)、晚二次(20:01—末车)。配车数、计划出车数、实际出车数、出车率、加车数、加车原因说明、少出车原因说明、计划发出车次、实际发出车次、车次兑现率、加车次、加车次原因说明、少车次、少车次原因说明、放车次、放车率、到达车次、正点车次、正点率。

6)线路运营秩序监控

(1)每日 6:30 前完成视频设备调试,确保视频正常,并按要求显示相关内容。

(2)通过智能调度、报表等系统监控各线路首末三班发车情况,及时上报首末三班不准点发车情况。

(3)通过智能调度系统、GPS 设备、视频监控设备及线路汇报,实时了解监控大间隔、临时调度措施情况,并将相关信息(可能受影响的其他线路)进行通报。

(4)掌握五峰重点区域运营秩序情况信息,并及时上报集团调度指挥中心。

7)运营质量监控

(1)通过智能调度、报表等信息化系统实时掌握各线路指标的完成情况,早、晚高峰每30min、低峰每1h刷新一次实时报表系统,对各运营线路的工作车率、车次兑现率等指标完成情况进行分析。

(2)每日(每月)通过报表系统对前一日(上月)早、晚高峰、全日的工作车率、车次兑现率、少车次原因说明等进行分析。

(3)每日(每月)通过报表系统对前一日(上月)大间隔情况及临时调度措施进行分析。

(4)对指标完成情况进行排序,选取完成情况较差的线路,指导线路分析原因,进行整改并跟踪检查整改情况。

8)监控客流变化

(1)利用站台视频设备实时监控所辖区域的各大节点、重点路段等地区的客流情况。

(2)利用车载视频实时监控车上满载情况。

(3)当线路运营组织(线路车辆、行车计划、线路路由)有调整时,及时利用站台视频及车载视频监控线路的客流变化及满载变化。

(4)当发现客流异常情况时,监督指导线路采取调度措施,快速疏散客流。

(5)当遇线网优化调整时,监控开调延及替代线路的客流情况,并将相关信息反馈至集团调度指挥中心。

9)监控路况信息

(1)每日利用视频设备、实时路况图等实时所辖监控主要通道、重点区域、主要客流集散地等地区路况信息。

(2)利用智能调度、报表等系统中的车辆实时速度、平均速度等掌握线路运营情况。

(3)根据各路段道路拥堵指数,监督指导线路运营组织。

(4)定期对路况信息汇总,指导线路优化运营组织。

10)收集公交运营信息

(1)每日利用报纸、电台、电视、网络等各种媒体平台,收集掌握公交运营信息。

(2)对收集到的公交运营信息进行分析,监督线路采取措施。

(3)举一反三,查找不足,制订整改措施并监督线路落实整改措施。

11)信息化应用

(1)每日交接班时对指挥分中心大厅设备及软件运行情况进行检查,发现问题及时报修,并做好记录。

(2)当发现智能调度系统发生故障时,及时通知所辖线路采取人工发车,并做好记录。

(3)及时通知分公司信息中心,并上报北京公交集团调度指挥中心。

(4)当故障解除后,通知所辖线路并要求线路调度员补录相关运营数据。

12）夜班线路运营秩序的专项监控

（1）每日23:00前开启夜班车智能调度设备，登录智能调度系统，检查系统及相关设备、网络是否正常，显示时间是否与当前时间一致，行车计划与劳动排班数据是否导入系统。当发现数据有异常时，及时向北京公交集团调度指挥中心汇报，并通知车队值班管理人员，要求车队采取相关措施。

（2）如遇夜班车运营过程中发生首末车发车不准点，应及时采取调度措施，并上报集团调度指挥中心。

（3）当因临时交通拥堵、交通管制、道路施工等情况造成线路发生临时调度措施时，应及时通知同线路其他驾驶员通过相同路段的其他线路，并上报北京公交集团调度指挥中心。

（4）每日7:00前整理好夜班车运营数据、迟发情况、临时调度措施情况等，上报北京公交集团调度指挥中心。

2. 运营调度指挥分中心重大活动工作流程

1）重大活动前

（1）根据北京公交集团调度指挥中心大型活动运输保障方案，编制本单位保障工作安排。

（2）下发重大活动运输保障方案，召开重大活动工作部署会议。

（3）收集、整理、审核相关线路上报的临时调度措施，落实活动保障车辆与活动现场保障人员具体工作内容。

（4）检查各线路重大活动保障工作落实情况，主要包括临时调度措施安排、运输保障车辆、现场值岗人员安排准备等方面。

2）重大活动过程中

（1）确认本单位现场值岗人员及活动保障车辆到位情况。

（2）了解重大活动进程与临时变动情况，及时向各线路及现场值岗人员通报活动信息。

（3）充分利用智能调度系统、视频监控系统、调度指挥管理系统等信息化平台，监控重大活动现场保障车辆使用情况，核查相关受影响线路临时调度措施落实情况。

（4）通过北京公交集团调度指挥中心及现场值岗人员、新闻媒体等渠道掌握活动现场情况，如重大活动出现临时变动，根据北京公交集团调度指挥中心要求，及时调整运输保障方案，组织相关线路落实各项保障措施，并将落实情况迅速上报北京公交集团调度指挥中心。

（5）指挥车辆按保障方案规定时间到达指定位置，将现场视频图像发送至调度指挥分中心，调度指挥分中心根据北京公交集团指挥中心命令或临时变动情况及时调整指挥车辆位置与现场人员工作。

3)重大活动后

(1)北京公交集团调度指挥中心通报活动结束后,第一时间通知相关线路及现场值岗人员。

(2)利用智能调度系统监控受影响线路运营秩序恢复情况。

(3)确认全部受影响线路恢复后,上报北京公交集团调度指挥中心,并通知现场值岗人员、保障车辆、指挥车撤出现场。

(4)统计重大活动期间受影响线路的各项数据,及现场保障车辆的使用情况,按运输保障方案要求报送北京公交集团调度指挥中心,做好重大活动的总结工作。

3. 运营调度指挥分中心处置突发事件工作流程

1)调度指挥分中心处置轨道交通突发情况工作流程

(1)制订运输保障工作安排。

①结合北京公交集团调度指挥中心的援轨道交通突发情况应急运输保障预案,制订本单位支援轨道交通突发情况应急运输保障预案。

②指导线路学习支援轨道交通突发情况应急运输保障安排。

③定期对应急运输保障安排进行维护。

(2)轨道交通突发情况发生过程中。

①按照北京公交集团调度指挥中心的调度指令,立即执行预案,向分中心有关部门、各线路通报情况,并监督指导各线路落实应急运输保障安排。

②协调安排分中心及车队人员现场值岗,要求各车队密切关注重大活动期间运营秩序的变化,并安排相应管理人员在活动现场进行运营秩序的维护及临时调度。

③建立联系通道,及时了解现场情况,及时向北京公交集团调度指挥中心汇报相关信息。

④充分利用智能调度系统、视频监控系统、调度指挥管理系统等信息化平台,监控各线路应急运输保障预案落实情况。

(3)轨道交通突发情况结束后。

做好突发事件的总结工作,统计运营数据情况,按要求上报北京公交集团调度指挥中心。

2)调度指挥分中心处置城市道路突发情况工作流程

(1)收集整理突发情况相关信息,全面掌握重大活动的具体地点、时间、交通管制情况等。

(2)确定影响线路,组织相关线路制定临时调度措施。

(3)审核线路上报的临时调度措施,并上报北京公交集团调度指挥中心审批。

(4)安排人员现场值岗,建立联系通道,及时了解现场情况。

(5)通过智能调度、视频监控等系统,实时监控线路运营组织情况,监督线路落实临时调度措施。

(6)了解事件进程与临时变动情况,保持北京公交集团调度指挥中心、各线路及现场值岗人员互通信息。

(7)确认恢复信息后,及时通知相关部门、线路,指导线路恢复正常运营。

(8)做好突发事件的总结工作,统计运营数据情况,按要求报送相关信息。

4. 运营调度指挥分中心应对特殊天气工作流程

1)特殊天气情况发生前

(1)通过北京公交集团调度指挥中心获知气象部门关于灾害预警情况后,根据预警情况范围、等级、防御指南等相关内容,汇总后汇报主管领导及相关职能部室。

(2)向运营线路所属车队通报气象部门灾害预警情况,并向运营专业领导及相关职部室汇报。

(3)要求各运营车队做好实施特殊天气预案的准备工作。

2)特殊天气情况发生时

(1)要求运营车队密切关注天气变化,根据天气情况变化采取临时调度措施,监督特殊天气情况的应急保障预案的执行情况。

(2)调派运营车队管理人员到现场进行勘察,确定道路的通行条件,将资料整理汇总后汇报运营调度指挥分中心。

(3)认真梳理影响运营的线路情况,以时间为节点,实时掌握各运营线路的运营情况。

(4)通过智能调度、视频监控等系统实时监控分公司整体运营情况。如遇情况出现临时变动,应及时调整运营保障方案。

(5)监督、掌握相关运营车队的运营措施情况,并进行汇总,做好续报、信息反馈等工作。

3)特殊天气情况发生后

(1)根据道路的通行条件迅速组织相关运营车队恢复线路运营。

(2)做好特殊天气情况的总结工作,统计运营数据情况。

(三)车队层级(第三运营管理层级)

1. 运营队长岗位流程

(1)每月分解运营生产指标,制订车队运营生产计划。

(2)根据季节及客流变化,按照分公司行车计划编制程序,组织调度组长定期调整行车时刻表,并完成行车时刻表的审核;根据行车时刻表变化,协调各相关专业落实资源保障。

(3)每周上路检查运营秩序,了解线路客流变化、车辆正点运营等情况,指导调度组长调整运营组织方案。

(4)每月组织全时组客流调查和一般客流调查工作,以客流调查数据及IC卡数据分析结果,对行车计划的合理性进行评判,适时调整行车时刻表。

(5)定期组织乘客满意度及出行需求的调查,根据调查结果完善运营组织方案,为线路开调延提供合理建议。

(6)每月对车队所属调度室进行一次检查,了解各项规章制度执行情况、调度员执行行车计划及采取调度措施情况,督促调度员规范组织运营生产。

(7)每周分析运营指标完成情况,并根据运营指标的完成情况制订改进措施,并向车队提出合理化建议。

(8)定期组织相关人员修改和完善调度措施与调度预案,根据分公司要求制订大型活动、重大节日线路运营方案。

(9)每月召开运营专业会。对运营指标的完成情况进行讲评,分析运营生产过程中存在的问题;根据人员变化及时组织业务培训和技能培训,确保达到上岗标准。

(10)协助调度组长做好乘客来电、来访接待工作,认真分析乘客的诉求与及其反映的问题,积极改进运营管理工作。

2.调度组长岗位流程

(1)落实分公司运营部和车队各个时期的工作部署,贯彻执行《运营纪律》《调度纪律》《调度员守则》以及有关运营管理规定,服从上级调度命令,做到调车及时。

(2)每周至少上路调查一次客流,并调取IC卡系统客流数据,分析行车时刻表存在问题。

(3)分析车队客流调查结果,按时向分公司运营部上报五峰客流资料。

(4)在主要节日、重大活动、突发情况、恶劣天气、特殊时期,协助运营队长指挥线路运营,指导调度员合理地采取临时调度措施,尽快恢复线路正常运营,并做到信息反馈及时、准确。

(5)掌握本车队在册车辆动态,督促当班调度员和车组认真执行车辆保修、保养计划,并安排好替保车次,消灭漏保失修。

(6)每周进行早、晚高峰不低于两次线路运营质量检查;严格执行上级运营部门下达的政治备车任务,做到按时派车。

(7)规范管理,建立运营生产台账。

(8)掌握每日运营情况,指导当班调度员开展工作。定期组织调度员业务学习,并对其现场调度、认真签注、规范用语、操作规程等方面进行考核。月底在运营专业会进行工作总结和讲评,针对运营生产中存在的问题制订改进措施。

(9)妥善处理乘客的原始意见,耐心解答乘客来电咨询,制订整改措施,确保措施落实到位。

3. 线路调度员岗位流程

1)线路调度员日常工作流程

(1)执行上级调度命令。

①接到上级的临时调度命令时,立即按照要求执行并向车队值班领导、调度组长、运营队长汇报。

②当执行紧急调派用车任务(如即刻政治备车、跨线支援用车等)工作中,在接到上级调派用车任务 20min 内,将执行任务的车辆、人员、联系电话上报调度指挥分中心。

③监控调派用车任务的执行情况,发生突发情况及时汇报。

④任务执行结束后,将执行任务的车次、人次、公里等情况进行统计,并上报调度指挥分中心。

(2)组织线路运营生产。

①每日发车前 30min 开启智能调度设备,登录智能调度系统,检查系统及相关设备、网络是否正常,显示时间是否与当前时间一致,行车计划与劳动排班数据是否导入系统;如数据有异常,做好人工发车准备,及时向车队值班管理人员汇报。

②掌握车辆、人员动态情况、车辆保养、备班人员、机动车、政治备车、包班车等计划安排。

③监控驾驶员和乘务员的签到情况,并掌握车载定位设备上线情况。

④使用智能调度系统发布调度指令,督促、监控车辆准点发出。

⑤正确指挥运营,灵活调度运营车辆;通过智能调度系统的各项监控功能,掌握线路客流动态、车辆运行及对端场站发车情况,遇有客流变化和行车秩序异常时,及时采取灵活、有效的调度措施,迅速恢复正常运营秩序。

⑥正确录入发车方案和发车时间等信息,确保行车记录真实、准确。

⑦处理好当班时发生的各种运营问题,并及时向车队管理人员汇报。

⑧运营结束后核对智能调度系统生成的运营数据,确保行车记录各项数据的准确。

⑨监督车辆按规定时间、地点、路线入站收车。

⑩末班车回站后,清点驻站车数,掌握车辆停放情况。

⑪认真填写调度日志,确定运营数据准确。

⑫认真做好交接班,做到计划执行情况清、客流情况清、人员和车辆变动情况清、智能调度操作情况清。

⑬做好智能调度设备检查,如系统出现故障应及时报修;统计好车载设备故障情况及时报修。

(3)核查运营生产数据并上报。

①平日。

a. 6:00 前,完成核对汇总并上报所辖线路前一日商务班车、直达通勤、村村通、快速公交及常规线路实际数据与系统数据不一致线路的全日数据。

b. 9:30 开始,完成核对汇总并上报所辖线路商务班车、直达通勤、村村通、快速公交及常规线路实际数据与系统数据不一致线路的早高峰(首车—8:30)的数据。

c. 20:30 开始,完成核对汇总并上报所辖线路商务班车、直达通勤、村村通、快速公交及常规线路实际数据与系统数据不一致线路的晚高峰(16:01—20:00)的数据。

②假日。

6:30 前,完成核对汇总并上报所辖线路前一日商务班车、直达通勤、村村通、快速公交及常规线路实际数据与系统数据不一致线路的全日数据。

③周休息日。

a. 6:30 前,完成核对汇总并上报所辖线路前一日商务班车、直达通勤、村村通、快速公交及常规线路实际数据与系统数据不一致线路的全日数据。

b. 9:30 开始,完成核对汇总并上报所辖线路商务班车、直达通勤、村村通、快速公交及常规线路实际数据与系统数据不一致线路的早高峰(首车—8:30)的数据。

c. 17:00 开始,完成核对汇总并上报所辖线路商务班车、直达通勤、村村通、快速公交及常规线路实际数据与系统数据不一致线路的下午低峰(12:01—16:00)的数据。

④节日。

a. 6:30 前,完成核对汇总并上报所辖线路汇总前一日商务班车、直达通勤、村村通、快速公交及常规线路实际数据与系统数据不一致线路的全日数据。

b. 13:00 开始,完成核对汇总并上报所辖线路商务班车、直达通勤、村村通、快速公交及常规线路实际数据与系统数据不一致线路的上午低峰(8:31—12:00)的数据。

c. 17:00 开始,完成核对汇总并上报所辖线路商务班车、直达通勤、村村通、快速公交及常规线路实际数据与系统数据不一致线路的下午低峰(12:01—16:00)的数据。

d. 22:30 开始,完成核对汇总并上报所辖线路商务班车、直达通勤、村村通、快速公交及常规线路实际数据与系统数据不一致线路的晚二次(20:01—末车)数据。

⑤运营生产数据核对汇总内容。

a. 全日。出车数、包专车数、政治备车、上级调派、工作车率、全日计划车次、实际车次、兑现率、加车次、加车次原因说明、少车次、少车次原因说明。

b. 早高峰(首车—8:30)。完好车数、完好车率、计划配车数、实际出车数、出车率、加车数、加车原因说明、少出车原因说明、计划发出车次、实际发出车次、车次兑现率、加车次、加车次原因说明、少车次、少车次原因说明、放车次、放车率、到达车次、正点车次、正点率。

c. 晚高峰(16:01—20:00)、上午低峰(8:31—12:00)、下午低峰(12:01—16:00)、晚二次(20:01—末车)。配车数、计划出车数、实际出车数、出车率、加车数、加车原因说明、少出车原因说明、计划发出车次、实际发出车次、车次兑现率、加车次、加车次原因说明、少车次、少车次原因说明、放车次、放车率、到达车次、正点车次、正点率。

(4)大间隔、临时措施情况处置。

①当线路因交通拥堵、交通管制、社会车事故、道路施工等情况需要采取临时调度措施时,通知车队值班领导、调动组长、运营队长,并将临时调度措施方案上报调度指挥分中心进行审批。

②当线路产生大间隔情况时,关注产生大间隔、临时调度措施情况的地点,分析原因及明确影响范围,及时向车队其他线路通报情况。

③临时调度措施被批准后,立即采取多种措施通知线路上所有的驾驶员执行。

④大间隔情况、临时调度措施恢复后,及时通知调度指挥分中心及车队其他线路。

(5)政治遣返备车及包专车任务。

①根据调度指挥分中心的用车要求,及时组织车辆和人员。

②政治遣返备车分配 30min 内,收集执行任务的车辆、人员、联系电话并上报调度指挥分中心。

③监控政治遣返备车及包专车执行任务情况,随时了解车辆、人员及任务执行状况。

④备车任务执行结束后,及时统计执行备车任务的发出车次、运送人次,并上报调度指挥分中心(及时在智能调度系统中录入相关数据)。

(6)掌握智能调度系统运行情况。

①当发现智能调度系统发生故障时,及时采取人工发车,并做好记录。

②及时向调度指挥分中心汇报,并向负责单位或人员报修。

③当故障解除后,补录相关运营数据。

2)线路调度员重大活动工作流程

(1)根据调度指挥分中心与线路运输保障工作安排,执行本线路运营保障措施。

(2)利用智能调度系统对重大活动区域内运营车辆实时监控。

(3)在接到调度指挥分中心或现场人员通报的活动临时变动信息后,及时调整本线路调度措施,并将落实情况上报调度指挥分中心。

(4)做好重大活动的总结工作,统计重大活动期间运营数据情况,按要求上报调度指挥分中心。

3)线路调度员处置轨道交通突发情况工作流程

(1)按照调度指挥分中心的调度指令,立即执行相关应急运输保障方案,向车队有关领导汇报情况。

(2)与现场值岗人员建立联系,及时了解现场情况,及时向调度指挥分中心汇报相关信息。

(3)充分利用智能调度系统、视频监控系统、调度指挥管理系统等信息化平台,监控线路运营组织情况。

(4)做好突发事件的总结工作,统计运营数据情况,按要求上报调度指挥分中心。

4)线路调度员处置城市道路突发情况工作流程

(1)收集并整理突发情况相关信息,全面掌握重大活动的具体地点、时间、交通管制情况等。

(2)制订临时调度措施方案,上报调度指挥分中心审批。

(3)与现场值岗人员建立联系,及时了解现场情况,并及时向调度指挥分中心汇报相关信息。

(4)充分利用智能调度系统、视频监控系统、调度指挥管理系统等信息化平台,监控线路运营组织情况。

(5)做好突发事件的总结工作,统计运营数据情况,按要求上报调度指挥分中心。

5)线路调度员应对特殊天气处理的工作流程

(1)特殊天气情况发生前:

①通过智能调度系统或调度指挥分中心获知气象部门灾害预警情况后,根据预警情况范围、等级、防御指南等相关内容,汇总后向车队值班领导汇报。

②按照上级单位要求做好实施特殊天气预案的准备工作;掌握本车队各项保障措施及预案准备情况。

(2)特殊天气情况发生时:

①密切关注天气变化,根据天气情况变化采取临时措施,监督特殊天气情况的应急保障预案的执行情况。

②根据驾驶员及现场人员反馈的信息,确定道路的通行条件,将资料整理汇总后汇报运营主管领导。

③根据运营主管领导安排组织实施运营保障方案,准确告知驾驶员和乘务员原因和调度措施内容,并对执行过程进行监控。

④以每0.5h为时间节点,将本线路运营情况变化及时向上级指挥中心及运营主管领导汇报。

⑤通过智能调度、视频监控等智能化系统监控本线路运营情况;如遇情况出现临时变动,及时调整运营保障方案。

⑥做好续报、信息反馈等工作。

(3)特殊天气情况发生后:

①根据道路的通行条件迅速组织恢复本线路运营秩序。

②做好特殊天气情况的统计运营数据情况。

4. 交接班

认真交接班,并做到四交清,即客流情况清、计划执行情况清、人员和车辆变动情况清。

5. 收车

(1)车辆按规定时间、地点、路线入站收车。

(2)末班车回站后清点驻站车数,并在智能调度系统中做好首末站停站驻车。

(3)关闭智能调度设备和发车显示器,做好计算机清洁维护工作。

六、线路调度员工作考核标准

1. 有下列行为之一的为重大违纪

(1)未按照规定时间发车,私自调整线路走向。

(2)签发虚假运营车次或在智能调度系统中填报虚假数据。

(3)未执行上级调度指令。

(4)擅自改变运营计划。

(5)工作中不履职、玩忽职守或经上级调度考核认定出现重大工作过失。

2. 有下列行为之一的为严重违纪

(1)由于工作失职或调度措施不当影响运营指标完成。

(2)由于工作失职造成车辆迟保、漏保。

(3)运营过程中遇到突发情况未及时采取应急调度措施,也未及时上报。实施区域集中调度的场站,场站协管员运营过程中遇到突发情况未及时配合调度员采取现场应急调度措施。

(4)不按规定使用智能调度系统,或违反规定私自修改智能调度系统数据的。

(5)未按规定上报、瞒报、漏报运营情况,造成运营秩序出现异常的。

3. 有下列行为之一的为一般违纪

(1)因调度员责任造成首末三班车未能按计划准点发出。

(2)雨雪雾等特殊天气、重大社会活动未能及时落实调度预案。

(3)未按规定处理运营中发生的票务、遗失物问题,造成影响。

(4)在智能调度系统出现故障无法使用时未能执行应急预案,造成数据丢失。

(5)交班时未对智能调度系统、设备运行情况进行检查,未使用本人账户登录智能调度系统,发布调度指令或修改数据。

(6)提供与实际不符的数据或信息。

(7)场站信息化设备故障,未及时采取有效措施,影响运营生产。

4. 有下列行为之一的为轻微违纪

(1)未按照规定汇报,或在汇报时间前没有校核运营数据,造成系统统计数据不准或大间隔情况迟报、漏报、误报的。

(2)未能准确核对智能调度系统数据,造成智能调度系统数据错误的。

(3)未按照智能调度系统操作要求进行签注操作。

(4)未按规定签注各项记录或记录数据不准确。

(5)未能随时掌握车辆、车组人员动态,影响生产。

(6)发现智能调度系统故障未能及时报告影响使用。

(7)在更换车辆需要变更费率时未能及时通知持卡人员造成后果。

(8)分中心调度员未按照规定,及时、准确审核处理线路上报各项信息,造成审批结果错误或延误相关工作的。

(9)未能监督驾驶员准点发车,影响运营生产的。

(10)调度员未按照场站协管员提供信息调整行车计划或发车信息,造成智能调度系统数据不准确或数据错误的。

(11)未能随时掌握车辆、车组人员动态变化,影响正常运营秩序。

第二节 线路调度方法

一、执行行车计划

行车时刻表是城市公交企业管理工作的重要基础依据之一。对于任何运营单位的人员,行车时刻表具有企业内部法律的效能。

行车时刻表一经审定,任何单位和个人不得擅自更改、变动。

调度员的职责就是监控行车时刻表的执行,正常情况下严格执行车时刻表,按行车时刻表发车并使用智能调度系统逐次记录线路公交车辆的运行情况。调度员要自觉地维护行车时刻表的严肃性。

二、常规调度方法

1. 常规调度方法的概念

常规调度方法是指为解决较长时期的客流某种不均衡的方法,安排的相应运输模式。常规调度方法,纳入计划,编制在行车计划中。

2. 常规调度方法的种类

1)区间车

当客流断面的不均衡系数达到1.5左右时,为平衡运输,组织部分车辆在客流量大的断面上与线路的班车重复行驶,即区间车。

【例7-1】 表7-1为某线路各断面上客流量示意表,计算各断面的不均衡系数,并判断×—×号站之间应发区间车。(计算时小数点后保留两位小数)

各断面客流示意表

表7-1

某路

方向	站号	1	2	3	4	5	6	7	8	合计
→	站距(km)	0.76	1.19	1.21	1.56	1.31	1.06	1.25	1.10	9.44
	客流量(人次)(人次)	800	1700	2000	2400	1500	1200	900	400	—
	人公里	608	2023	2420	3744	1965	1272	1125	440	13597
	不均衡系数	0.56	1.18	1.39	1.67	1.04	0.83	0.62	0.28	—
←	客流量(人次)(人次)	1200	1500	1800	2600	1700	1200	900	500	—
	人公里	912	1785	2178	4056	2227	1272	1125	550	14105
	不均衡系数	0.80	1.00	1.20	1.74	1.14	0.80	0.60	0.33	—

解:

$$人公里 = 断面流量 \times 站距 \tag{7-1}$$

$$断面平均客流量 = \frac{人公里之和}{路线长度} \tag{7-2}$$

根据上表可得上行断面平均客流量为1440.36,下行断面平均客流量为1494.17

$$断面不均衡系数 = \frac{断面客流}{断面平均客流量} \tag{7-3}$$

根据表7-1得出的数据判断,1~5号站应发区间车。

注意:采用区间车调度方法时须具备交管部门认可的掉头地点。

2)大站快车

由于道路布局的影响和线路衔接的不同情况,乘客交替换乘形成了一些上下车人数很集中的“大站”,在线路上选择“大站”停车的调度方法,即大站快车。

采用此调度方法应注意“大站”的选择,必须选上量大、下量大或交替量大的站点。

大站快车的调度方法能够提高车辆周转效率。

3)单向快车

单向快车是指根据线路方向不均衡规律,在客流量小、差数很大的方向,采用单方向大站快车或直达车,以加快车辆周转。

4)密集小间隔与扩大行车间隔

密集小间隔与扩大行车间隔是指在不增加或减少车辆的情况下,缩短或增大行车间隔。密集小间隔与扩大行车间隔也叫作调频法,即调整行车频率或调整行车间隔。

5)跨线联运

跨线联运是指根据客流倒乘的需要,“甲”线路车辆载客,跨出本线路,进入“乙”线路继续行驶的联合运输。

6)跨线行驶

跨线行驶是指在客流高峰时间不同的情况下,由一条线路调到另一条衔接线路行驶的车辆。

跨线行驶的调度方法是指利用时间差平衡线路之间的运力,从而提高车辆利用率。跨线行驶的明显标志是衔接线路的调度员签注路单,而不是本线路调度员签注路单,这与跨线联运是不同的。

7)班车

班车是指自首站或末站发往对方,且中途每站都停车上下乘客的正常车次。

8)专车

专车是指在营业线路上为了缓和高峰拥挤,错开上下班时间,安排接送乘客的专用车。

采用专车的调度方法,要和用车单位签订租赁合同,并保证车辆满载率,以免专车过多影响线路正常运输。

9)直达车

直达车是指在客流较大或特定情况下由发车站直接开往终点站,中途不停车的车辆。

直达车调度方法一般用于游览线路和郊区工业区线路。

10)中途摆站

中途摆站是指根据客流需要在首车前或高峰前重点站摆放的空车。

中途摆站调度方法不仅方便了线路乘客,还相对延长了营业时间,同时使车辆能迅速地周转起来。

11)多站发车

多站发车是指在客流比较集中且行车间隔密集的情况下,为了及时疏散乘客,加速车辆周转,采取几个站点同时发车。以使站台、运行秩序均受益。

12)定时班车

定时班车是指在郊区或偏僻线路,由于客流小、间隔较大,营业时间内按规定时间发出的班车,或者少数线路在首车前、末车后再发出的一两次班车或区间车。

三、采取常规调度方法遵循的原则

无论选择何种方法,都必须遵循以下原则:

(1)要符合客流规律。

(2)提高车辆周转效率。

(3)经济地使用车辆。

(4)不给邻近线路增加运输压力。

第三节　临时调度措施

一、临时调度措施的概念

由于社会活动、气候因素、突发情况等的影响,线路运行出现异常。调度员为平衡运输而采取的相应补救办法和手段,即临时调度措施。

一旦运行条件发生变化,调度员就必须根据情况采取临时调度措施,目的是按照行车时刻表尽快恢复运行。因此,采取临时调度措施也是为了维护时刻表的严肃性。

调度员采取临时调度措施时,要及时向上级调度指挥中心传递信息,并真实地记录运行情况。

二、需要采取临时调度措施的情况

行车时刻表基本上体现的是客流动态的正常规律。它是在默认交通条件、气候、客流等情况正常的前提下才能顺利执行的行车计划。一旦外界客观条件突然变化,而当前的行车时刻表不适应变化,发生下列情况之一时,调度员就必须采取临时调度措施。

(1)客流发生临时性增加或减少。

(2)上级抽调车辆或车辆发生故障、事故。

(3)计划配备的乘务人员请假。

(4)交通堵塞、晚点严重。

(5)风、雪、雨、雾、雹天气变化。

(6)重大活动客流高度集中。

(7)临时性缩线、绕线、停线或复线。

(8)行车时刻表不能及时适应客流规律变化。

(9)其他因素给运输过程带来的不正常影响。发生意想不到的事故,如高压线起火、刮倒的树木堵塞道路、爆炸事件等。

三、采取临时调度措施的方法

在不同的情况下应采取哪种调度措施更妥当,首先要由调度员根据当时各方面的具体情况,以及在该情况下应遵循的处置原则综合考虑,迅速做出正确决断。以下对线路运营中经常使用的临时调度措施以及它们适用的情况范围做介绍。

1. 变动行驶路线

变动行驶路线是一种较为重大的临时调度措施。

当车辆在运行中,因受火警、游行、交通管制、交通堵塞或电车供电架空系统损坏等情况,导致局部线路或全线不能正常通行时,为最大限度地满足乘客需要,一般采用绕道行驶、分段行驶、缩短行驶线路三种调度方法。

(1)绕道行驶,即临时变更线路,绕过堵塞地段。当采用绕道行驶时,行程长度和行驶时间必须有所增减,需根据周转时间和车辆条件,另行安排临时行车计划。

(2)分段行驶,即把线路全程分为两段行驶,需重新安排分段的临时行车计划。分段行驶后,车辆有多余,对抽停车辆及停车地点,都要考虑到恢复全线行驶时的方向。

(3)缩短行驶线路,线路阻塞的地段无其他道路可绕行,则采取临时缩短线路的方法,行车计划也应另作安排。例如,北京国际马拉松比赛部分线路变更行驶路线采取的就是缩线行驶的调度措施。

在断线、绕行或全线停驶之前,调度员可根据客流情况尽可能放大间隔,余下车辆摆在停驶路段的两端或中途主要断面,以便迅速恢复通车,摆车多少应依客流方向而定。复线时可发双首车。

2. 调整线路营运能力

调整线路营运能力即用增加或减少运行车数的方法,使运能与变化较大的运量相适应。

(1)线路内加班或线路外支援。

当线路的客流量超出本线路的运能时,如事先能掌握情况,应及时通知分公司调度指挥中心和车队调度组,动员本线路即将退出运行的车辆加班行驶;如事先没有掌握情况,本线路又无停驶车辆可用,应及时向分公司调度指挥中心汇报,组织车场内、区域机动点的机动车或抽调其他线路的车辆支援。

(2)正常班次内放大间隔,抽车直达。

临时性客流增加,如政治、娱乐活动客流增加,可在正常班次内放大间隔,抽车加强客流增加的断面。当首站遇有集体客流,方向一致,人员较多时,应抽车直达解决。

3. 机动车

为解决因临时突发性情况(如道路堵塞、交通事故等)而造成的运营秩序不正常或客流量无规律地突然增加,在较大的集散点或线路首末站囤积一部分预备车辆,称为机动车。

4. 放车

根据慢点情况,采取放车方法,达到减少中途进出站及上下乘客时间,平衡客流的目的,尽快恢复正常的行车秩序,但要遵循“车不过二、站不过三”的规定。

(1)空车发出,中途载客。

(2)本站载客,越站停车。

(3)临时大站快车。

(4)放车注意事项:

①放车车次和不停车的站数不宜过多。

②空放的车不得越过本线路客流最大断面。

③单车到站的晚点车不准不载客放出,多车到站时,首先指挥某车辆先进入本站上客,再采取空车放出的措施。

④晚间低峰(晚二次)行车间隔大,不宜放车。

⑤晚点不超过计划间隔50%的一般不放车。

⑥根据驾驶员的技术状况因人制宜。

5. 调整行车顺序

(1)车辆出现故障、乘务人员迟到、个别车组晚点到站且影响时间较短,采用调整行车顺序的方法。

(2)凡因雨、雪等特殊情况,慢点继续发展。特别是在20:00以后,发生暴雨、大雪的情况,慢点发展严重,首末站必须考虑保末车,可将末车放区间,使其提前返回,抽下囤起,以保证末车原点发出。

6. 调整行车间隔

(1)有的班次不能准时到达首末站,或个别车辆故障、调出或劳动力不足等因素影响,使计划车数不能保证时,要调整行车间隔。

(2)因雨、雪造成普遍慢点,在运行时要保证安全、保持间隔,普遍调点。当客观情况好转,有条件恢复正常秩序时,首末站相互联系,共同采取调度措施,保证线路基本运营间隔。

(3)高峰亏车保证班车。在一条线路上因故减少计划车数,如果只有一种调度方法,则尽量减少单班车数;如果有两种以上调度方法,主要保证班车,减少区间车、快车等,然后在调整行车间隔。

7. 落实上级拟定的调度预案

安全管理是以预防为主,运营管理要做到预案在先,如汛期预案、支援地铁预案、国际马拉松比赛线路变更预案、重大活动交通管制时的调度预案等。制订预案是为了做到心中有数,临危不乱。

注意:采取预案时必须听从上级调度指挥中心的调度命令。

四、采取临时措施应注意的问题

采取临时调度措施是调度员工作中经常遇到的事情。在决定采用某个措施时，除掌握必须遵循的原则和掌握充分的信息外,业务经验也十分重要。

调度员采取临时调度措施时切忌不顾客观情况、不顾大局的生搬硬套,这样不仅不利于缓解运营困难,还很有可能造成运营事故。为此,列出以下几种典型情况,调度员在采取临时调度措施时必须注意避免:

(1)不考虑客流方向,为了追求车次赶点,不适当地放车和发区间车。

(2)不考虑小断面乘客乘车,多次放车不停。

(3)硬性抽车,人为造成大间隔。

(4)不考虑客流、气候以及客观条件变化,只管按点发车。

第四节　应 急 调 度

在公交运营过程中,由于自然原因或社会原因,在公交系统内部和外部有时会发生一些紧急突发事故,对社会经济发展和人们生产生活产生不利影响,有些重大事故甚至会产生严重后果。及时有效地采取措施,并合理组织与调度,稳定交通系统的正常运行,对于降低紧急突发事件的不良影响具有重要的作用。

一、紧急突发事件的级别

按照事件的性质和可能造成的对社会损害程度,紧急突发事件通常可分为一级(特大)、二级(重大)、三级(一般)三个级别。

一级(特大)是指危害社会程度特别严重,涉及面大,影响范围广的特大突发偶发事件;

二级(重大)是指危害程度严重,影响范围广的重大突发偶发事件;

三级(一般)是指危害程度较重或一般,局部地区的突发偶发事件。

根据上述级别分类标准,公交系统运行过程中其内部所发生的紧急突发事件大部分属于三级,如轨道交通故障、雪天影响、车辆故障、车辆运行事故、保养车不能及时出场、电车营运线路停电故障等,对这些问题的处理是日常公交调度工作中的一项重要内容。一级、二级紧急突发事件影响程度更大,所带来的潜在危害更大,如区域建筑物失火、地震等,需要公交部门做出迅速、正确、充分地反应,以协助降低事件造成的损害。对涉及公交的紧急突发事件的处理,现在大部分城市都已经提前制订了较完备的应急预案。

二、重大紧急突发事件的公交运营组织方法

由于紧急突发事件发生时间短，如果不能及时处理，所造成的后果可能更为严重，应该建立完备的突发事件应急预案，以便迅速、有效地开展应急行动，减少损失。

重大紧急突发事件的公交应急预案一般包括以下几部分内容：

(1)预案目的。说明制订预案的原因、目标和重要意义。

(2)预案适用范围。说明预案的适用情况、适用条件。

(3)组织制度安排。说明应急预案中的组织机构人员安排及工作分工，一旦发生重大紧急突发事件，及时进行有力度、有秩序的组织协调。

(4)相关职责确定。说明应急预案中组织领导部门、中层管理部门、具体执行部门各级的具体职责。

(5)人车安排。说明紧急突发事件发生时的车辆征调安排、驾驶员及有关服务人员劳务安排。

(6)通信方式。说明发生紧急突发事件时的具体通信方式、协调渠道、通讯录等。

三、一般紧急突发事件的运营组织方法

一般的公交运营工作中的紧急突发事件包括突然下雪、车辆故障、车辆事故、保养车未及时出场、乘务人员临时请假、电车运营线路停电等。对此类事件，根据其影响强度、影响范围等，调度员和驾驶员及时采取一些临时调度措施即可处理。影响程度较大的可启动相关预案来处理。

四、突发事件运营组织的应急预案和案例

应急预案是针对具体设备、设施、场所和环境，在安全评价的基础上，为降低事故造成的人身、财产与环境损失，就事故发生后的应急救援机构和人员，应急救援的设备、设施、条件和环境，行动的步骤和纲领，控制事故发展的方法和程序等，预先做出的科学而有效的计划和安排。

1. 突发事件运营组织的应急预案

以北京公交集团对突发事件运营组织的应急预案为例，来说明对紧急突发事件的处理及组织方法。其中，公交部门行政与业务管理架构按照“北京公交集团—分公司—车队”三级管理模式实施。

北京公交集团对突发事件运营组织的应急预案

第一条 为加强重大突发事件处理的综合指挥能力，提高紧急救援反应速度和协调水平，确保北京公交集团迅速有效地处理各类重大突发危机事件，将突发危机事件对人员、交通造成的损失降至最低程度，最大限度地保障人民群众的生命安全和出行要求，根据国务院和北京市有关规定，结合业务实际，制定本预案。

第二条 预案适用范围

(1)因自然灾害而引起的突发事件，如地震、水灾、风灾、雹灾、雪灾等。

(2)因人为因素而引起的突发事件，如地铁停运事故、建筑质量安全事故、爆炸品、危险品污染或泄露、火灾、压力容器管道事故、疫情、中毒等。

(3)因社会对抗和冲突而引发的突出事件，如重大群体事件如罢工、集会、游行、示威等，刑事案件、邪教或敌对势力破坏、战争、恐怖暴力活动等。

上述给北京市正常的经济发展、社会稳定、人民生产生活造成不良影响和严重后果的重大突发事件，需要北京公交集团提供后勤运输援助时启动本预案。

第三条 按照性质和可能造成的对社会损害程度，分为一级(特大)、二级(重大)、三级(一般)三个级别：

一级是指危害社会程度特别严重，涉及面大，影响范围广的特大突发偶发事件；

二级是指危害程度严重，影响范围广的重大突发偶发事件；

三级是指危害程度较重或一般，局部地区的突发偶发事件。

第四条 为确保在突发事件中的运输组织快速、及时、有效，由北京公交集团领导、运营部和调度指挥中心主管领导组成北京公交集团突发事件应急运输指挥部，总指挥部设在北京公交集团调度指挥中心。

总 指 挥：北京公交集团总经理

政　　委：北京公交集团党委书记

副总指挥：北京公交集团业务副总经理

大 队 长：运营部部长、调度指挥中心主任

副大队长：运营部副部长、调度指挥中心副主任

北京公交集团所属各客运公司成立应急运输分队，分队长由分公司业务经理担任，副队长由运营部长担任，各分队以就近调车为原则，负责地区分配如下。

分区负责范围(图 7-1)：

一分队(第一客运分公司)负责 A 区疏散救援工作；

二分队(第二客运分公司)负责 B 区疏散救援工作；

三分队(第三客运分公司)负责 C 区疏散救援工作；

四分队(第四客运分公司)负责 D 区疏散救援工作；

五分队(第五客运分公司)负责 E 区疏散救援工作;

六分队(第六客运分公司)负责 F 区疏散救援工作;

七分队(第七客运分公司)负责 G 区疏散救援工作;

八分队(第八客运分公司)负责 H 区疏散救援工作;

九分队(电车客运分公司)作为疏散救援运输预备队,要做好支援运输准备工作。

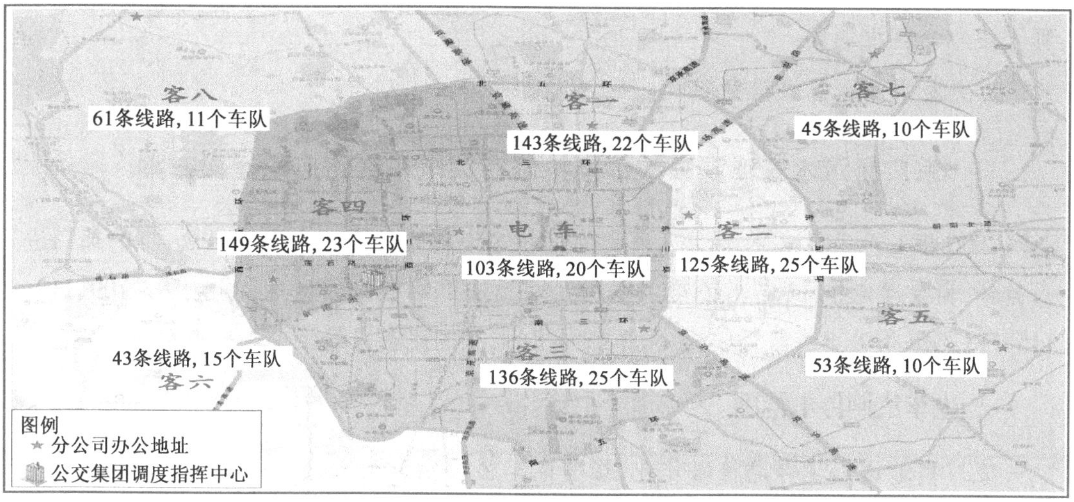

图 7-1　分公司区域示意图

第五条　应急运输总指挥部应履行以下协调职责:

(1)在市委市政府的统一领导下,具体制订突发事件应急运输预案并组织实施;组织有关单位按照应急运输预案迅速开展运输工作;根据事件状态,统一部署应急救援预案的实施工作,对应急工作中发生的争议采取紧急处理措施。

(2)根据预案实施过程中存在的问题和突发事件的变化,及时对预案进行调整、修订、补充和完善,确保让所有参与应急救援预案的组织和人员熟知应尽的职责,指派专人和重大危险源单位经常保持联系,使突发事件应急救援预案不断得到更新和完善。

(3)根据突发事件情况,组织在本行政区域内紧急调用各类物资、人员、车辆和占用场地。

(4)在突发事件应急处置过程中,应当和事件现场的主管人员保持密切联系,定期通报事故现场的态势。

第六条　应急运输分队应履行以下职责:

(1)应急运输分队各级指挥人员,接到命令后应迅速赶到指挥位置,并与总指挥部随时保持联系。

(2)各分队必须坚决服从命令,严格执行应急运输预案。各分队接到命令后要在 10min 内将第一部应急运输车辆派出。未接到命令不得擅自撤回人员及车辆。

(3)在执行任务过程中,保证信息渠道通畅。

第七条 当突发事件发生,需要公交配合紧急疏散某区域人员时(例如,天安门、中南海、市政府地区集会群众疏散,及火灾、爆炸等事故现场人员疏散),由北京公交集团总指挥部以就近调度指挥为原则,组织协调运力,统一调度安排疏散车辆。三级方案各分队按10部车配备,共计100部车;二级方案分队按50部车配备,共计500部车。一级方案各分队按100部车配备,共计1000部车。如仍满足不了需求,由总指挥部下达命令就近调车。

2. 突发事件运营组织案例

京广桥污水管渗漏事故停电抢修有关电车线路应急运输方案

2006年1月3日凌晨,因东三环路京广桥东南辅路发生污水渗漏事故,市政部门进行抢修,需要停电作业,电车公司供电所五站无法正常向线网送电,影响101、109、112、115、118路五条电车线路行驶,为保障乘客出行,特制定有关线路电车停电应急方案。

一、电车线网停电范围

京广桥地区出现停电抢修作业,影响电车公司供电所五站向电车线网送电,五站的停电范围:朝阳门桥以东至小庄、东四十条桥以东至小庄。

二、有关电车线路应急运输方案

(1)109路电车由朝阳门至东大桥双方向采取临时降杆行驶。

(2)101路电车由甘家口商场返东四区间,东四以东停驶。

(3)118路电车由紫竹院返地安门区间,地安门以东停驶。

(4)112、115路电车全线停驶,采取由汽车线路支援。

具体支援方案:电车分公司由汽车线路抽调30部汽车(24通道6单机)支援电车。

(1)由410车队调5部通道汽车,经四环路发至康家沟支援115路,按115路沿线双向站位停靠,由115路调度员负责发车。

(2)由117车队调9部通道汽车分别发至康家沟、地安门支援115路电车,按115路沿线双向站位停靠,由115路调度员负责发车,117车队重点负责115路首末车。

(3)由123路抽3部单机汽车发至地安门,支援115路及118路电车东半部线路,由地安门带客,按115路沿线双向站位停靠,由115路调度员负责发车。

(4)由121车队调5部通道、3部单机汽车由美术馆带客发至红庙,按112路沿线站位停靠至亮果厂,解决亮果厂至红庙乘客乘车,由112路亮果厂、118路红庙调度员负责发车。

(5)由414车队调5部通道汽车由美术馆带客发至红庙,按112路沿线双向站位停靠至亮果厂,解决亮果厂至红庙乘客乘车,由112、118路调度员负责发车,121车队重点负责首末车。

三、101、112、115、118路首末车时间

(1)101路首末车时间:5:30—22:00。

(2)109、112、115、118路首末车时间:5:00—23:00。

四、工作要求

(1)支援电车的车队,从2006年1月3日起按照分公司要求,立即组织落实车辆、驾驶员及乘务员的安排,挑选责任心强、驾驶技术好的人员参加支援任务,做好工作确保行车安全。

(2)要求支援车队由一名副职带队,负责行车安全和协调工作,统一听从分公司调度。停驶线路车队负责安排本线路驾驶员跟车,协助汽车驾驶员熟悉线路及站位。

(3)停驶线路车队按照分公司要求和规格制作临时路牌并张贴支援车辆前风挡。

(4)电车停驶时,要求相关车队在沿线站牌上按照要求和内容张贴告示,做好对外宣传工作,疏导乘客乘车。

(5)电车公司供电所负责收集施工抢险情况,及时反馈信息。

(6)电车公司技术部门负责协调支援汽车的加油有关事宜,确保车辆运营。

(7)汽车支援电车由电车公司调度室统一调配,按照指定时间到达指定地点。

(8)支援车辆统一在支援线路换班,由支援车队负责安排。

五、建议

(1)停电抢修工作,尽量安排夜间零点以后,次日早4:00前进行。

(2)停电抢修工作,尽量安排在公休日进行,便于运营车辆调配和安排。

(3)如果白天进行抢修停电,应提前3h通知,以便有足够的时间抽调车辆支援电车运送乘客。

第八章

北京公交智能调度系统应用

第一节　三级调度系统概述

为了适应北京公交发展的需要,北京公交集团通过改革体制、完善机制,利用高科技手段,启用高素质人才,强化线路调度,优化综合枢纽站组织,实施动态指挥,实现调度指挥的专业化、信息化,建立一个"规范高效、集中统一、覆盖全局"的城市公交调度指挥体系。

调度系统的组织形式是公交企业管理和机构设置的十分重要的内容。组织机构设置得是否合理,直接关系到企业能否协调高效地组织运输。企业规模大,运营线路、车辆、人员较多,可设三级调度制。其中,权限的划分是关键,因此必须解决好集权和分权、层次和幅度的关系。

北京公交实时调度系统为三级指挥调度系统(图8-1、图8-2),包括:一级调度为北京公交集团调度指挥中心;二级调度为各客运分公司指挥分中心以及各枢纽站指挥分中心;三级调度为车队线路调度室。

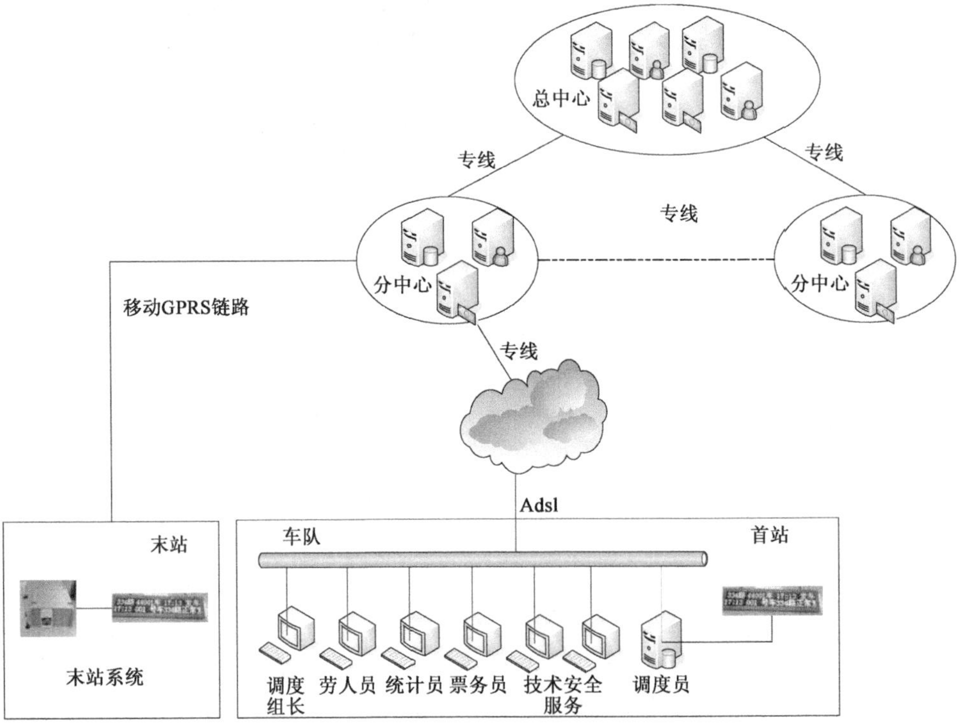

图8-1　三级调度系统

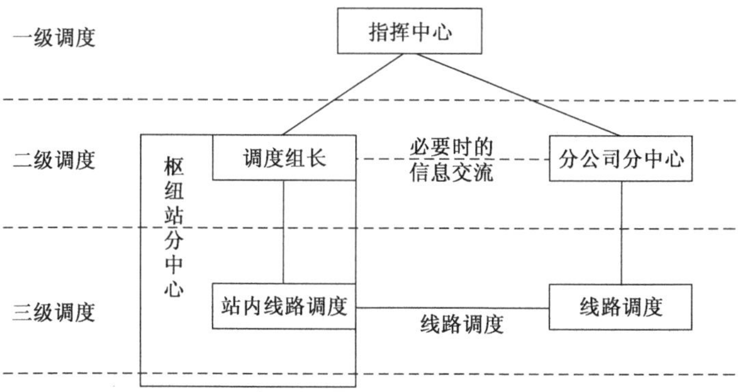

图 8-2　三级调度示意图

第二节　线路调度员操作

一、实时调度管理

实时调度是指当公交车辆运行状况偏离公交行车计划、客流规律性变化时进行的调度工作。例如，交通堵塞、车辆故障、交通事故、社会活动、服务纠纷、乘客滞留等，造成行车秩序紊乱，偏离公交行车计划。造成行车异常情况出现的原因常常错综复杂，需要调度人员根据具体情况，采取临时调度措施，解决当前问题，尽快恢复正常的运营秩序。实时调度是维护正常运行秩序，确保及时运送乘客的重要手段。北京公交实时调度的具体内容包括以下八个方面。

1. 保证发车时间间隔

公交车辆在首末站按行车计划规定的发车时间间隔发车，当车辆发生异常事件，影响行车计划所规定的发车时间间隔时，现场实时调度应及时采取措施，均衡调整发车时间间隔，逐步恢复行车计划发车间隔。

2. 恢复行车次序

公交车辆按行车时刻表规定的前后次序运行。当车辆发生异常事件或调度采取“倒序发车”的调度措施，使行车次序前后颠倒时，现场调度应在不影响工作质量的前提下，在首末站恢复行车计划的发车次序。

3. 延长或缩短行驶时间

公交车辆按行车时刻表规定的单程点行驶。当因天气变化或其他原因，使车辆实际运行单程点与计划单程点相比有余缺时，现场调度要放长或缩短公交车辆运行单程点,按实际状况组织公交车辆运行。

4. 增减运力

公交行车计划分时段车辆配置适应于正常客流量的一般规律。当线路实际客流量较行车计划客流量增减幅度较大时,现场调度人员应采取相应措施,增减运力,加车或减车。

5. 变动行驶线路

当运营线路发生道路严重拥堵等意外情况,公交车辆无法全线通行时,现场调度人员有可能采取临时改变行驶路线,绕过堵塞路段的措施,使线路公交车辆能够全线运行。

6. 跨线车辆运行组织

跨线车辆运行是指将区域"抽车"加入正处于高峰时段的线路或发生异常情况的线路运行。现场调度要保证跨线运行的"抽车"在本线路高峰时段回到本线路运行。

7. 改变发车类型

公交行车计划车辆发车类型适应于正常客流量的一般规律。当部分车站或路段的实际客流量较行车计划增减幅度较大时,现场调度要根据实际情况发区间车、快车,适应乘客需求。

8. 行车动态记录

行车动态记录是指记录首末站车辆的发车、到达、停站、发车类型以及车辆运行过程中发生的异常情况和采取的调度措施,作为统计分析和查询的依据。车队的调度模式为单点调度(首站统一调度),由首站调度系统和末站调度系统组成。

二、线路调度员实时调度操作

线路调度工作流程如图 8-3 所示。

1. 系统登录

(1)双击桌面上的车辆调度系统图标进入实时调度系统的登录界面(图 8-4)。

(2)在第一行输入登录系统的用户登录,第二行输入密码,点击"确定"按钮,进入调度系统;登录验证通过后,需要选择调度线路(图 8-5),选择"选择线路—按线路名称",输入线路名称,点击"搜索"按钮,在左侧窗口选择具体线路,选择后会自动跳入右侧窗口,最后点击"确定" 按钮。

(3)支持按组织机构树选择线路(图 8-6)。

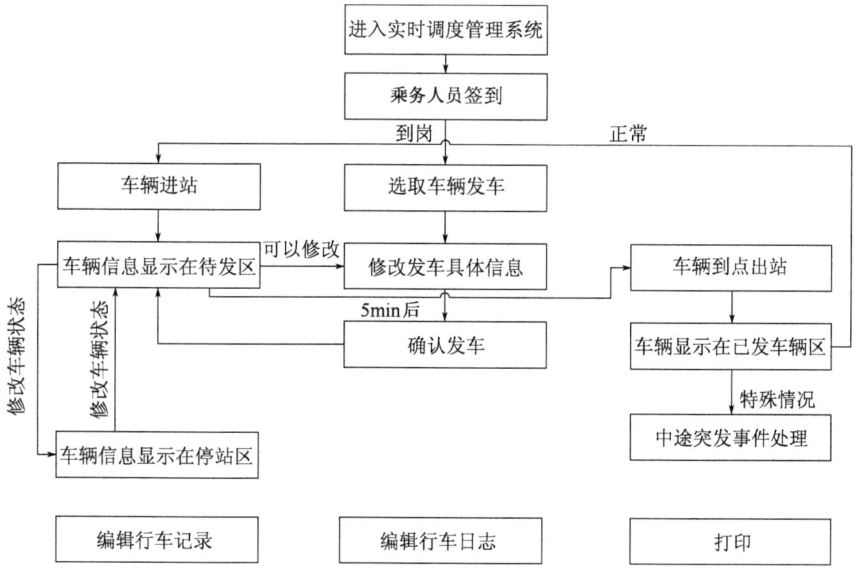

图 8-3　线路调度工作流程

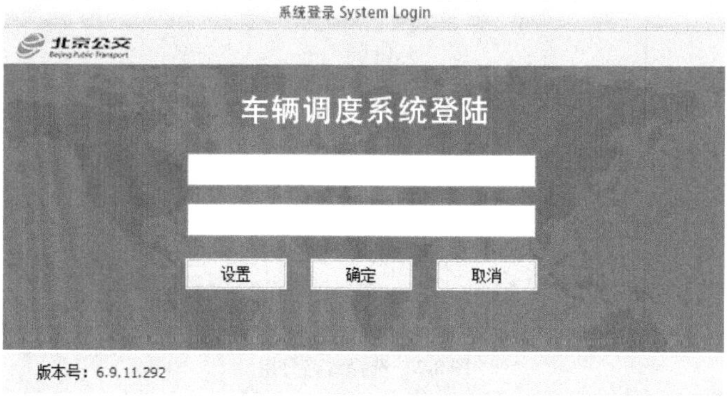

图 8-4　登录界面

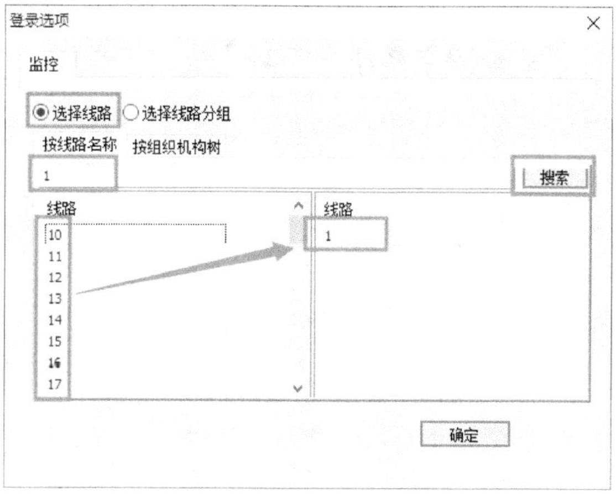

图 8-5　选择调度线路

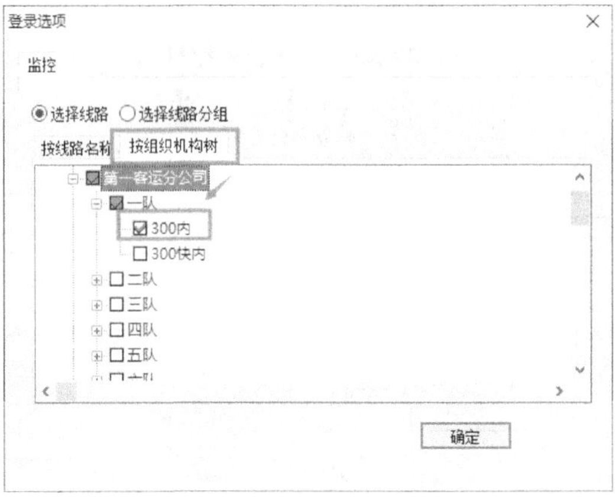

图 8-6　按组织机构选择线路

(4)当存在自定义保存线路数据时,可以在"选择线路分组"中选择,可以新建和删除(图 8-7)。

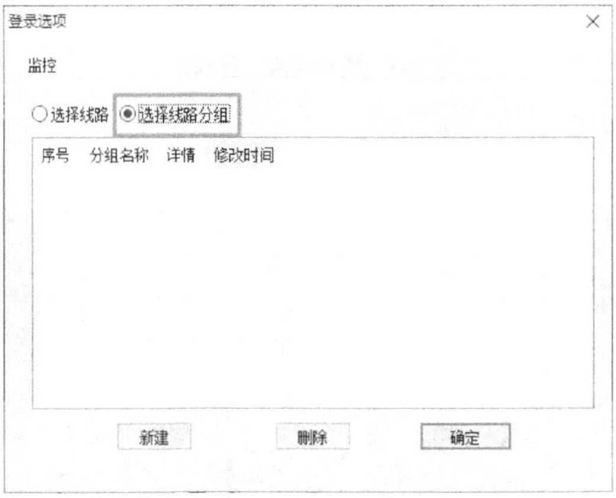

图 8-7　选择线路分组

(5)点击"取消"按钮,退出登录界面。

(6)点击"设置"按钮,进入网络信息设置界面(图 8-8)。

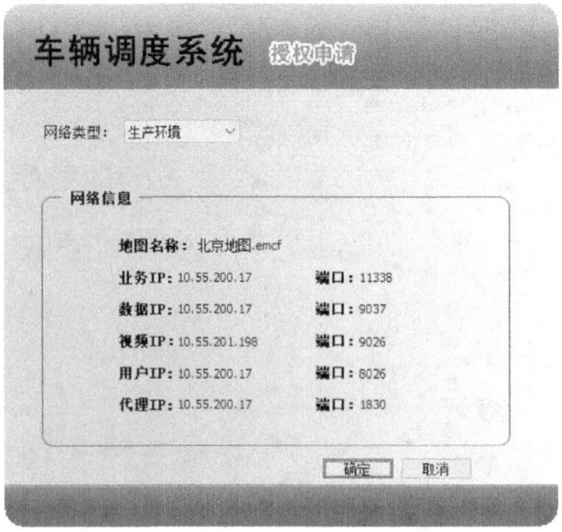

图 8-8　网络信息设置界面

2. 调度主界面

车辆调度系统主界面是系统的核心模块，主要分为 GIS 监控页面和调度操作台两部分。

1) GIS 监控页面

GIS 监控页面主要是调度员用于车辆位置和车辆视频实时监控(图 8-9)。

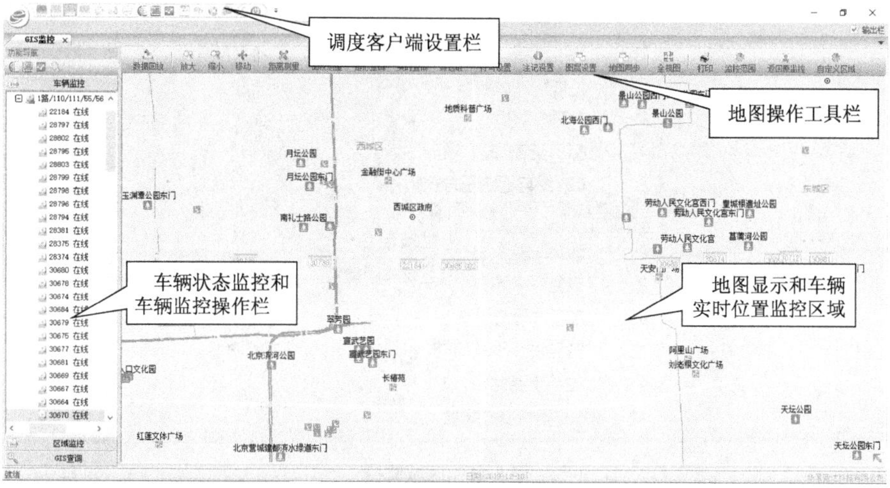

图 8-9　GIS 监控页面

GIS 监控界面介绍：

(1) 车辆监控。

车辆监控界面主要显示车辆是否在线，鼠标右键单击车辆，可以进行车辆信息查看、视频监控、语音控制、单车嘉能可、显示轨迹、车辆跟踪、历史数据回放、自定义组监控等操作(图 8-10)。

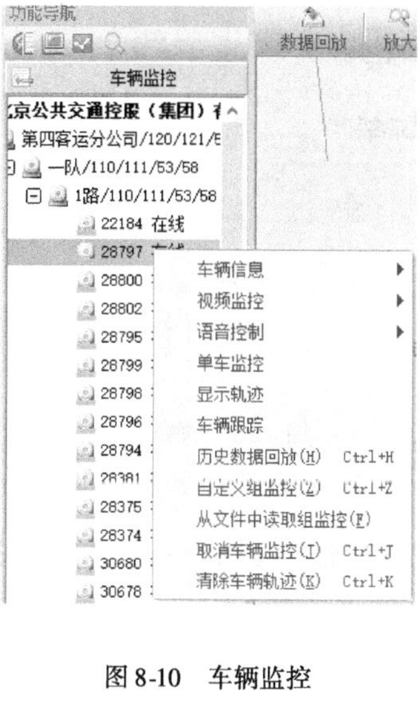

图 8-10　车辆监控

(2)区域监控。

区域监控可以按照区域进行地图定位和区域车辆检索(图 8-11)。

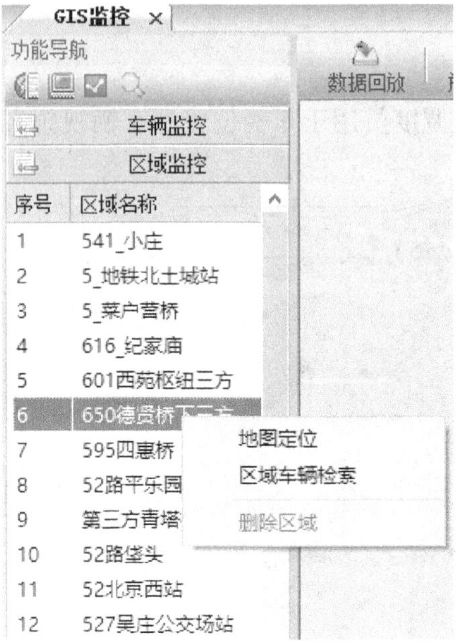

图 8-11　区域监控

(3)GIS 查询。

GIS 查询可以通过车辆名称、线路名称和地名进行地图定位查询操作(图 8-12)。

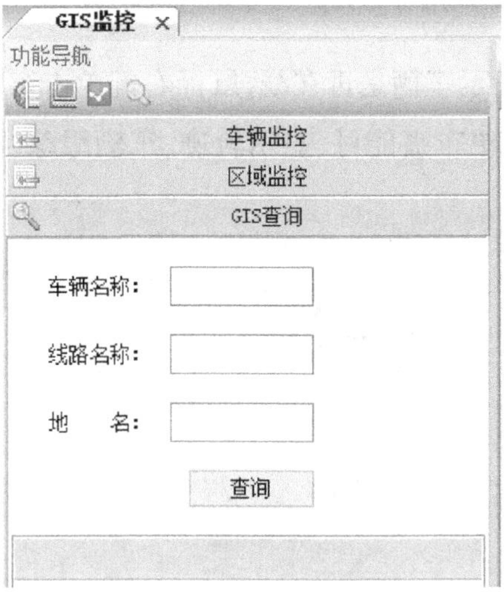

图 8-12　GIS 监控

(4)地图操作区域。

通过鼠标滚轮控制地图缩放,按住鼠标左键进行地图拖拽,单击鼠标右键可以设置车辆标识位置、标志显示内容、车辆标志显示、车辆符号设置(颜色、形状),在地图上方,可以通过地图公交完成更多的地图操作(图 8-13)。

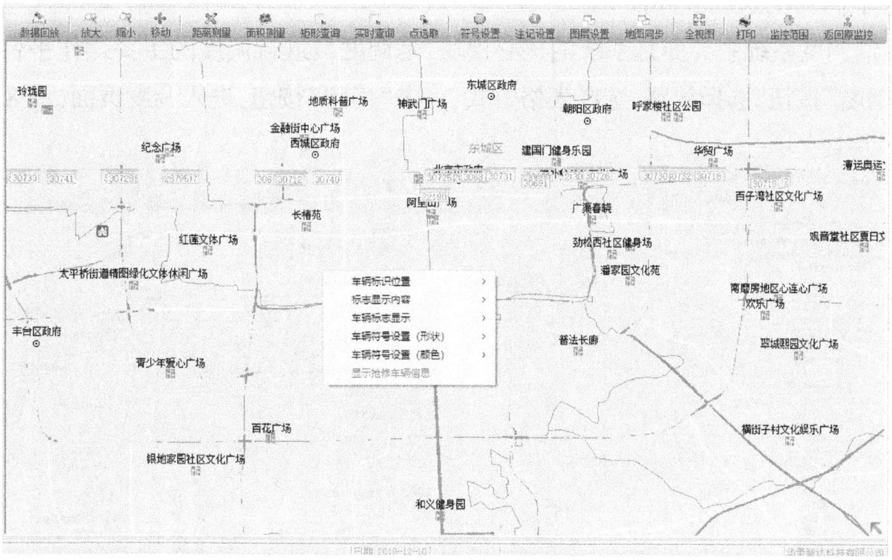

图 8-13　地图操作区域

(5)数据回放。

数据回放可以查看一部或者多部车辆的历史轨迹信息(图 8-14)。

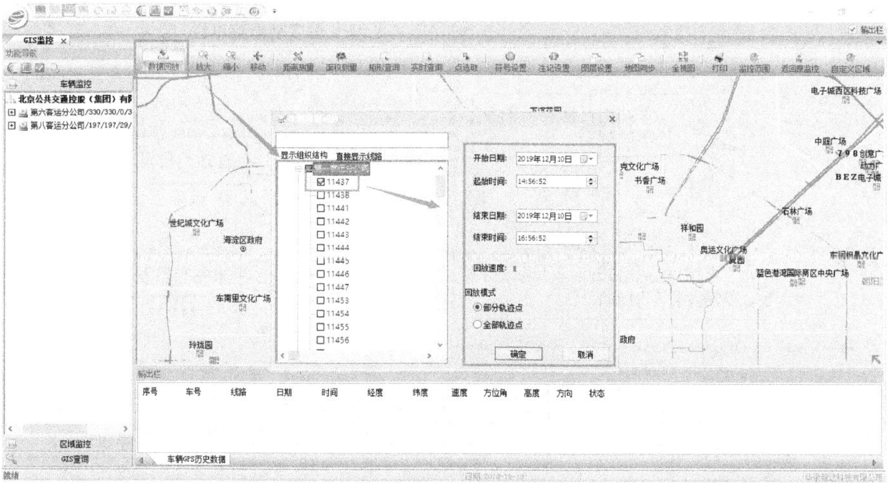

图 8-14　数据回放

(6)调度客户端设置栏。

调度客户端设置栏从左到右,功能依次是调度客户端背景颜色设置、调度客户端参数设置、短信调度、车队调度、打开 GIS 监控、web 监控、指挥中心专用功能、重新登陆、修改密码、重新连接、帮助、关于和退出系统(图 8-15)。

图 8-15　调度客户端设置栏

2)车辆调度系统主界面

车辆调度系统主界面是系统的核心模块,是调度员进行调度的主要操作平台,点击“车队调度”按钮,选择线路,选择表格方式,点击“确定”按钮,进入调度页面(图8-16)。

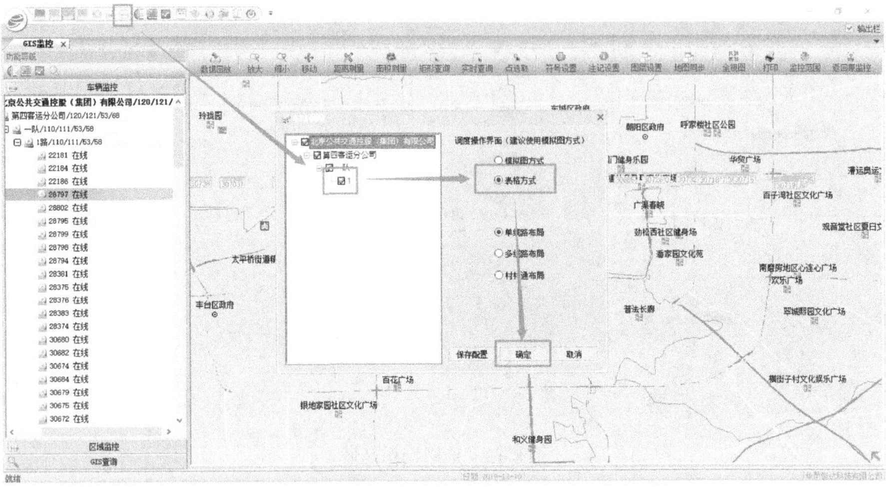

图8-16　车辆调度页面

调度主界面介绍(图8-17)。

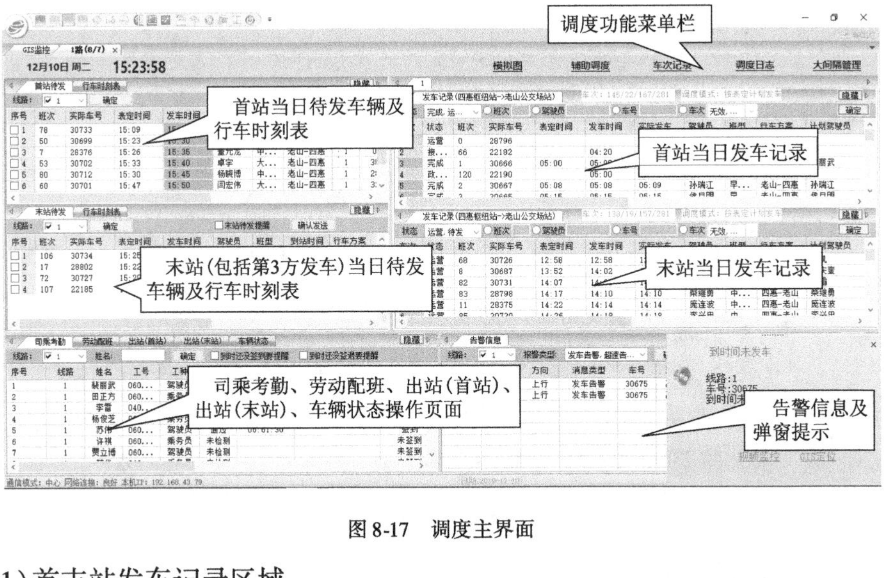

图8-17　调度主界面

(1)首末站发车记录区域。

首末站发车记录区域显示当日首站全部发车记录,包括完成车辆、运营车辆、待发车辆、计划车辆、非计划-完成车辆、非计划-执行车辆、非计划-待发车辆、非计划-计划车辆、减班车辆和删除车辆信息。

(2)首末站待发车辆区域。

首末站待发车辆区域显示当日首末站待发车辆(末站同时显示第三方车站待发车辆)和行车时刻表,可以通过“首(末)站待发”按钮和“行车时刻表”按钮切换。

(3)调度台。

调度员调度车辆的操作平台,包括司乘考勤、劳动配班、出站(首站)、出站(末站)、车辆状态操作页面。

(4)告警信息页面。

告警信息页面可以展示告警信息,如图 8-18 所示。

图 8-18　告警信息页面

(5)调度功能菜单栏。

调度功能菜单栏可以调出模拟图,进行辅助调度操作(申请车机交互授权、车机交互、驾乘问班、临时卡管理、总站换位),车次记录查看(行车记录查看、车次核对、少车次原因说明、首末三班不准发原因上报、充电桩信息、车机请求信息),调度日志录入、大间隔管理。

3)调度台操作

(1)驾驶员酒测签到(图 8-19)。

驾驶员进站以后,首先到驾驶员休息室进行酒测签到及车辆例检,完成以上操作以后会在“首(末)站待发”区域显示车辆信息,司乘考勤页面会记录驾驶员酒测和签到时间[图 8-19a)]。

当驾驶员酒测签到因设备或者网络运营出现问题时,系统也支持手动酒测、手动签到和手动签退,右键选择对应驾驶员即可[图 8-19b)]。

(2)车辆自动发车主要分为电子围栏模式和 OBU 识别模式。

(3)调度员手动发车可以在“首(末)站待发”区域和“发车记录”区域选择待发车辆进行。

调度员鼠标右键点击“首(末)站待发”区域中的相应记录,选择“手动发车”,输入发车时间,点击“修改”,即可完成手动发车操作,车辆状态由“待发”变成“运营”(图 8-20)。

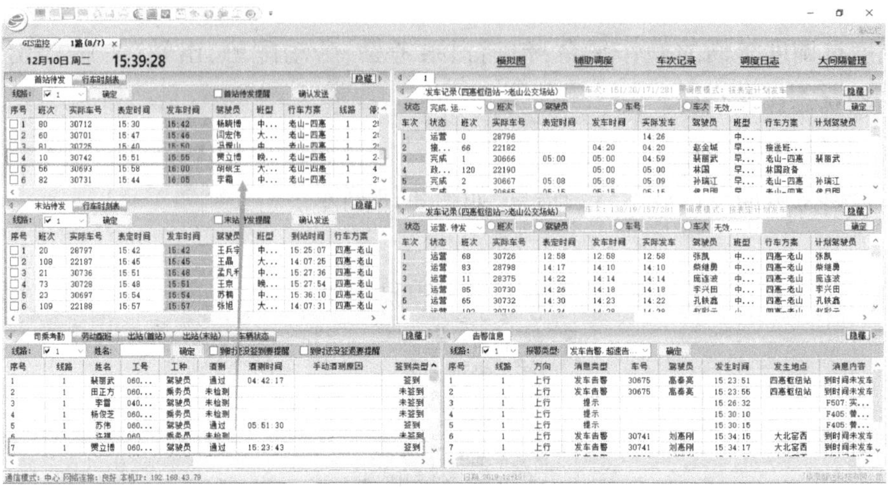

a)

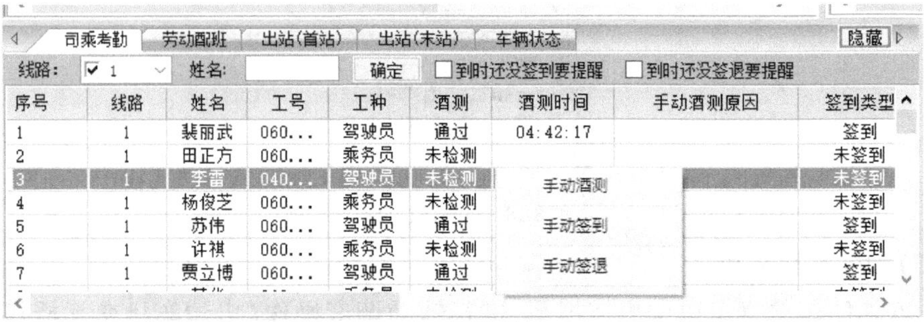

b)

图 8-19　驾驶员酒测签到

图 8-20　调度员手动发车

(4)待发区域鼠标右键可操作功能。

①取消行车计划。

取消行车计划可以通过班次、车号、驾驶员信息进行查询,选择需要取消的行车计划,选择“取消发车原因”,点击“删除车次”,即可完成行车计划取消,车辆状态变更为“减班”(图 8-21)。

图 8-21　取消行车计划

②修改发车时间。输入需要修改的发车时间,点击确认即可,如果需要调整发车间隔,勾选“是否调整间隔”,填写间隔信息(图 8-22)。

③修改单程点。输入“新单程点”时间,输入修改原因,点击“确认”按钮即可(图 8-23)。

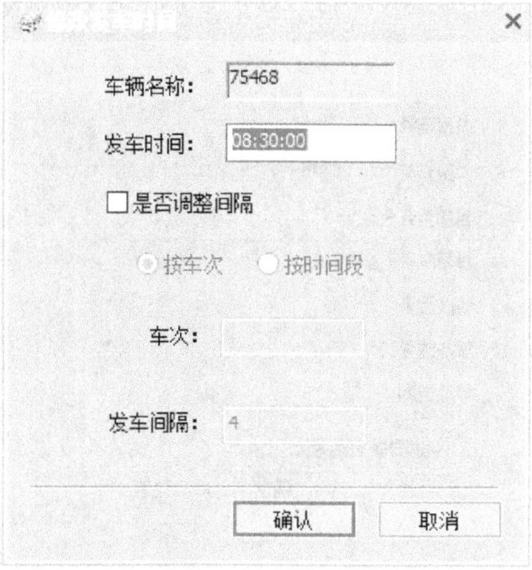

图 8-22　修改发车时间

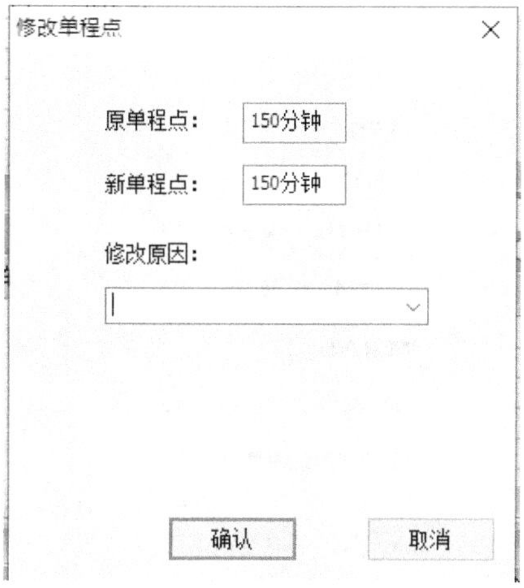

图 8-23　修改单程点

④修改行车方案。

行车方案分为预制方案和临时方案,通过鼠标左键进行切换,按照需求填写相关信息,点击“确定”按钮即可完成修改(图 8-24)。

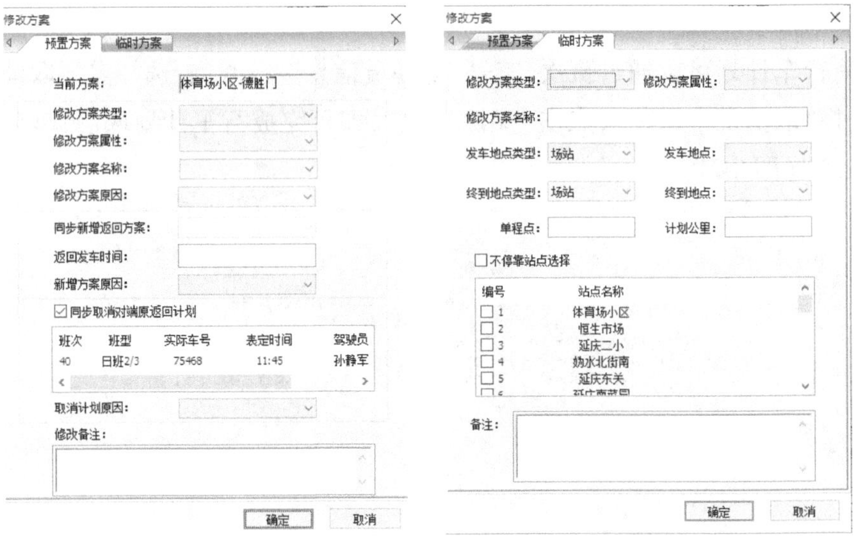

a) b)

图 8-24 修改行车方案

⑤修改驾驶员(换人)信息。选择需要更换的驾驶员,选择修改原因,点击"确定"按钮即可完成修改;如果需要替换该车辆的所有驾驶员信息,需要勾选"全部替换驾驶员"(图 8-25)。

⑥修改乘务员(换人)信息。选择需要更换的乘务员,选择修改原因,点击确定即可,如果需要替换该车辆的所有乘务员信息,需要勾选"全部替换乘务员"(图 8-26)。

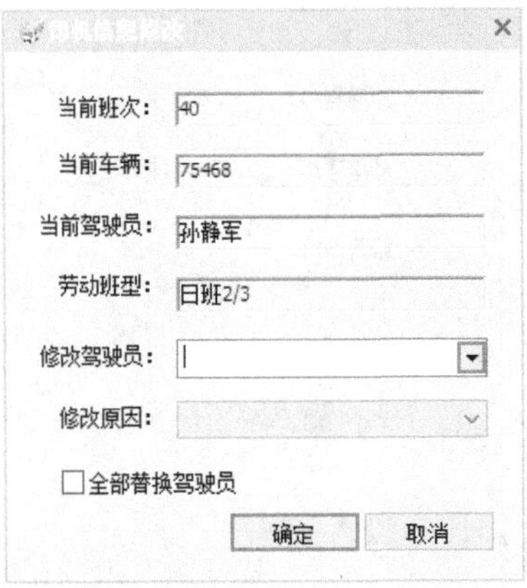

图 8-25 修改驾驶员信息

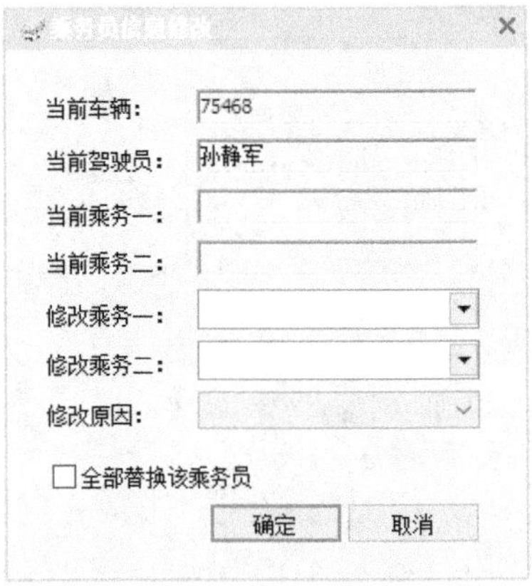

图 8-26 修改乘务员信息

⑦更换待发车辆。选择需要更换的车号,选择更换原因,点击确定即可(图 8-27)。

⑧场站异常处理。针对场站内待发车辆的异常情况进行记录处理,处理后,车辆状态变更为"非-执行"(图 8-28)。

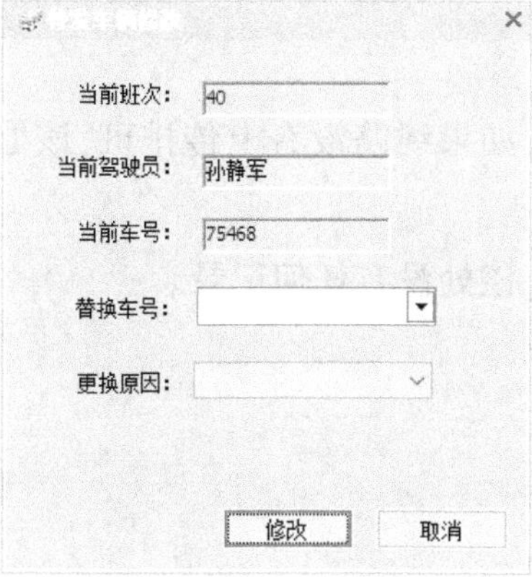

图 8-27　更换待发车辆

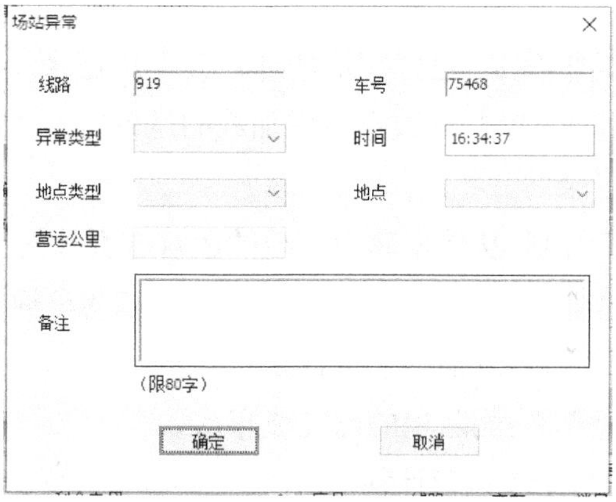

图 8-28　场站异常处理

⑨停站驻场。鼠标右键选择车辆，点击“停站驻场”后，车辆状态由待发变成驻场。

⑩车辆换向。鼠标右键选择车辆，点击“车辆换向”后，可以在首末站待发区域相互切换。

⑪车辆跨线支援。选择需要支援的线路，点击确认即可，对方线路就会收到相关信息（图 8-29）。

⑫刷新。刷新首（末）站待发区域车辆数据。

⑬项目设置。通过勾选左侧方框，控制显示的列信息（图 8-30）。

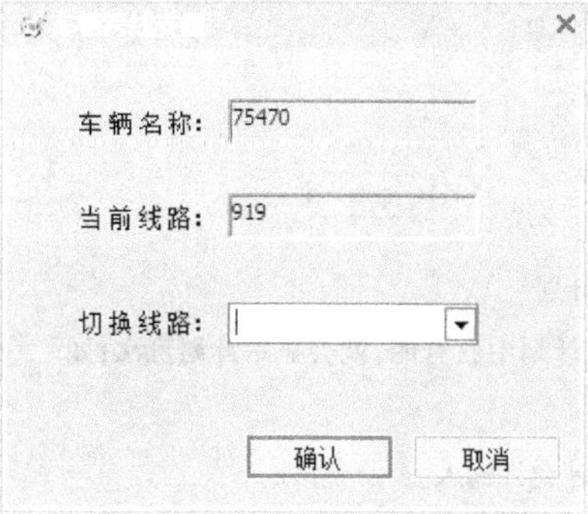

图 8-29　车辆跨线支援

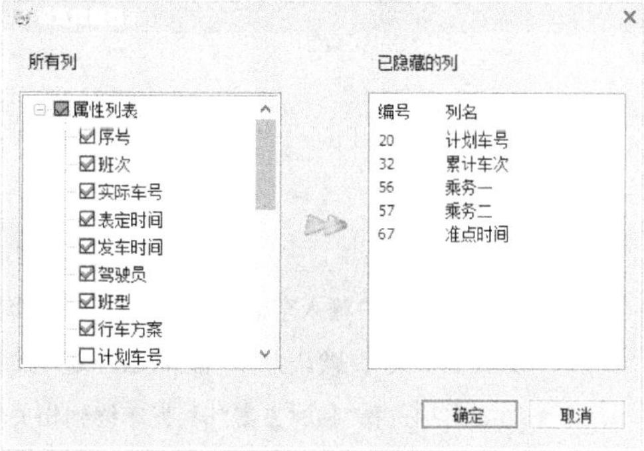

图 8-30　项目设置

⑭默认排序。当待发区域内通过点击表头进行自定义排序后，点击默认排序，页面恢复到初始排序规则。

（5）行车时刻表。查看当天所有车次信息。

（6）发车记录车辆状态说明：

①运营：在线路上正在运营的车辆。

②待发：在站内等待发车的运营车辆。

③非-待发：在站内等待发车的非运营车辆。

④完成:已经完成的运营车次记录。

⑤非-完成:已经完成的非运营车次记录。

⑥非-计划:从数据库中加载的运营排班计划,如果线路没有上传排班,该处没有任何记录。

⑦计划:从数据库中加载的运营排班计划,如,该处没有任何记录。

⑧非运营(未完):处于非运营状态的车辆。

⑨减班:取消的正常计划。

⑩删除:删除掉的已完成车次。

(7)新增运营计划。

当计划中的车辆不能满足调度需要时,可以新增运营计划进行发车,首先在发车记录页面,任意区域鼠标右键单击,选择“新增运营计划”按钮,弹出如下页面进行运营计划编辑(图8-31、图8-32)。

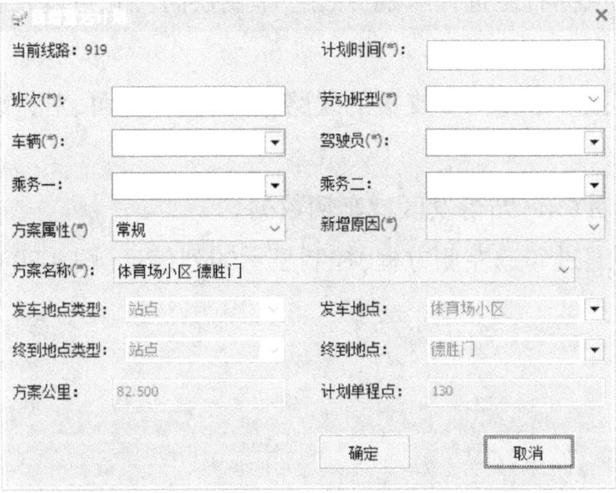

图8-31　新增运营计划

注:1. 在“班次”栏中输入车辆的班次,如果所选车辆是计划中已有的,就会显示计划班次;如果计划中没有,默认为“0”班,代表计划外加班。

2. 方案名称选择“临时方案”时,发车终到相关信息才允许输入。

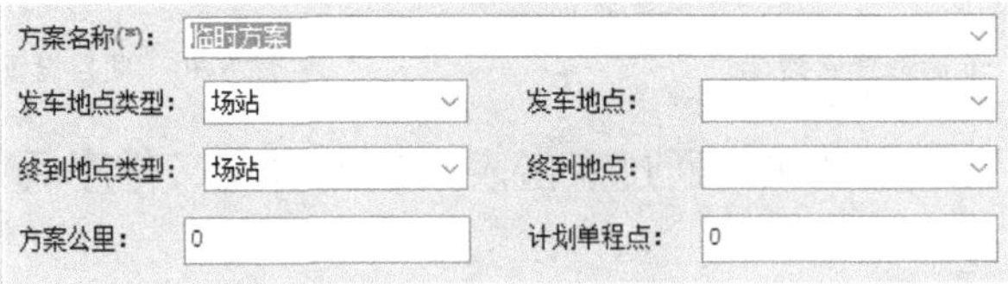

图8-32　临时方案

(8)新增非运营计划。

当不在计划范围内执行非运营任务时,可以新增非运营计划进行发车,首先在发车记录页面,任意区域鼠标右键单击,选择“新增非运营计划”按钮,弹出如下页面进行非运营计划编辑(图8-33)。

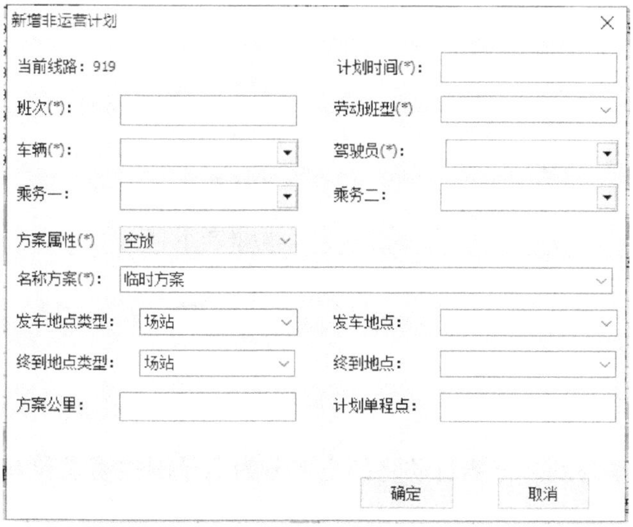

图 8-33　新增非运营计划

注：名称方案需要重新编写，不能命名为“临时方案”。

(9)发车记录区域鼠标右键可操作功能：

①取消发车：只能针对运营车辆进行操作，取消后，车辆返回待发。

②中途异常处理：只能针对运营车辆进行操作，车辆出站以后在中途可能会发生事故、故障等，这时候需要调度员对运营中的车辆异常情况进行记录处理，处理后，车辆状态变更为“非-执行”(图 8-34)。

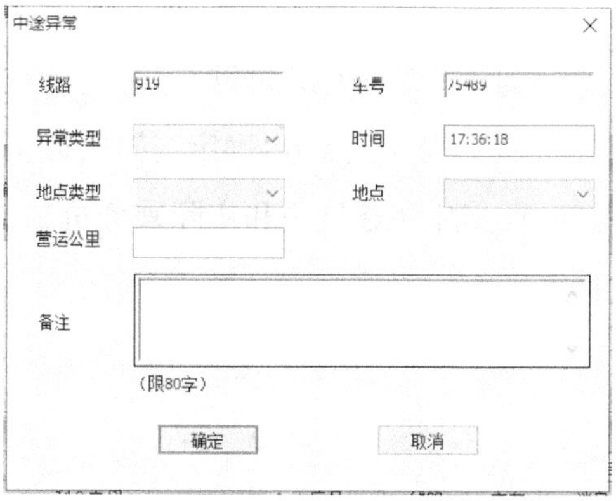

图 8-34　中途异常处理

③中途加入运营：只能针对“非-执行”的异常处理车辆进行操作，处理后，车辆根据填写内容，恢复运营状态(图 8-35)。

④手动终到：只能针对运营车辆进行操作，终到后，车辆状态变更为“完成”。

⑤替换车辆并上线：只能针对计划车辆进行操作，输入替换车辆和替换原因后，车辆状态变更为“待发”(图 8-36)。

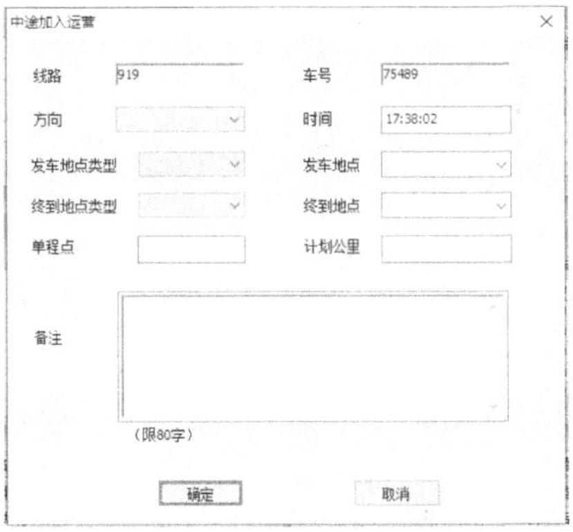

图 8-35　中途加入运营

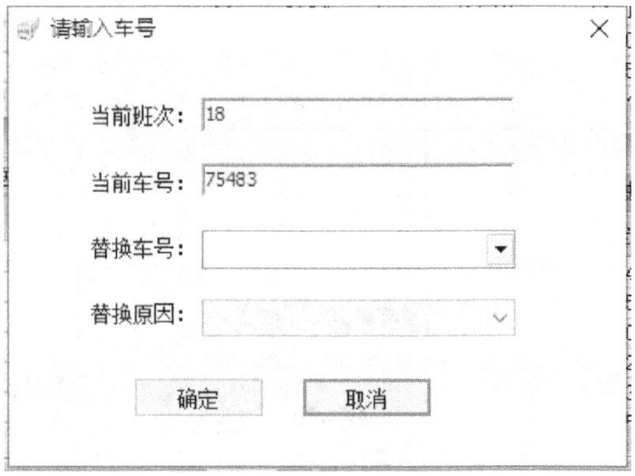

图 8-36　替换车辆

(10)车辆自动终到。车辆自动终到主要分为电子围栏模式和 OBU 识别模式。

(11)劳动配班。

展示当日所有班次信息,通过点击鼠标右键,可以进行换人、换车、换班、加班和减班等操作(图 8-37)。

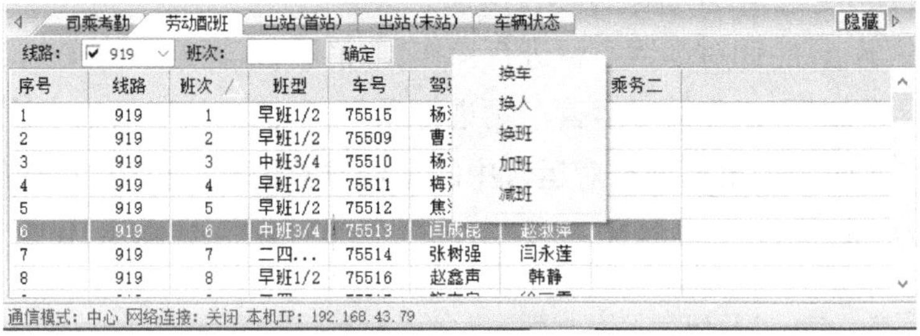

图 8-37　劳动配班

①换车:选择修改车辆和修改原因,点击“确定”按钮,即可完成换车(图 8-38)。

②换人:选择实际驾驶员、实际乘务员一和实际乘务员二,并选择更换原因后,点击修改,完成换人操作(图 8-39)。

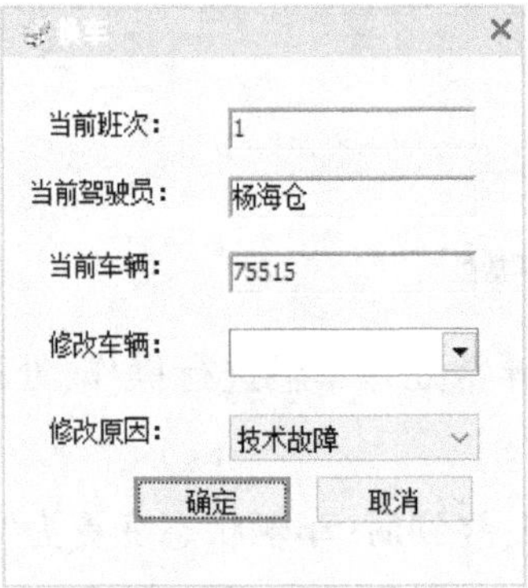

图 8-38　换车

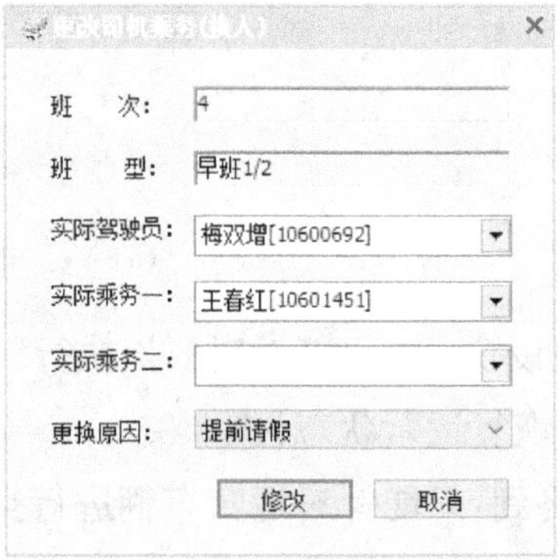

图 8-39　换人

③换班:左侧展示当前班次信息,右侧需要输入要更换班次,选择换班原因点击换班后,完成换班操作(图 8-40)。

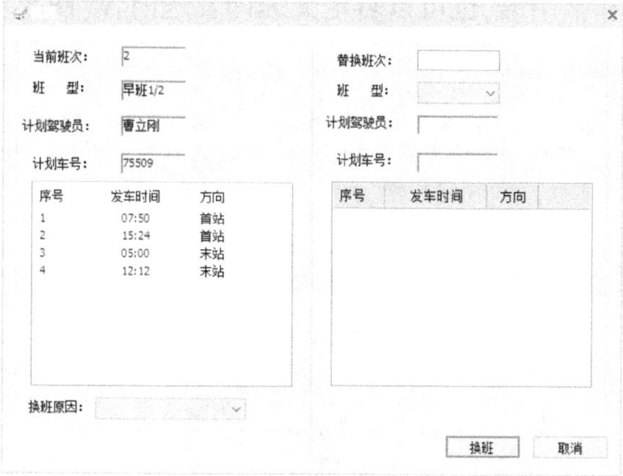

图 8-40　换班

④加班:输入线路、班次、车号、驾驶员等基础信息,增加相应方案后,点击加班,完成加班操作(图 8-41)。

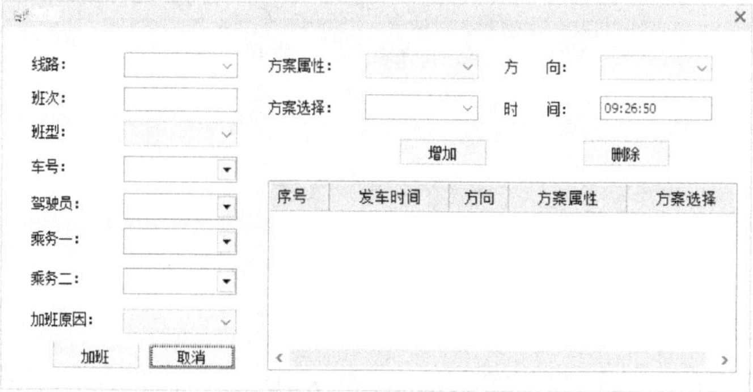

图 8-41　加班

⑤减班:按班次搜索具体班次信息,选择“减班原因”,点击“减班”,完成减班操作(图 8-42)。

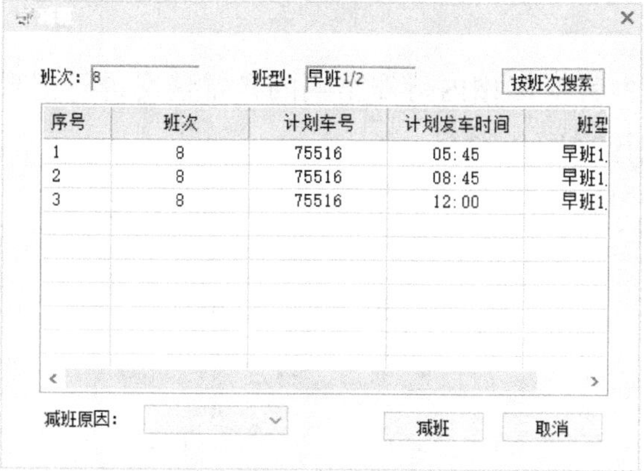

图 8-42　减班

(12)出站(首站)/(末站)。

展示首站或者末站发出的运营车辆信息,通过鼠标右键可以进行短信下发,可以选择车辆、指令类型和常用语,也可以自定义编译发送内容(图8-43、图8-44)。

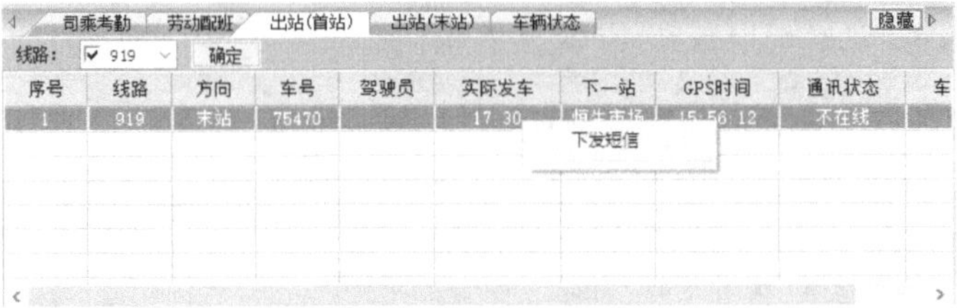

图8-43 出站(首站)

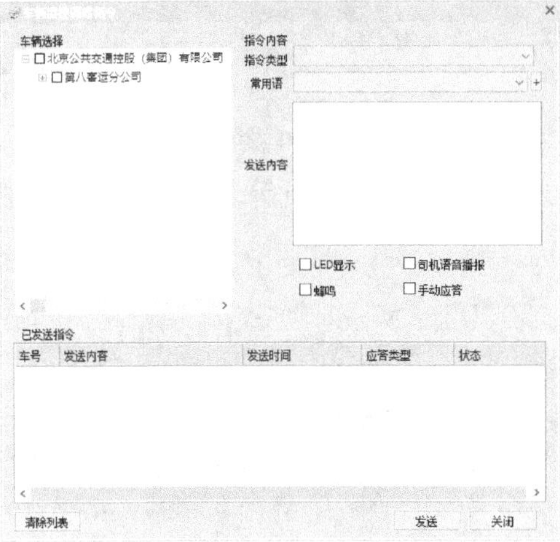

图8-44 车辆监控调度指令

(13)车辆状态。

车辆状态展示所有车辆当前状态信息(图8-45),并且只能针对驻场车辆进行操作,通过鼠标右键选择驻场车辆,具体功能如下:

①手动上线:只能针对有计划排班的车辆有效,点击后,车辆进入待发。

②车辆跨线支援:选择需要支援的线路,点击"确认"即可,对方线路就会收到相关信息(图8-46)。

③场站异常处理:针对场站内待发车辆的异常情况进行记录处理,处理后,车辆状态变更为"非-执行"(图8-47)。

图8-45 车辆状态

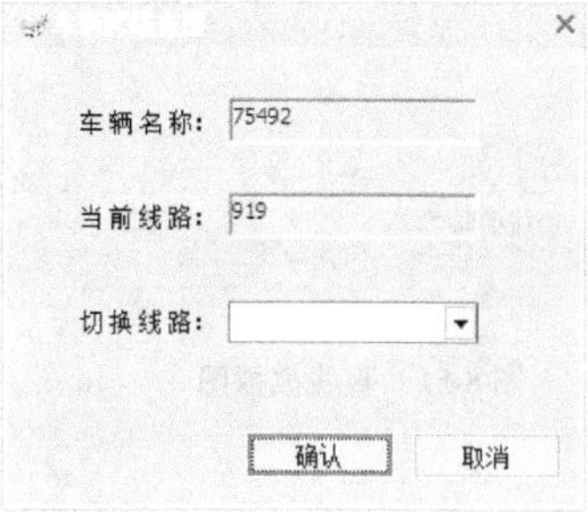

图 8-46　车辆跨线支援

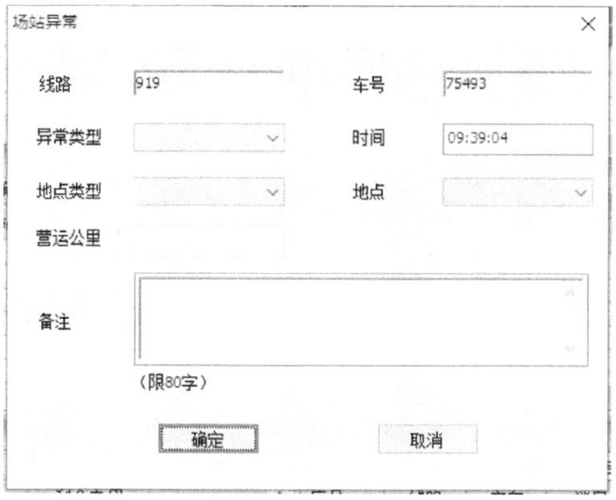

图 8-47　场站异常处理

(14)告警信息。

可以展示多种类型的告警信息,具体类型(图 8-48),并支持信息的删除和清空。

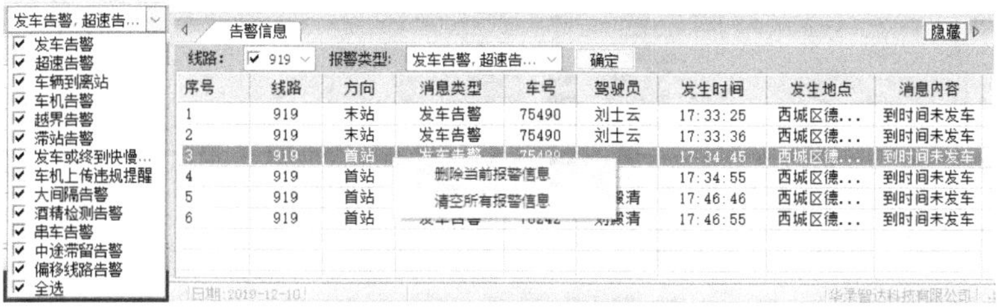

图 8-48　告警信息

(15)模拟图。

①点击模拟图(图 8-49),系统展示虚拟运营车辆站点位置信息,把鼠标悬浮在车辆上,可以展示车辆具体运营参数。

②点击站点(图 8-50),可以展示站点名称,鼠标悬浮站点,可以展示站点详情。

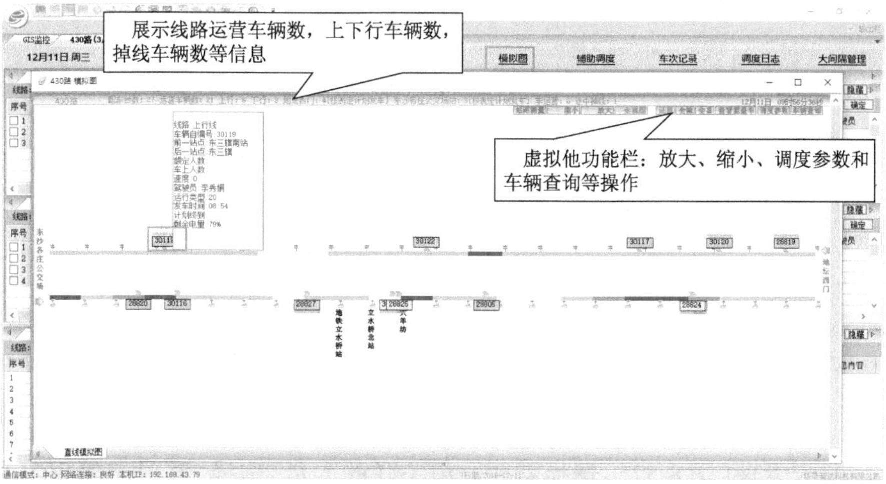

图 8-49　模拟图

③右键点击“直线模拟图”(图 8-51),可以设置模拟图参数(图 8-52)。

④右键点击车辆,可以进行如下操作(图 8-53)。

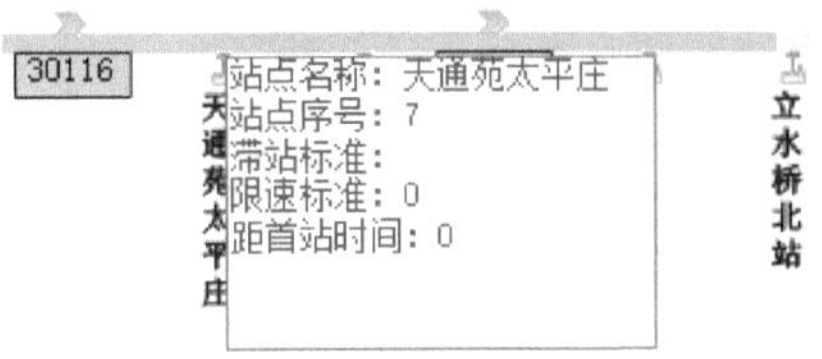

图 8-50　站点

图 8-51　直线模拟图

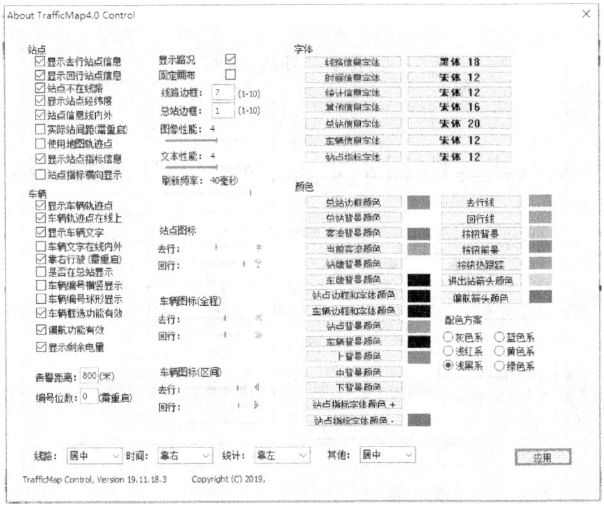

图 8-52　模拟图属性设置

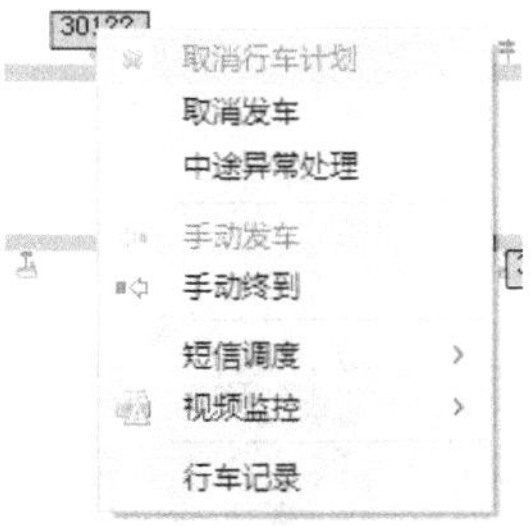

图 8-53　点击“车辆”下拉菜单

(16)辅助调度(图 8-54)。

①申请车机交互授权(图 8-55):选择需要申请的线路,点击确认即可。

②车机交互(图 8-56):选择车辆,编辑指令类型、发送内容,点击“发送”即可,车机就能收到相应的消息。

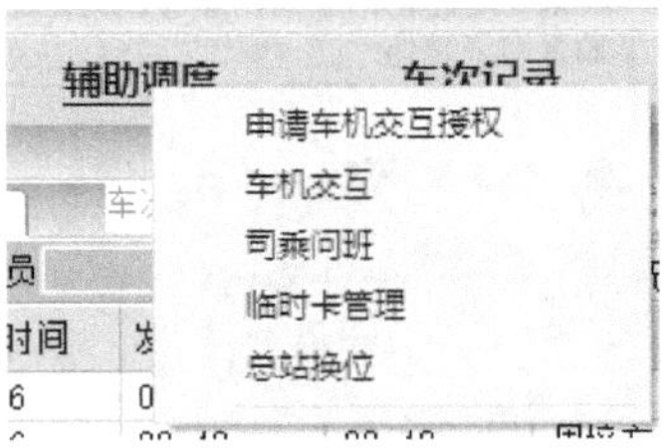

图 8-54　辅助调度

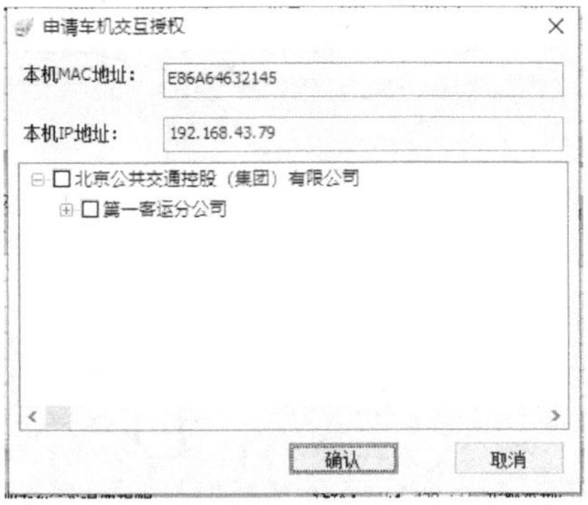

图 8-55　申请车机交互授权

③临时卡管理(图 8-57):选择需要取消关联的人员,选择“临时卡管理”,取消关联即可。

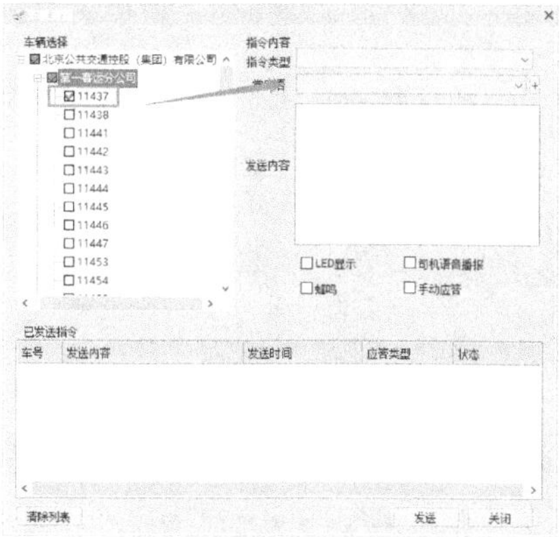

图 8-56　车机交互

图 8-57　临时卡管理

④总站换位：点击后，首末站会自动换位。

(17)车次记录(图 8-58)。

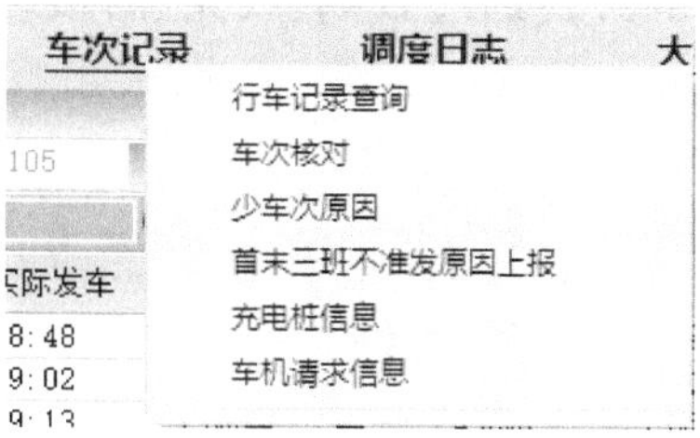

图 8-58　车次记录

①行车记录查询(图 8-59)：查询当前线路当日行车记录信息。

图 8-59　行车记录查询

②车次核对(图 8-60)：可针对班次、车辆和驾驶员信息进行修改、删除、补录和恢复，可查看首末站发车记录信息，支持行车记录导出。

图 8-60　车次核对

③少车次原因上报（图 8-61）：通过日期、线路、时段、发车站点进行查询，并提交上报少车次原因。

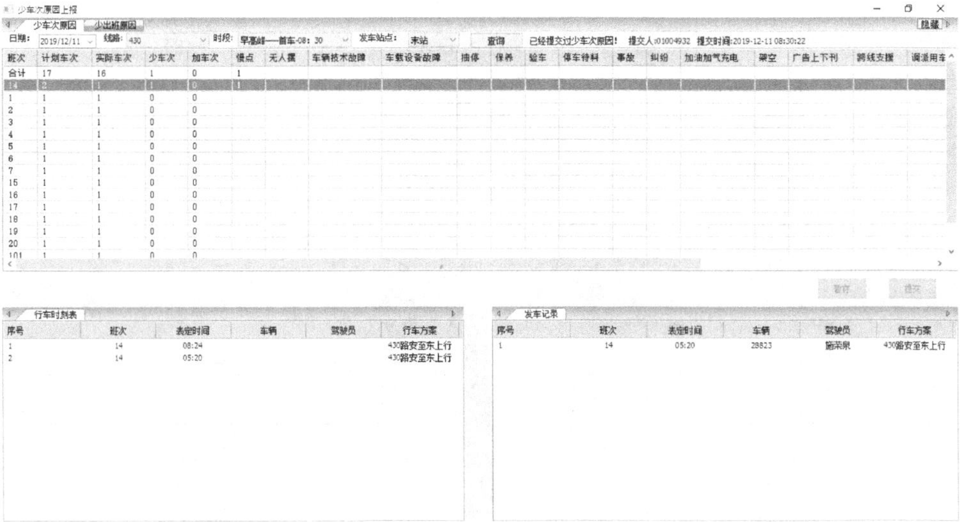

图 8-61　少车次原因上报

④首末三班不准发原因上报（图 8-62）：选择日期、线路、汇报时段、发车站点后，点击“查询”“提交”即可。

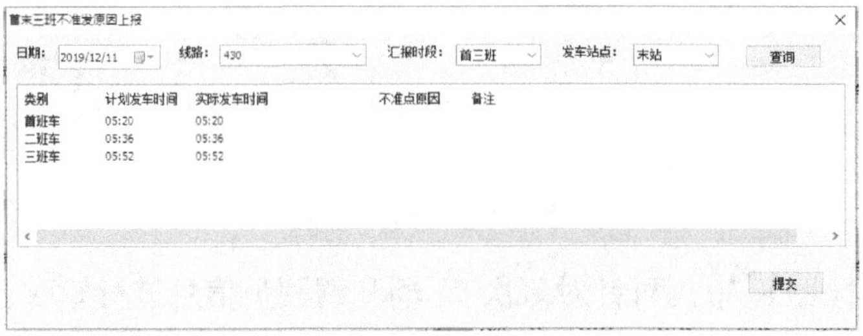

图 8-62　首末三班不准发原因上报

⑤充电桩信息(图 8-63、图 8-64):选择充电场站,即可查看该场站的充电桩使用情况记录。

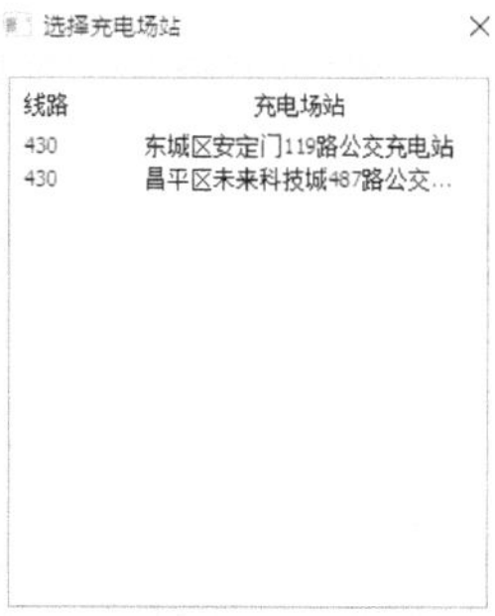

图 8-63　选择充电场站

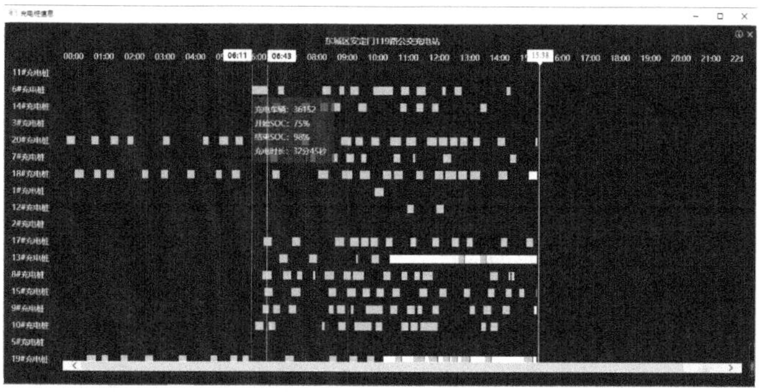

图 8-64　充电桩信息

⑥车机请求信息(图 8-65):展示车机向调度客户端发出的请求记录。

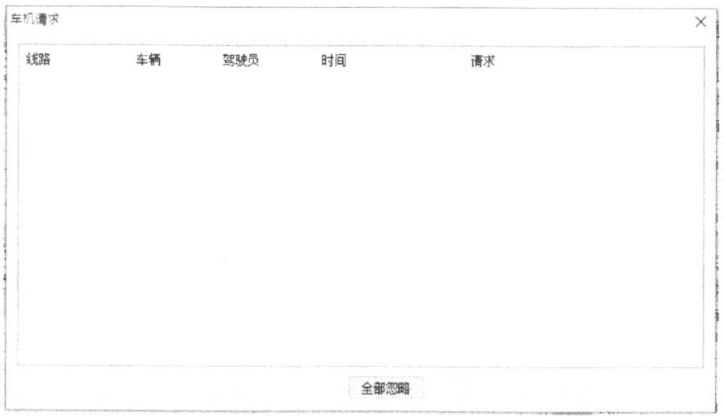

图 8-65　车机请求

(18)调度日志(图 8-66)。

选择日期和线路,点击"录入",可以对调度情况进行日志记录,支持修改和删除。

图 8-66　调度日志

(19)大间隔管理(图 8-67)。

选择"日期""线路",可以对查询结果进行申诉。

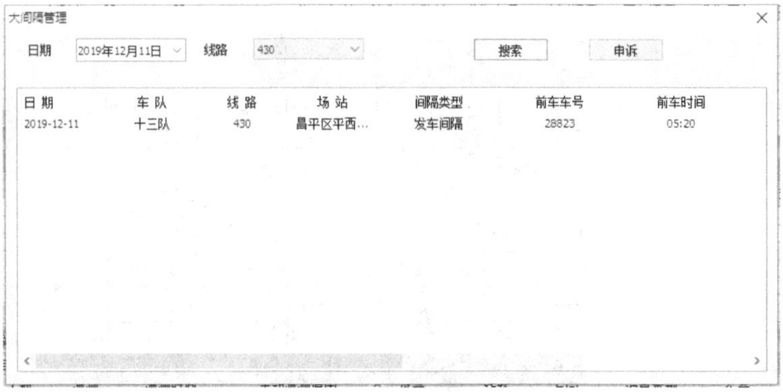

图 8-67　大间隔管理

第三节　行车计划管理子系统

一、功能概述

(1)对调度员的客流调查数据进行汇总、分析,编制行车计划。

(2)对已经通过审批的行车计划进行应用,具体选择在某一天使用某一份行车计划。

(3)对科技信息部下达的车辆保养计划进行落实。

(4)对站务设施进行检查登记,录入数据。

二、流程说明

(1)负责制订线路行车计划,以便经济合理地使用车辆、劳动力、减少成本投入。

(2)组织安排客流大调查及一般性客流调查。

(3)负责线路配车的调整、车型更换、新车入册、旧车报废及封存。

(4)所有生产指标汇总、分析,并上报北京公交集团,反馈到基层单位等。

三、操作步骤

1. 系统登录

首先输入用户名和密码,登录系统(图 8-68)。

图 8-68　登录行车计划管理子系统

2. 日历信息

对近 10 年的日历数据进行统一管理，可以对日历日期对应的星期进行修改，修改变更后主要对计划安排时产生影响。

日历信息管理的功能包括对日历信息的查询、查看、修改等操作。查看、修改操作在列表的操作列内（图 8-69）。

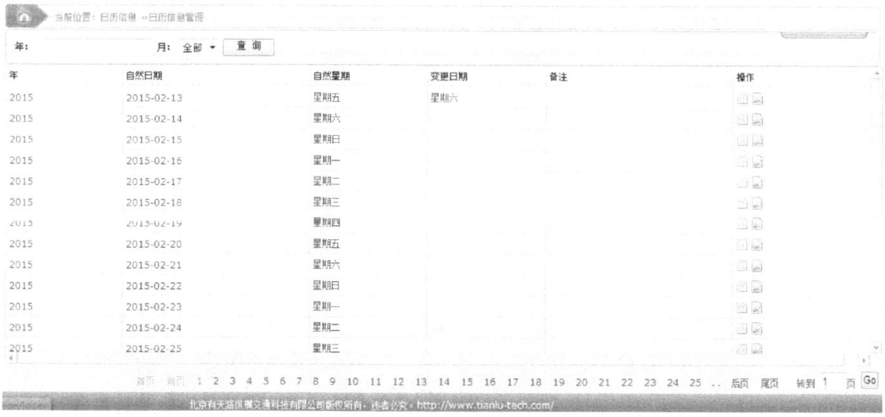

年	自然日期	自然星期	变更日期	备注	操作
2015	2015-02-13	星期五	星期六		
2015	2015-02-14	星期六			
2015	2015-02-15	星期日			
2015	2015-02-16	星期一			
2015	2015-02-17	星期二			
2015	2015-02-18	星期三			
2015	2015-02-19	星期四			
2015	2015-02-20	星期五			
2015	2015-02-21	星期六			
2015	2015-02-22	星期日			
2015	2015-02-23	星期一			
2015	2015-02-24	星期二			
2015	2015-02-25	星期三			

图 8-69　日历信息管理

（1）查询。输入年份和选择月份，点击“查询”按钮，列表显示符合条件的日历信息数据。例如，在查询条件中录入年为“2015”、月为“05”的查询条件，点击查询效果如图 8-70所示。

（2）查看。在数据列表中点击数据行对应的操作列中的“查看”按钮（鼠标悬浮提示），可以弹出该日历信息的详细信息，如图 8-71 所示。

（3）修改。在数据列表中点击数据行对应的操作列中的“修改”按钮（鼠标悬浮提示），可以弹出修改该日历信息的窗口，如图 8-72 所示。

（4）修改变更日期和备注信息；点击“保存”后效果如图 8-73 所示。

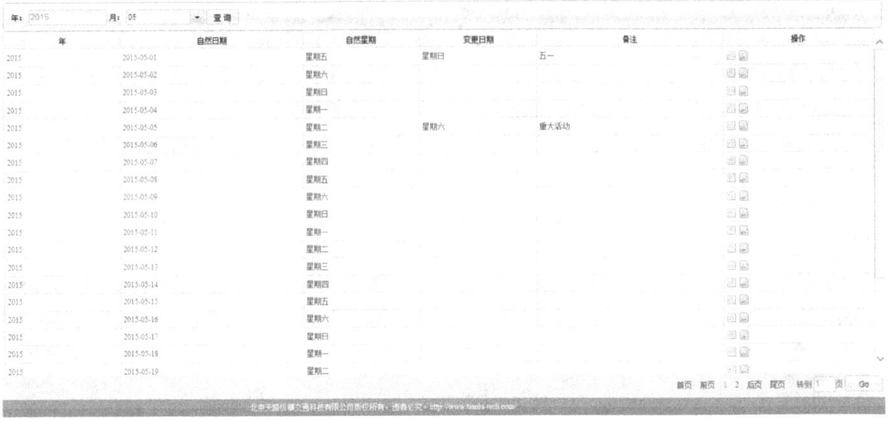
年：2015 月：05 查询

年	自然日期	自然星期	变更日期	备注	操作
2015	2015-05-01	星期五	星期日	五一	
2015	2015-05-02	星期六			
2015	2015-05-03	星期日			
2015	2015-05-04	星期一			
2015	2015-05-05	星期二	星期六	重大活动	
2015	2015-05-06	星期三			
2015	2015-05-07	星期四			
2015	2015-05-08	星期五			
2015	2015-05-09	星期六			
2015	2015-05-10	星期日			
2015	2015-05-11	星期一			
2015	2015-05-12	星期二			
2015	2015-05-13	星期三			
2015	2015-05-14	星期四			
2015	2015-05-15	星期五			
2015	2015-05-16	星期六			
2015	2015-05-17	星期日			
2015	2015-05-18	星期一			
2015	2015-05-19	星期二			

首页 前页 1 2 后页 尾页 转到 1 页 Go

图 8-70　查询日历信息

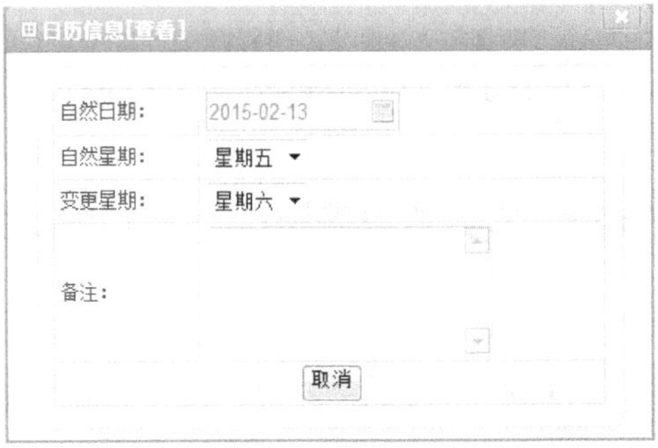

图 8-71　查看日历信息

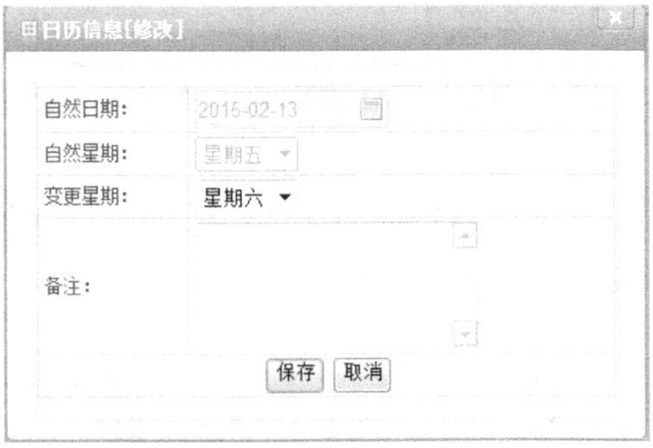

图 8-72　修改日历信息

图 8-73　修改后保存

根据提示信息点击“确定”按钮后返回数据管理列表并刷新。

3. 行车方案管理

1）预制行车方案

行车方案的主要作用是记载某一次行车所用的单程点、公里等数据。例如，对于对端发车的线路来说，至少需要两个方案，首末站各一个行车方案，分别记载首站到末站、末站到首站的行车数据；而对于只有一个站发车的圈点线路，至少需要在发车场站有一个行车方案,记载这一圈的行驶数据。每一条线路的每个发车场站至少对应一个正常行车方案。

行车方案管理的功能主要是便于调度组长创建预制发车方案,以便于线路行车时刻表中的发车方案在导入计划内时能够匹配上合理的方案,确定本次发车的基本信息。

行车方案管理模块只有预制行车方案一个子菜单,该子菜单具有方案数据管理功能和新增功能,点击预制行车方案菜单效果如图 8-74 所示。

图 8-74　预制行车方案

2)新增功能

(1)点击预制行车方案管理界面功能菜单项下的“新增”按钮,可以新增行车方案数据(图 8-75)。新增预制方案数据,主要包含的数据项有方案方向、方案类型、方案属性、计划公里、计划时间、发车地点、终到地点等表示一次发车的性质及基本信息。具体包括如下:

①运行方案名称:输入运行方案名称。

②线路名称:选择为某条线路建立行车方案。

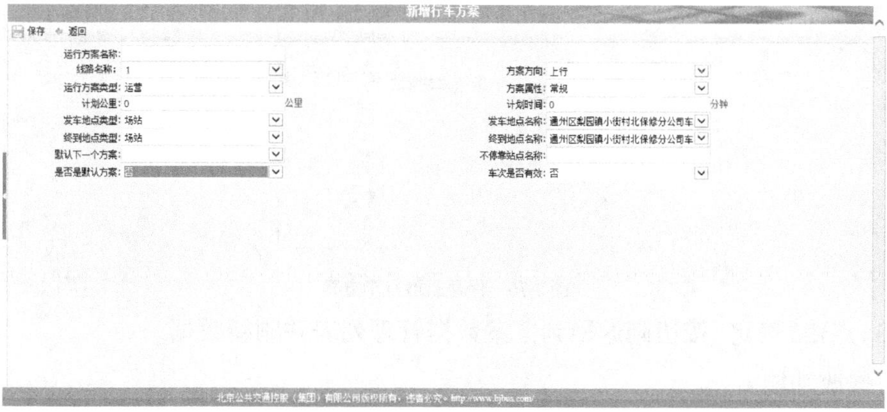

图 8-75　新增行车方案

③方案方向:分为上行和下行,根据实际情况选择。

④运行方案类型:对应不同的属性,有不同的方案类型,分为运营和非运营。

⑤方案属性:包括常规、区间、大站快、越站放空、绕行、甩站、摆站、中途接班8种属性。

⑥计划公里:记载本次行程所需要的计划公里数。

⑦计划时间:记载本次行程所需要的单程点。

⑧发车地点类型:此行车方案发车地点类型包括场站和站点。

⑨发车地点名称:此行车方案发车地点场站名称或者站点名称,需要完成线路和发车地点类型选择后,才能根据线路和地点类型自动匹配。

⑩终到地点类型:此行车方案终到地点类型包括场站和站点。

⑪终到地点名称:此行车方案终到地点场站名称或者站点名称,需要完成线路和终到地点类型选择后,才能根据线路和地点类型自动匹配。

⑫默认下一个行车方案:根据选择线路,加载该线路下所有有效的行车方案,在完成本行车方案后,进行的下一个行车方案;

⑬不停靠站点名称:需要完成线路选择,根据线路加载对应站点信息,可勾选多个站点。

⑭是否默认方案:某线路的默认方案一般是正常行车方案;如果是包专车线路,其默认方案为对应的包专车方案。对于一条线路来说,每一个发车场站只有一个默认方案,这个方案是本线路在此场站使用得最多的方案。在使用Excel导入计划时,默认方案不用填写,系统将自动读取。

⑮车次是否有效:根据线路发车的实际情况来选择。例如,一般空驶、加油、保养都不计算发车车次,因此,此处选择"否"。

(2)点击"保存"按钮后,弹出确认新增发车方案提示框(图8-76),点击"确定"按钮,保存方案数据成功,并弹出新增行车方案成功提示框。

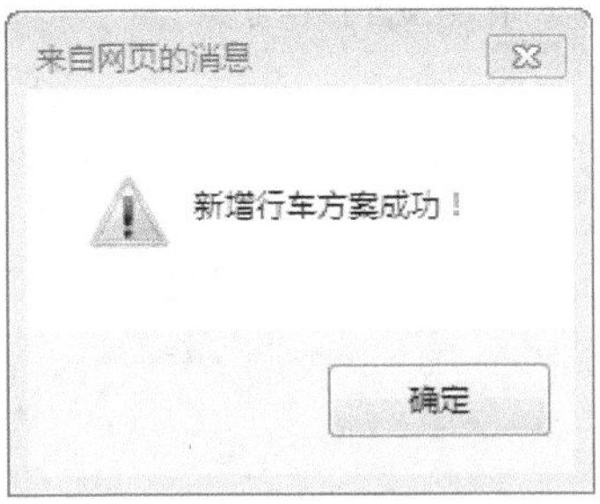

图8-76　保存新增行车方案

(3)点击"确定"按钮则返回到方案数据管理列表并刷新数据。

3)修改功能

(1)在数据管理列表中选择一条需要修改的预制方案数据,点击"操作"列中的

“编辑”按钮图标可以修改预制方案数据(图 8-77)。

注意:此处方案名称、线路名称、方案方向不能够修改。

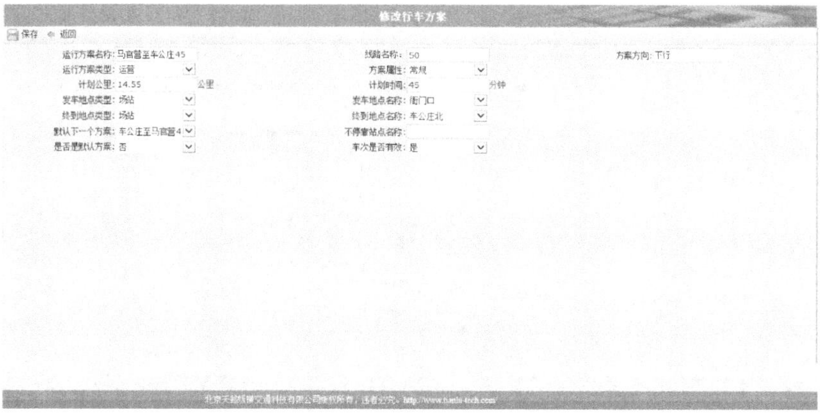

图 8-77　修改行车方案

(2)修改完成后点击“保存”按钮后,弹出确认“修改预制行车方案”提示框(图 8-78)。

(3)点击“确定”按钮,保存方案数据成功,并弹出“修改行车方案成功”提示框(图 8-79)。

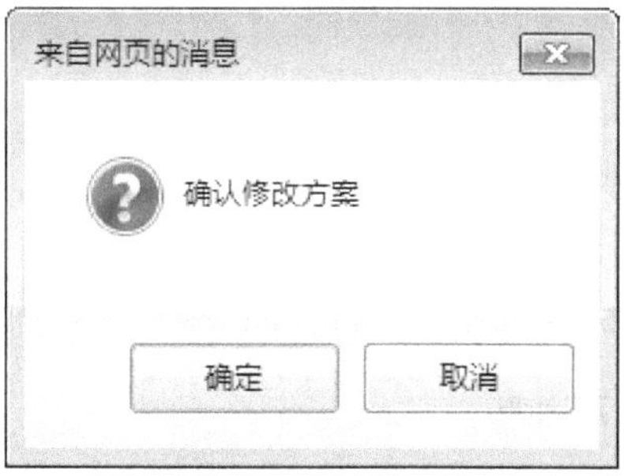

图 8-78　弹出“确认修改方案”提示框

图 8-79　弹出“修改行车方案成功!”提示框

(4)点击“确定”按钮则返回到方案数据管理列表并刷新数据。

4. 行车计划

行车计划功能模块中包括行车计划管理、行车时刻管理、计划日期对应、计划星期对应四个功能模块菜单。

1)行车计划管理

行车计划管理功能包括对行车计划信息的查询、新建、复制、查看、修改、删除、导入行车时刻等操作。

图 8-80 中所示左侧为组织机构树,右侧显示所有的行车计划信息。

(1)查询。通过左侧组织机构树选择线路,录入查询条件,点击“查询”按钮,列表显示符合条件的行车计划信息数据,如查询条件中线路为 606 路,行车计划类型为平日,点击查询结果如图 8-81 所示。

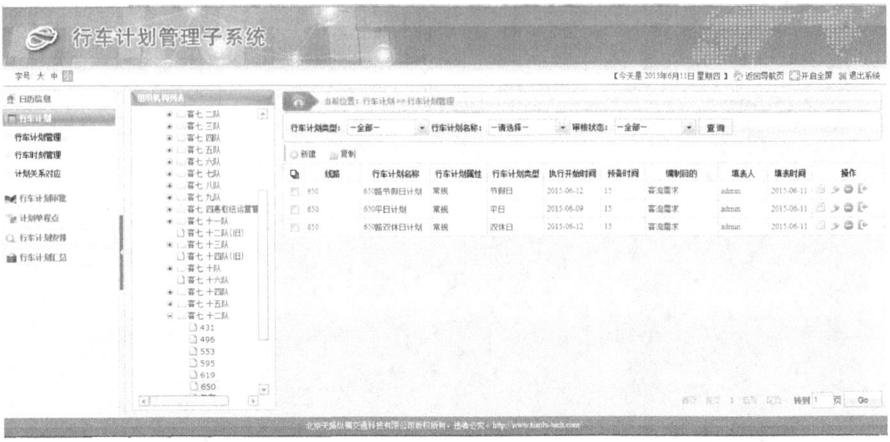

图 8-80　行车计划管理子系统主页面

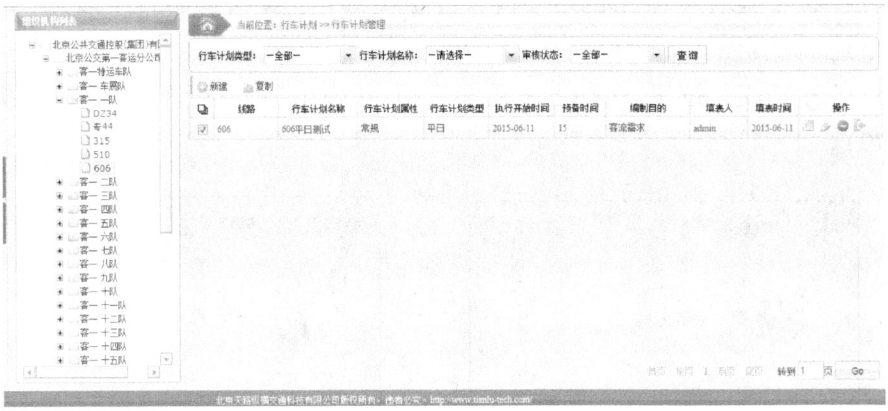

图 8-81　查询行车计划

(2)新建。通过左侧组织机构树选择线路,点击“新建”按钮,弹出新建行车计划窗口,如图 8-82 所示。

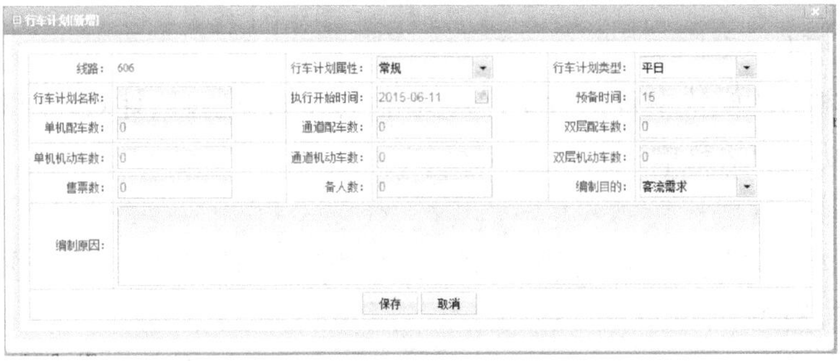

图 8-82　新建行车计划

①行车计划名称和执行开始日期不能为空。

②行车计划名称不能重复。

③按照要求录入行车计划信息。

④点击“保存”按钮，弹出“保存成功”提示信息，如图 8-83 所示。

图 8-83　保存新增的行车计划

⑤点击“确定”按钮后，返回行车计划数据管理列表，并刷新列表。

(3)复制。点击“复制”按钮，弹出复制行车计划窗口，有两种方式：

①选择线路和行车计划类型，并选定当前行车计划和源行车计划，点击“复制”，如图 8-84 所示。

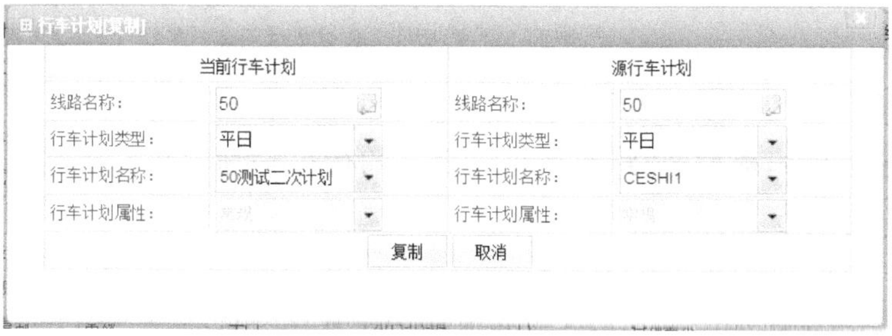

图 8-84　复制行车计划

复制成功后弹出提示框(图 8-85)，将源行车计划下的行车时刻表数据复制到当前行车计划下。

图 8-85　弹出“复制成功！”提示对话框

②选择一条列表数据，当该行车计划下存在行车时刻数据，提示“该行车计划已存在行车时刻记录，是否删除！”，如图 8-86 所示。

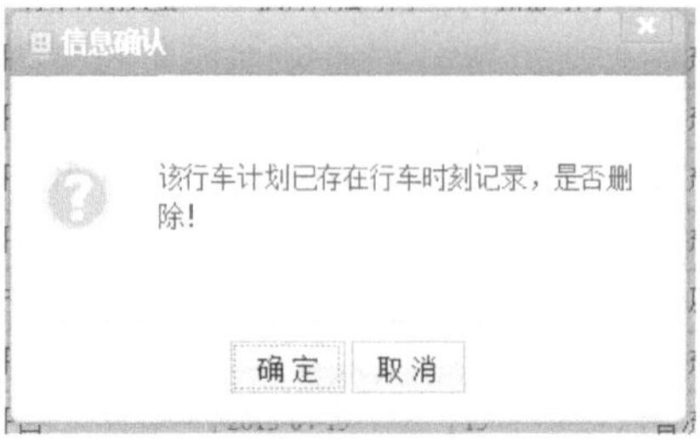

图 8-86　弹出“信息确认”提示对话框

点击“确定”,弹出复制行车计划窗口,当前行车计划显示列表中选择的数据,选择线路和行车计划类型,确定源行车计划,点击“复制”,提示复制成功,将源行车计划下的行车时刻表数据复制到当前行车计划下如图 8-87 所示。

图 8-87　行车计划复制

复制成功后弹出提示框,将源行车计划下的行车时刻表数据复制到当前行车计划下,如图 8-88 所示。

图 8-88　行车计划复制成功提示对话框

(4)查看。选择一条数据列表中的行,点击操作列中的“查看”按钮,弹出查看行车计划窗口,如图 8-89 所示。

点击“取消”按钮,返回到计划数据管理列表中。

(5)修改。选择一条列表数据,点击操作列中的“修改”按钮,弹出修改行车计划窗口,如图 8-90 所示。

注意:

①已经提交的行车计划不能修改,“修改”按钮不可用。

②行车计划名称和执行开始日期不能为空。

③按照要求修改行车计划信息；点击“保存”按钮，弹出保存成功提示框，如图8-91所示。点击“确定”按钮后，返回行车计划数据管理列表，并刷新列表。

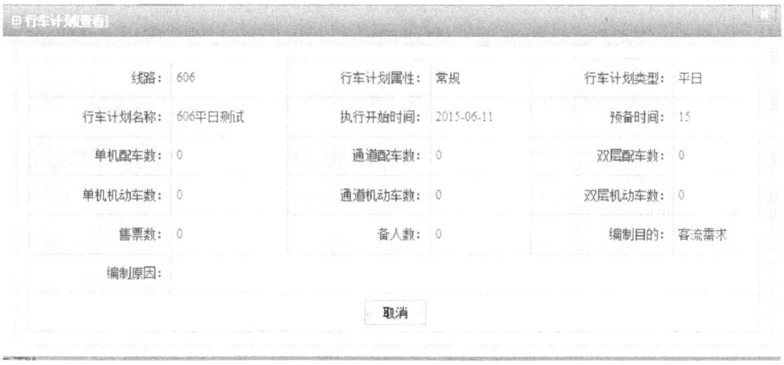

图8-89　查看行车计划窗口

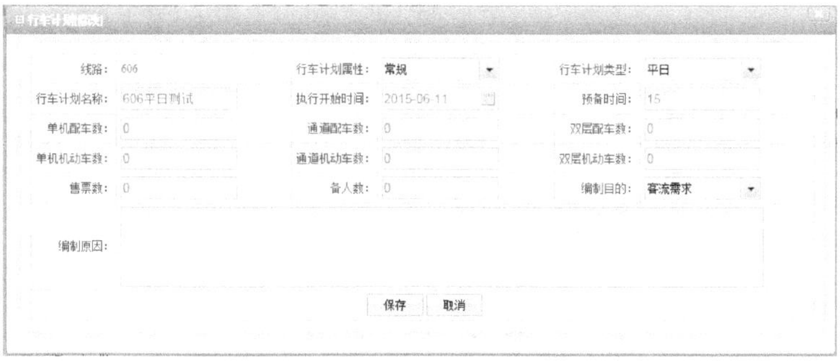

图8-90　修改行车计划信息

图8-91　修改后保存

(6)删除。

注意：已经提交的行车计划不能删除，删除按钮不可用。

选择一条列表数据，点击操作列中的删除按钮，弹出“您确定删除该行车计划么?”提示框，如图8-92所示。

点击“确定”按钮，删除该行车计划，并提示删除成功，点击确定按钮返回，如图8-93所示。

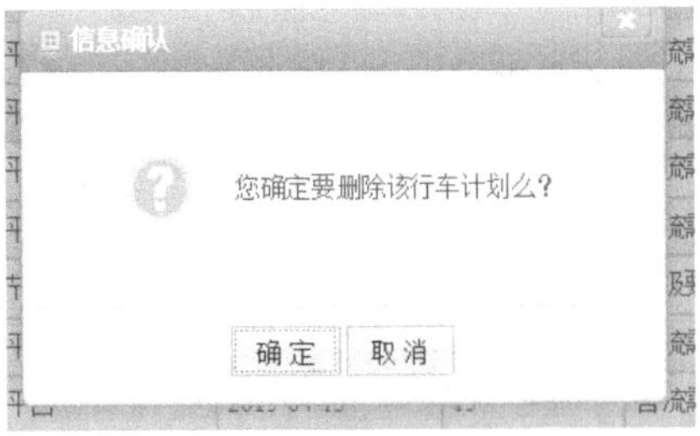

图 8-92　弹出提示框

图 8-93　点击确定后提示“删除成功!”

点击取消,取消删除操作。

(7)导入。

注意:已经提交的行车计划不能导入,“导入”按钮不可用。

选择一条列表数据,点击操作列中的“导入”按钮,弹出行车计划导入窗口,如图 8-94 所示。

图 8-94　导入行车计划

选择要导入的行车时刻 EXCEL 文件,点击“导入”按钮,提示“导入成功”(图 8-95),将文件中的行车时刻表数据导入到该行车计划中。

图 8-95　提示“导入成功!”

点击“确定”按钮返回行车计划数据管理列表中。

2)行车时刻管理

行车时刻管理是对行车时刻表信息进行增、删、改、查。

如图 8-96 中所示,左侧为组织机构树,右侧显示所有的行车时刻信息。

(1)查询分页:

①通过左侧组织机构树选择线路,系统会自动匹配出相应行车计划,选择发车方

向和发车时间，点击“查询”按钮，系统会根据查询条件查询出相应结果，如图8-97所示。

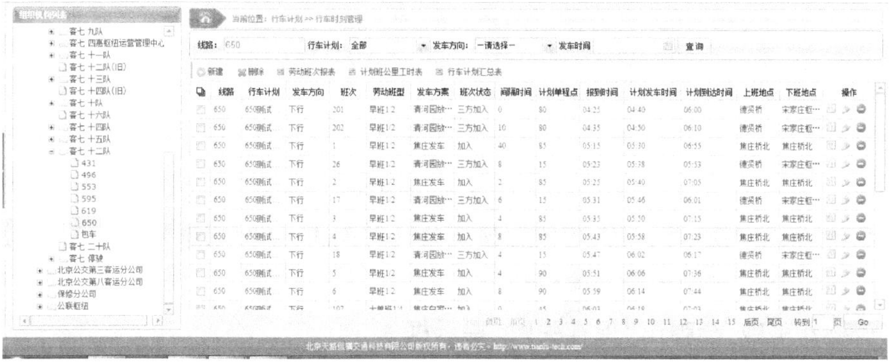

图8-96 行车时刻管理主页面

图8-97 查询分页

②分页：点选系统内容页右下方的页数索引或者手动输入页码，然后点击“跳转”。

(2)新建：

①点击数据管理列表右上角“新增”按钮，弹出新增发车时刻信息窗口，如图8-98所示。

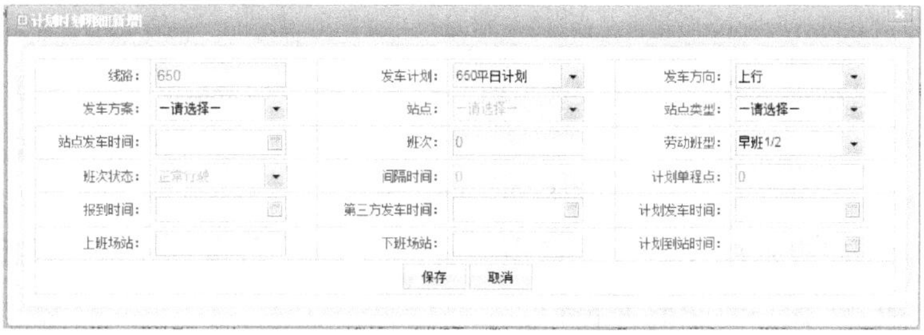

图8-98 新增发车时刻信息窗口

②在左侧组织机构树选择线路，系统会自动匹配出相应行车计划。

③选择发车方向后，系统会自动匹配出相应的发车方案和站点。

④填写完正确的信息后，点击“保存”，将提示“保存成功”提示框(图8-99)。

图 8-99　新增后保存成功

⑤点击“确定”提示框和新增信息窗体会同时关闭,返回数据列表界面将刷新。

⑥点击“取消”则会关闭新增窗口。

⑦若操作失败,会弹出“保存失败”提示框。

(3)修改:

①在数据管理列表点击行车时刻数据行操作列“修改”按钮,弹出修改发车时刻信息窗口(图 8-100)。

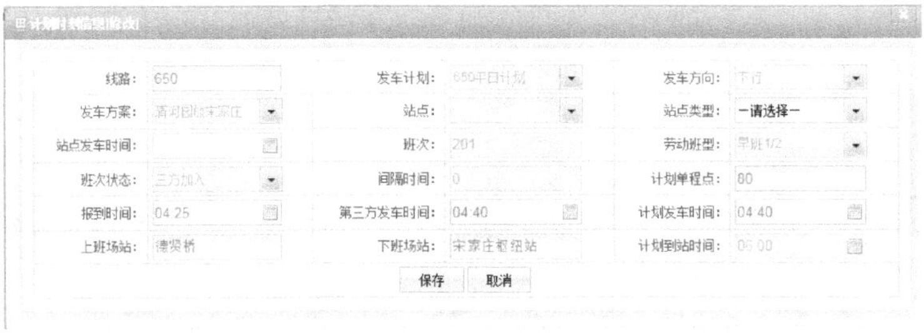

图 8-100　修改发车时刻表信息窗口

②填写完正确的信息后,点击“保存”,将提示“保存成功”提示框(图 8-101)。

图 8-101　修改后保存

③点击“确定”提示框和修改信息窗体会同时关闭,数据展示界面将刷新。

④点击“取消”则会关闭修改窗口。

⑤若操作失败,会弹出“保持失败”提示框。

(4)查看:

①在数据管理列表点击行车时刻数据行操作列“查看”按钮,用于查看行车时刻详细信息(图 8-102)。

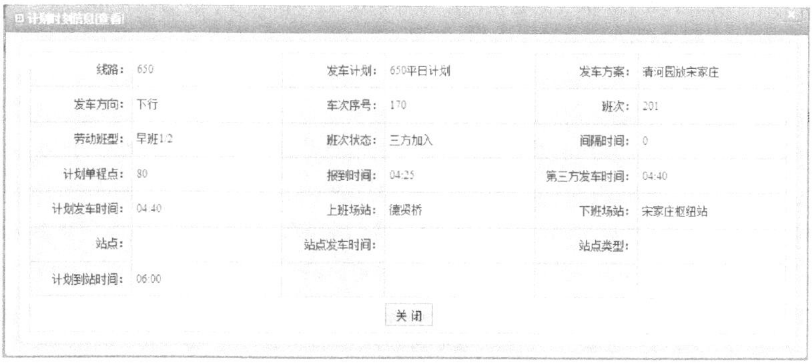

图 8-102　查看行车时刻详细信息

②查看窗体不能修改行车时刻任何信息。

③点击“关闭”则会关闭查看窗体。

(5)删除：

①单条删除行车时刻数据时，在数据管理列表点击行车时刻数据行操作列“删除”按钮，弹出是否执行删除操作确认提示框(图 8-103)。

②若选择的记录的班次状态是除正常行驶之外的其他班次状态，弹出提示框(图 8-104)。

图 8-103　确认是否执行删除操作

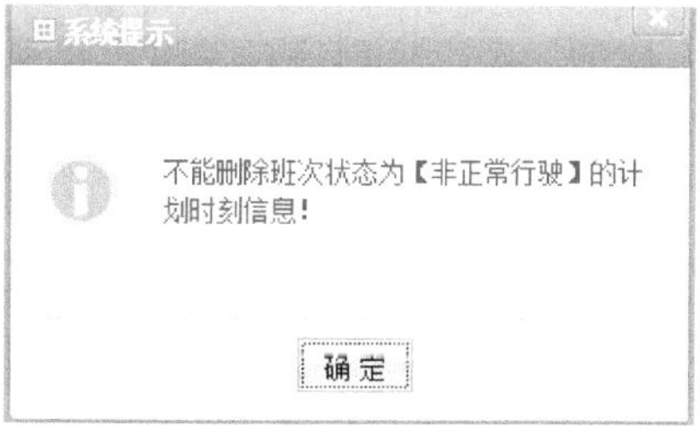

图 8-104　提示删除的班次状态

③选择“确定”按钮，若操作成功，弹出“删除成功”提示框，否则弹出“删除失败”提示框(图 8-105)。

图 8-105　提示删除成功

④多条删除操作，勾选行车时刻数据行前面的复选框按钮，点击操作菜单中的“删除”按钮，弹出是否执行删除操作确认提示，选择“确定”按钮，若操作成功，弹出“删除成功”提示框，否则弹出“删除失败”提示框。

若选择的记录的班次状态是除正常行驶之外的其他班次状态，弹出提示框(图8-106)。

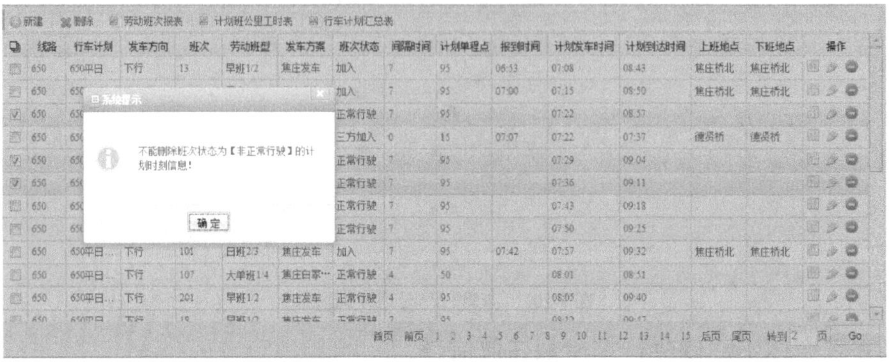

图8-106　系统提示“不能删除班次状态为【非正常行驶】的计划时刻信息”

3)计划关系对应

此功能主要是建立行车计划与指定日期的关系、行车计划与星期之间的关系。其中，平日、双休日的行车计划是建立星期之间的关系；节假日和节日前夕的行车计划是建立指定日期之间的关系。

如图8-107中所示，左侧为组织机构树，右侧显示计划关系对应数据列表。

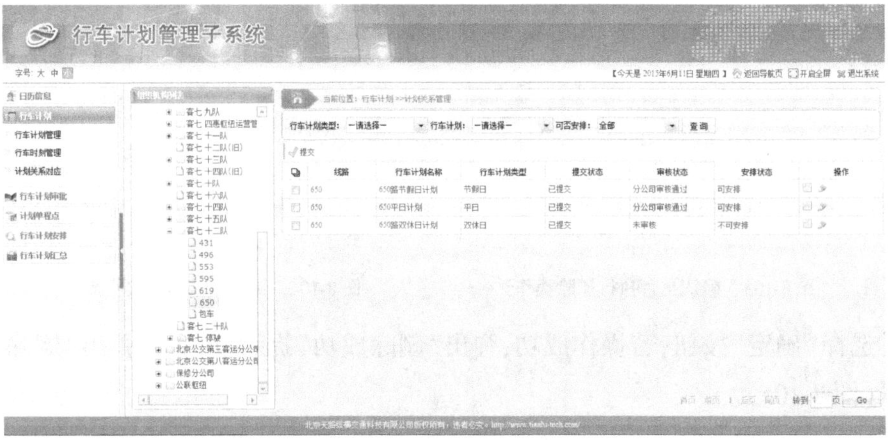

图8-107　行车计划对应关系

(1)查询。

通过左侧组织机构树选择线路，在查询条件区域录入查询条件包括行车计划类型、行车计划名称、可否安排完成条件设置后点击“查询”按钮，将符合条件的信息查询出并将结果显示到列表中(图8-108)。

(2)修改：

①点击列表操作栏中的“修改”按钮，不同的行车计划类型弹出不同的建立对应关系窗口(图8-109)。

②平日、双休日打开“计划星期关系”窗口，如图8-110所示。

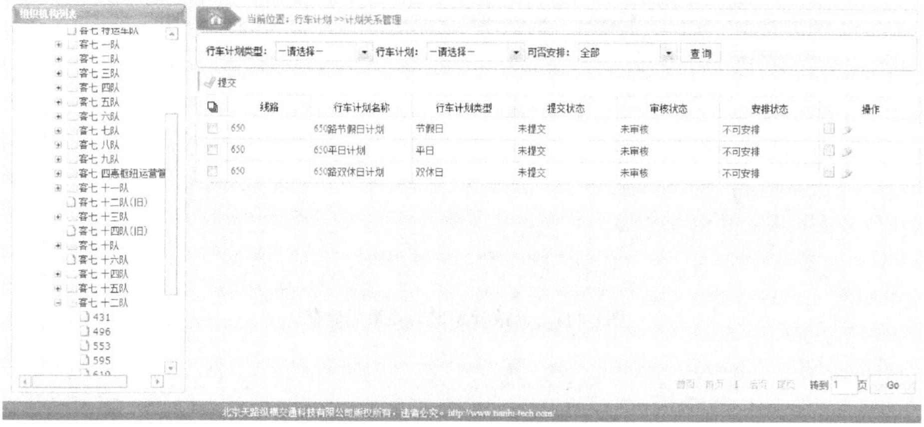

图 8-108　查询行车计划对应信息

图 8-109　不同的建立对应关系窗口

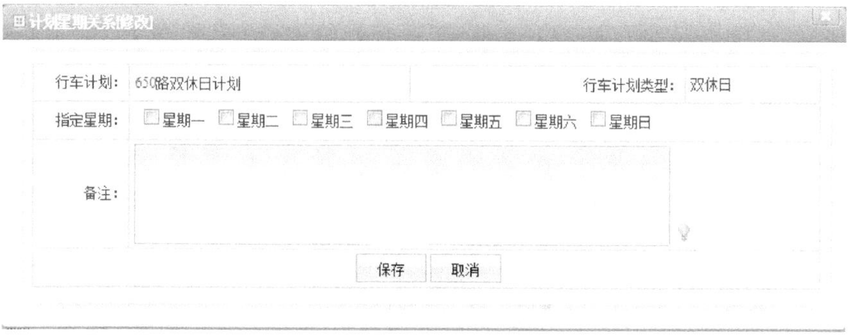

图 8-110　计划星期关系窗口

勾选“指定星期”，点击“保存”按钮，弹出保存成功窗口（图 8-111），点击“确定”按钮返回计划对应关系数据管理列表并刷新数据。

③节假日、节假日前夕打开“计划日期关系”窗口，如图 8-112 所示。

点击“新建”按钮，打开新增“计划日期关系”窗口（图 8-113）。

选择指定日期，点击“保存”按钮，弹出保存成功窗口（图 8-114）。

图 8-111　修改计划星期关系后保存

图 8-112　打开计划日期关系窗口

图 8-113　打开新增关系窗口

图 8-114　新增日期关系后保存

④删除计划日期(图 8-115)。

注意:计划日期对应只能对未提交的数据才可删除。

图 8-115　删除计划日期

单条删除:点击数据列表后的“删除”按钮,删除所选数据。

多条删除:勾选列表中的数据项,点击“删除”按钮,删除所选数据。

(3)查看。

点击数据列表后“查看”按钮,弹出查看计划关系对应窗口,只供查看,不可修改,不同的行车计划类型显示不同的查看窗口。

①查看计划日期关系(图 8-116)。

图 8-116　查看计划日期关系

②查看计划星期关系(图 8-117)。

(4)提交。

提交计划关系对应数据,如图 8-118 所示。

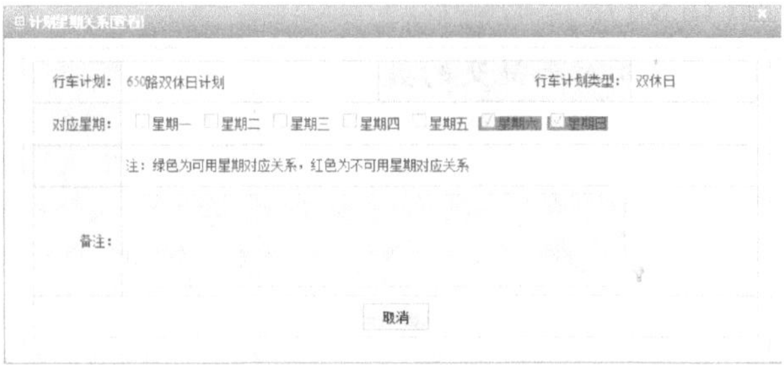

图 8-117　查看计划星期关系

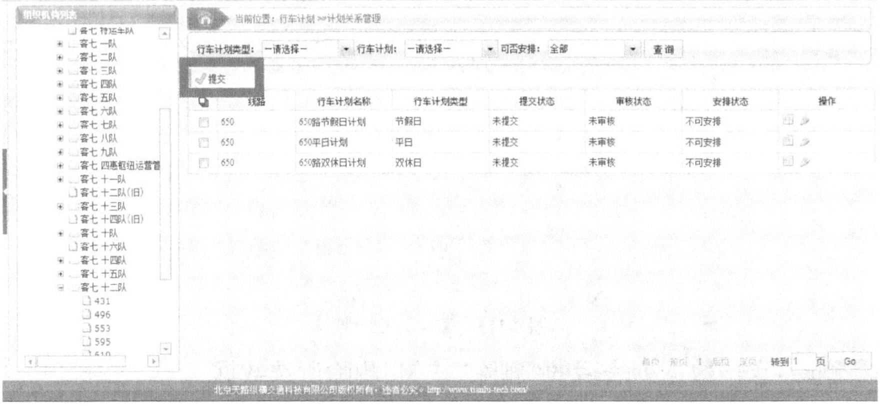

图 8-118　提交计划关系对应数据

首先选择要提交的数据，然后点击菜单栏内“提交”按钮，弹出确认提交提示框(图 8-119)。

点击“确定”按钮，提示提交成功(图 8-120)。

提交后的数据不可再次修改删除。已提交的数据不能重复提交。

图 8-119　提示确认提交

图 8-120　提交成功

5. 行车计划审批

对于已提交的计划关系数据可以通过行车计划审批模块中计划审批功能，审核调度组长制作的数据，具体操作如下。

计划审批数据管理界面主要完成对计划待审批数据进行管理，包括查询、查看、审批功能。

如图 8-121 所示，左侧为组织机构树，右侧显示所有计划审批数据列表。

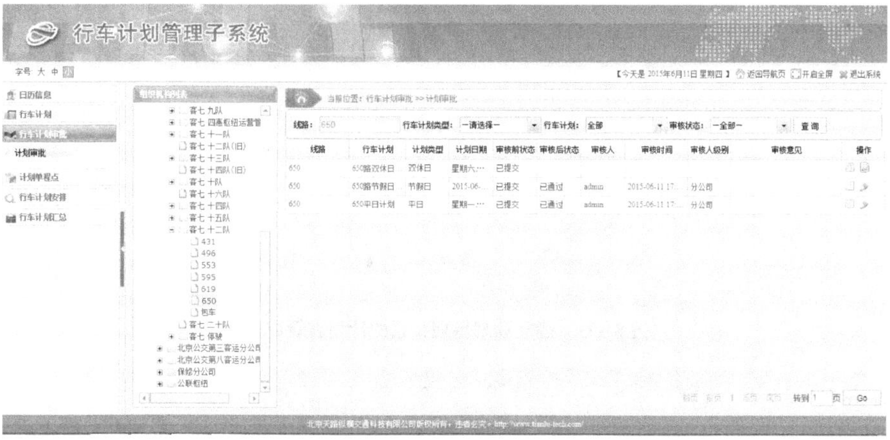

图 8-121　计划审批数据管理界面

(1)查询功能。

通过左侧组织机构树选择线路,再查询框中数据需要查询的计划对应关系数据的条件,包括行车计划类型、行车计划、审核状态,数据输入条件完成后点击查询按钮,查询出符合条件的计划审批数据,并显示到数据管理列表中,如图 8-122 所示。

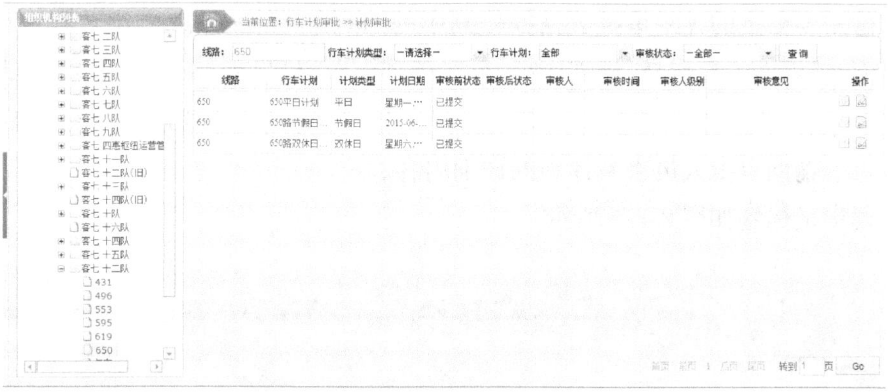

图 8-122　查询计划审批数据

(2)查看功能。

点击需要查看的计划审批数据操作列中的“查看”按钮,显示当前计划审批数据的详细信息:

①建立计划星期关系的计划查看窗口(图 8-123)。

②建立计划日期关系的查看窗口(图 8-124)。

③点击“取消”按钮返回计划审批数据管理列表。

(3)审批功能。

注意:审批通过后的计划数据不允许才进行修改。

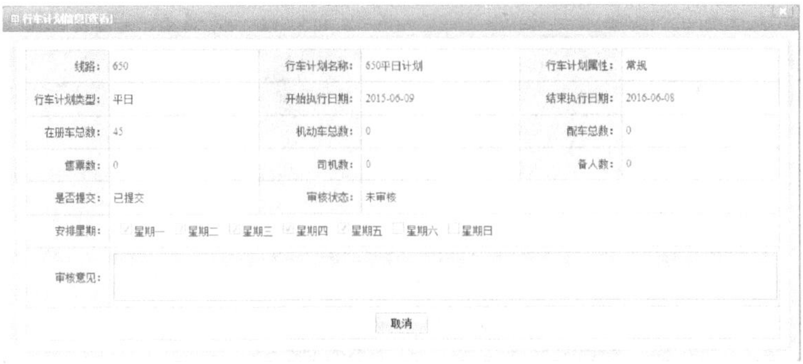

图 8-123　建立计划星期关系的计划查看窗口

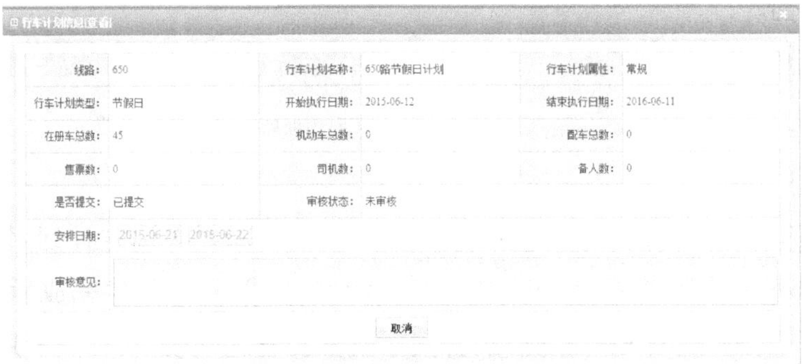

图 8-124　建立计划日期关系的查看窗口

点击需要审批的计划审批数据操作列中的“审批”按钮，系统会跳转到该计划的审批界面，该界面主要包括：计划审批、行车计划汇总、班里程/工时汇总、劳动班次汇总、计划时刻明细共 5 个标签页。其中，计划审批标签页是计划审批的操作界面，其他标签页是辅助审批人员查看计划的详细内容。

计划审批标签如图 8-125 所示。

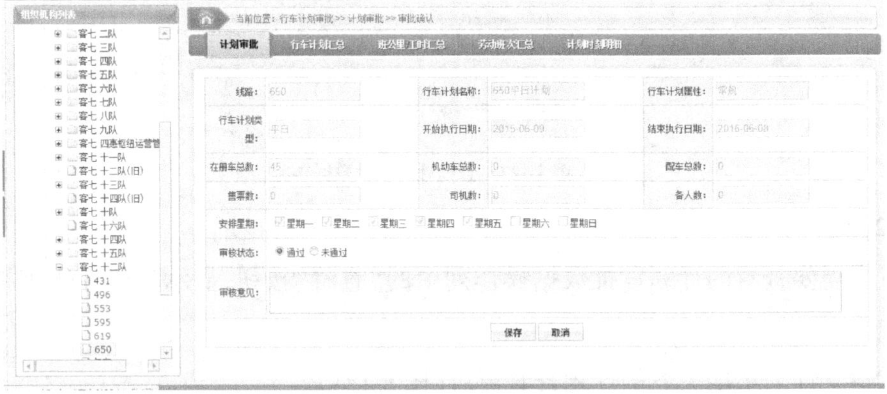

图 8-125　计划审批标签

该标签是计划审批人员主要的操作界面：选择审核状体项下的通过、未通过单选按钮确认当前计划是否通过审核，并将审核意见填写到审核意见输入框中，完成后点击“保存”，弹出“保存成功”提示框（图 8-126）。

图 8-126　计划审批后保存

点击“确定”按钮则返回到计划审批数据管理列表并刷新当前的数据。

其他标签页主要为查看功能，辅助审批人员进行审批。

6. 计划单程点

行车计划单程中包括单程点细化管理、单程点状态管理两个功能模块。

1）单程点细化管理

单程点细化管理是对行车时刻信息中方案下各个站点到站点所使用的时间进行细化。

在系统左侧菜单栏点选“单程点细化管理”，系统右侧内容页将显示所有的行车计划下各个方案不同单程点的信息，如图 8-127 所示。

图 8-127　单程点细化管理

（1）查询。

通过左侧组织机构树选择想要查询的线路，系统会自动匹配出相应行车计划，选择发车方向，系统会自动匹配出相应发车方案，点击“查询”按钮，系统会根据查询条件查询出相应结果如图 8-128 所示。

（2）细化。

细化功能分为新增、修改、重置、删除、提交五个功能。

点击“细化”按钮，弹出细化单程点信息窗口中，如图 8-129 所示。

①新增。输入站点名称、站间时长，点击“添加”，则会在下方数据列表中显示添加的站点及所对应的站间时长，如图 8-130 所示。

图 8-128　计划单程点查询

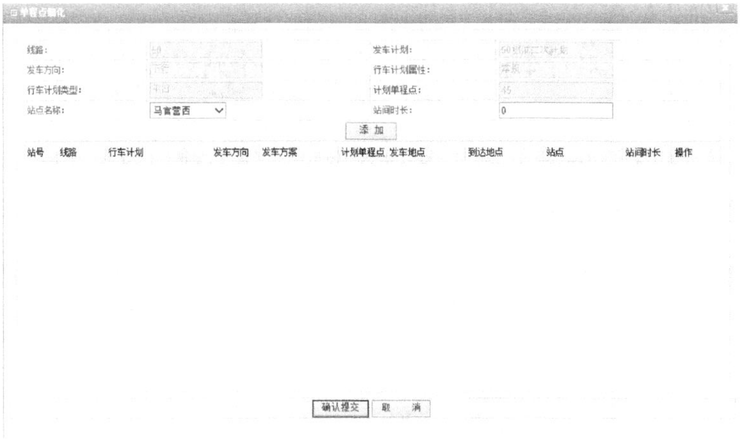

图 8-129　计划单程点细化窗口

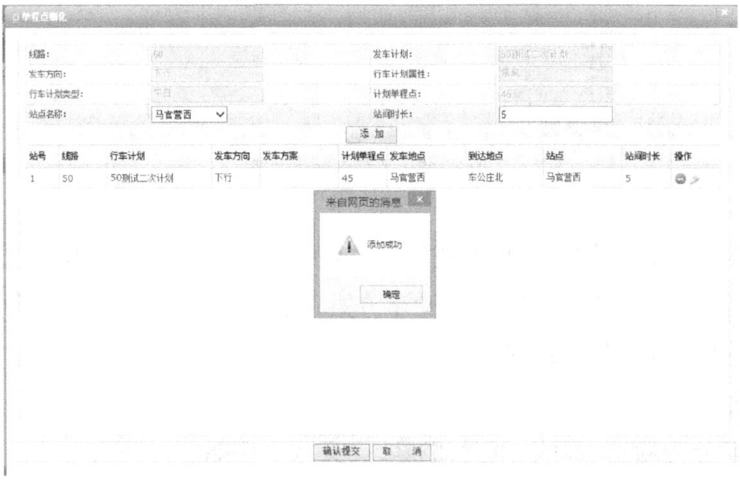

图 8-130　单程点细化——新增

②修改。点击想要修改的数据后面操作列的“修改”按钮，想要修改的信息将在上方信息栏中显示，同时“添加”按钮变为“更新”状态；选择站点名称及站间时长，点

击“更新”，下方数据将被更新，如图8-131所示。

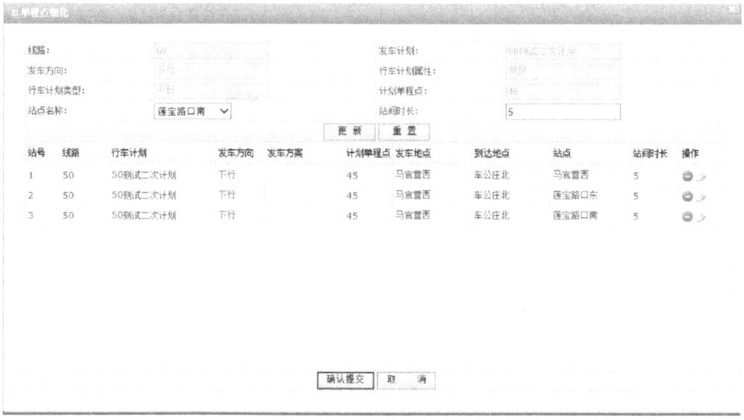

a)

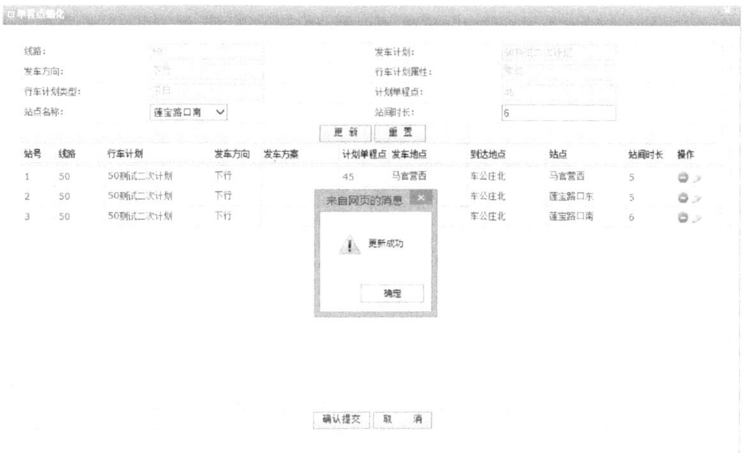

b)

图8-131　单程点细化更新

③重置。若点击修改后此时不想修改，点击“重置”按钮，更新状态变为“添加”状态。

④删除。点击数据行后面操作列的“删除”按钮，弹出是否确认删除提示；选择“确定”按钮，数据将被删除，数据列表将不会显示已删除的信息（图8-132）。

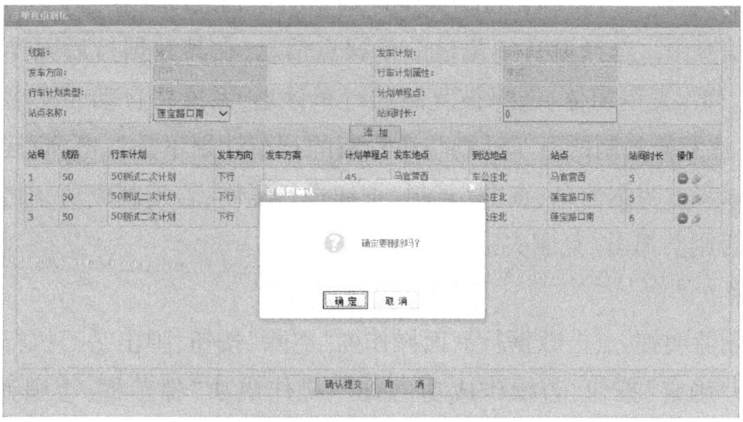

图8-132　单程点细化——删除

⑤提交。所有站点细化好后,点击“确认提交”按钮,则将细化过的单程点提交;若提交成功,则会弹出“提交成功”提示,否则会弹出“提交失败”提示(图8-133)。

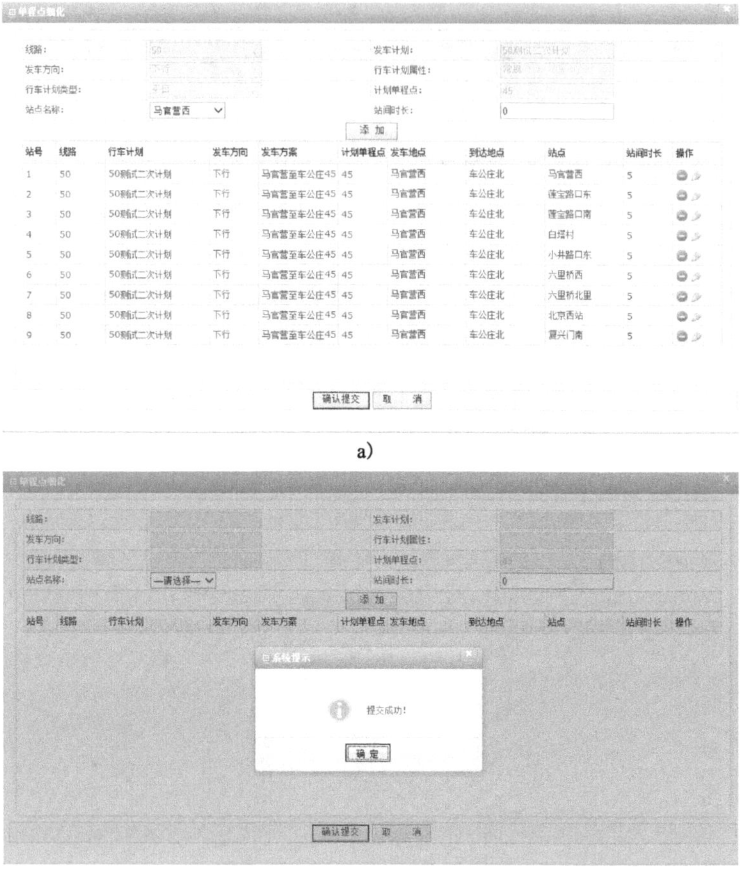

a)

b)

图8-133 单程点细化——提交

注意:单程点细化数据完成后一定要点击“确认提交”按钮,否则单程点细化数据将不能够存储到数据库中。

(3)复制。

复制功能:系统支持将细化过的其他计划下的单程点细化信息,复制到没有细化过的单程点信息中。选择没有细化过的单程点信息,在其数据行后面操作列中点击“复制”按钮,弹出复制窗体:选择被复制的行车计划,系统将自动匹配出行车方案及计划单程点,注意被复制的行车计划与源复制的行车计划不是一份,而且源行车计划需要有细化单程点明细信息;点击“复制”按钮进行复制;若复制成功,则会弹出“复制成功”提示,否则会弹出“复制失败”提示(图8-134)。

(4)删除:

①单条删除明细:点击数据行后面操作列“删除”按钮,弹出是否执行删除操作确认提示;选择“确定”按钮,若操作成功,弹出“操作成功”提示框,否则弹出“操作失败”(图8-135)。

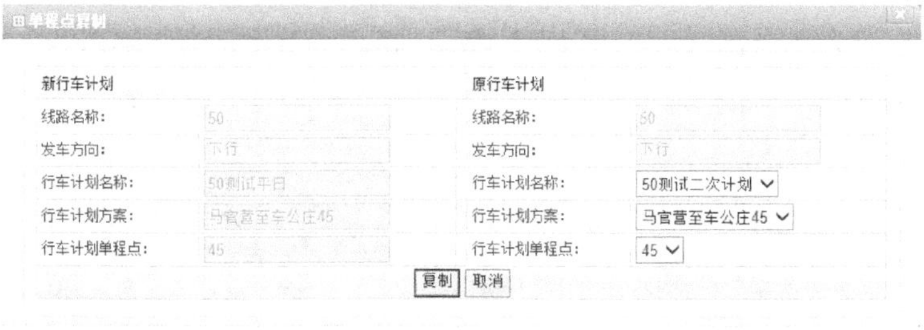

a)

b)

图 8-134　计划单程点复制

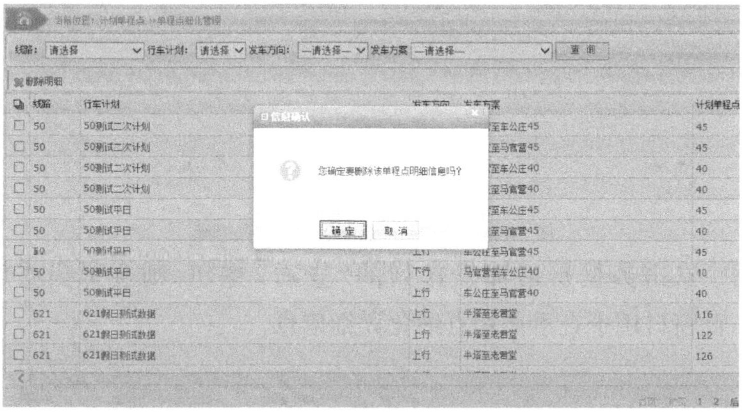

a)

b)

图 8-135　计划单程点删除——单条删除

②多条删除操作:勾选数据行前面的勾选按钮,点击“删除”按钮,弹出是否执行删除操作确认提示;选择“确定”按钮,若操作成功,弹出“操作成功”提示框,否则弹出“操作失败”(图 8-136)。

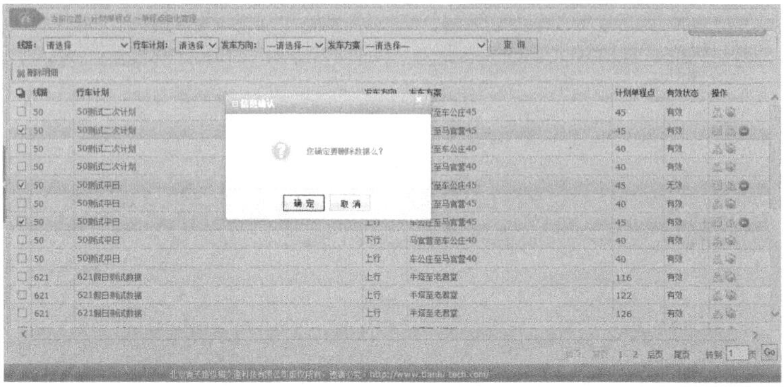

a)

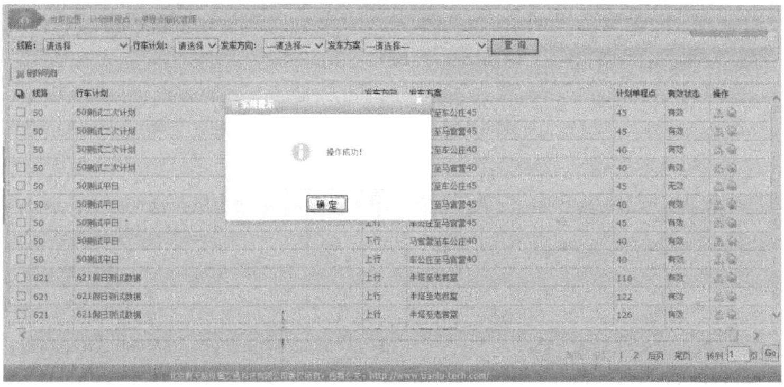

b)

图 8-136 计划单程点删除——多条删除

(5)查看。点击数据行后面操作列的“查看”按钮,则会弹出查看提示窗口(图 8-137)。此窗口用于查看单程点细化详细信息。

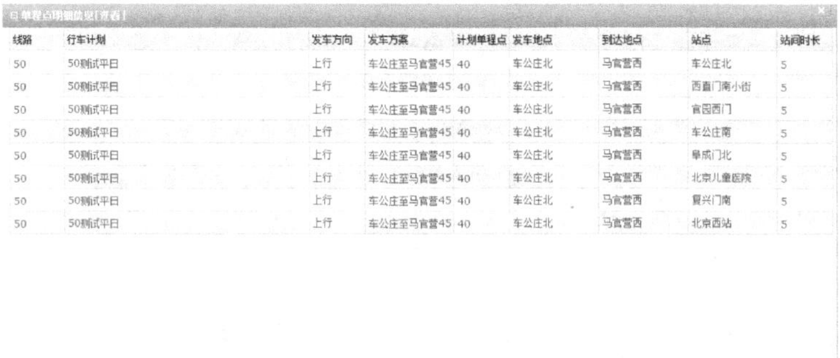

图 8-137 计划单程点查看

2)单程点状态管理

单程点状态管理是指对行车时刻信息中方案下各个单程点状态的管理。

在系统左侧菜单栏点选“单程点状态管理”,系统右侧内容页将显示所有的行车计划下各个方案不同单程点的状态信息，如图 8-138 所示。

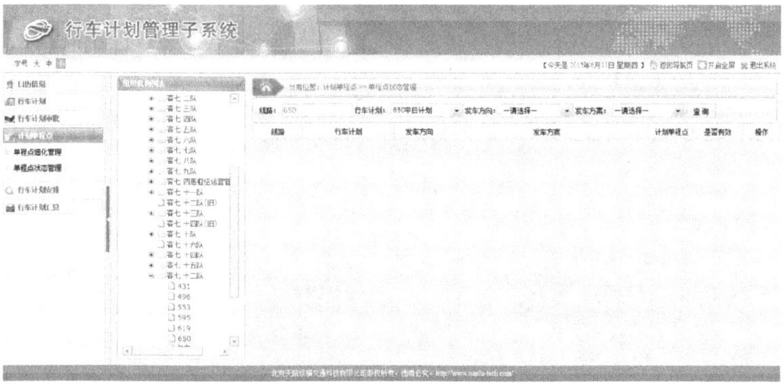

图 8-138　单程点状态管理

（1）查询。通过左侧组织机构树选择想要查询的线路，系统会自动匹配出相应行车计划，选择发车方向，系统会自动匹配出相应发车方案，点击“查询”按钮，系统会根据查询条件查询出相应结果（图 8-139）。

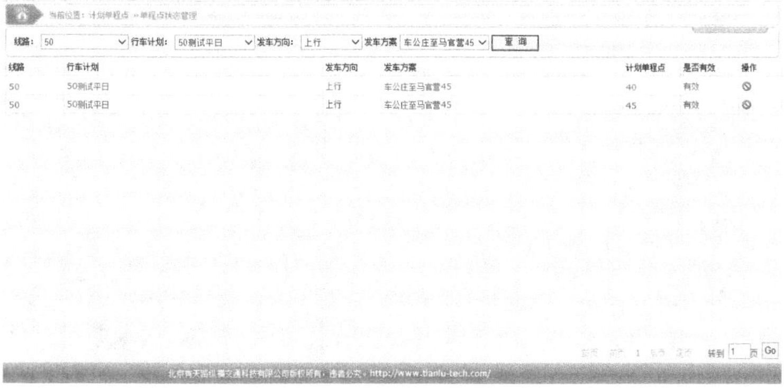

图 8-139　单程点状态查询

（2）设置无效。点击“设置无效”按钮，弹出是否确认操作提示。

若此单程点有效，则其数据行后面操作列中可以设置其“无效”［图 8-140a）］；若此单程点无效，则其数据行后面操作列中可以设置其“有效”［图 8-140b）］；点击“确定”按钮，若设置成功，则会弹出“操作成功”，否则会弹出“操作失败”［图 8-140c）］。

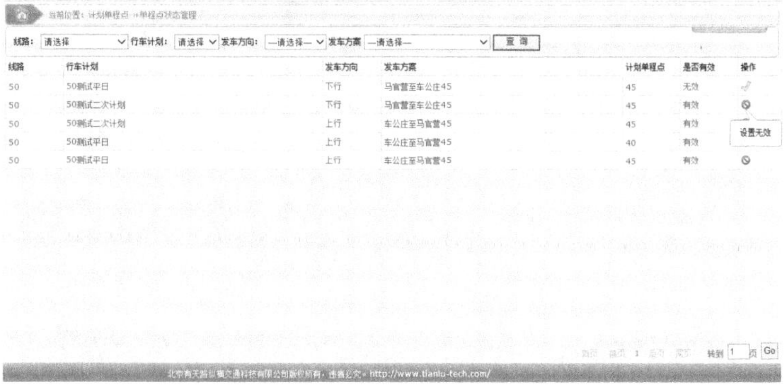

a）

图　8-140

b)

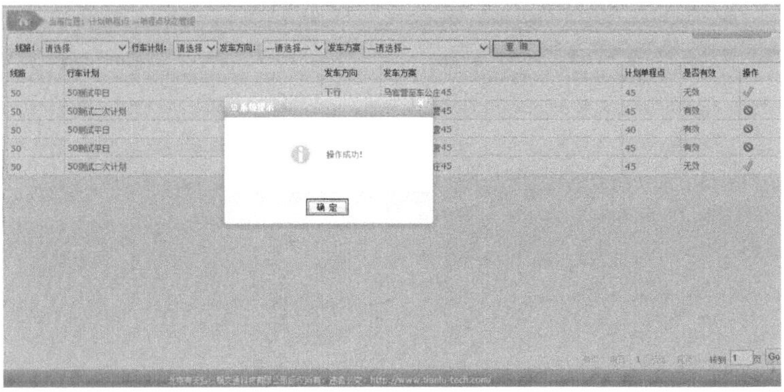

c)

图 8-140　设置无效

(3)设置有效。点击“设置有效”按钮,弹出是否确认操作提示;点击“确定”按钮,若设置成功,则会弹出“操作成功”,否则会弹出“操作失败”(图 8-141)。

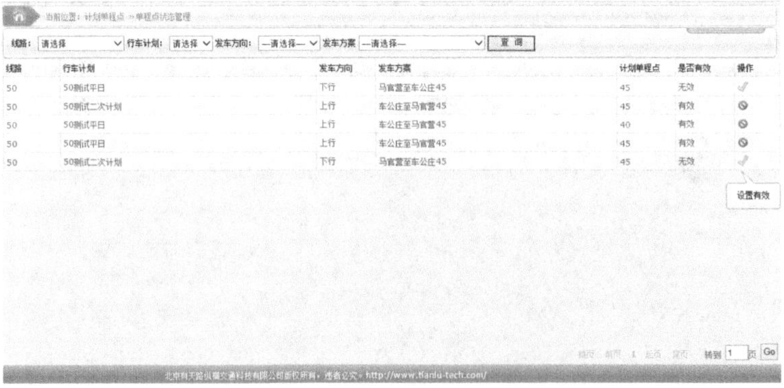

a)

图　8-141

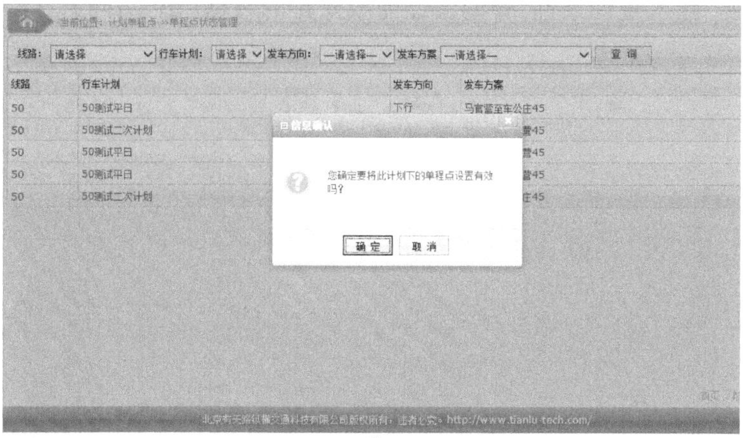

b)

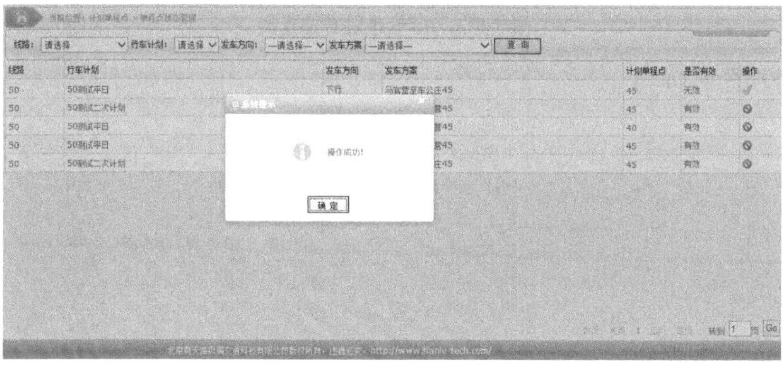

c)

图 8-141　单程点设置有效

7. 行车计划安排

本模块主要对已经审批后的行车计划根据组长制定的“计划日期对应”和“计划星期对应”将计划安排到每一个行车日期下。

行车计划安排

如图 8-142 所示，左侧为组织机构树，右侧显示所有行车计划安排数据列表。

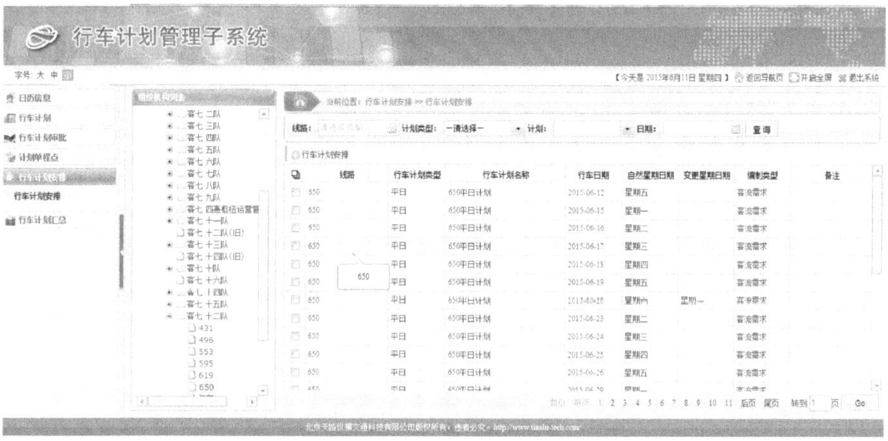

图 8-142　行车计划安排页面

(1)查询。输入查询条件,查询已经完成安排的数据(图 8-143)。

图 8-143　行车计划安排查询

(2)安排(图 8-144)。

图 8-144　行车计划安排

①点击按钮菜单中行车“计划安排”按钮,弹出行车计划安排窗口(图 8-145)。

图 8-145　行车计划安排——新增

计划安排有两种安排方式：

a. 点击“全部安排”按钮，对所有线路进行计划安排，此处不需要选择线路和计划。

b. 选择线路名称点击“查询”，列表会显示出当前线路可以安排的计划，然后勾选要安排的计划点击“选择安排”按钮对选择的计划进行安排。

②点击上述两种安排按钮中一个后弹出是否确认计划安排提示框（图 8-146）。

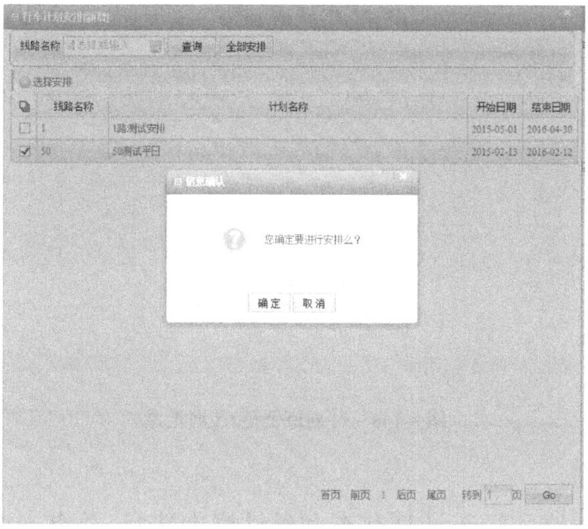

图 8-146　确认“计划安排”

③点击“确定”按钮，并且计划安排成功后，弹出安排成功提示框（图 8-147）。

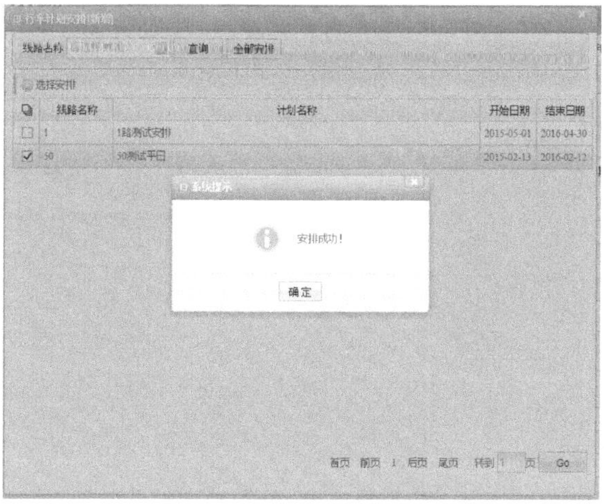

图 8-147　提示“安排成功”

④点击“确定”按钮，则返回到计划安排数据管理列表并刷新数据。

8. 行车计划汇总

行车计划汇总的主要功能是对行车时刻表中的数据根据汇总方式进行汇总，该功能通过系统自动完成包含的功能有，查看汇总后的数据和导出汇总后的数据。

1)班公里/工时汇总

根据要汇总的线路和行车计划在查询条件框中选择,并点击查询按钮,系统自动汇总出班公里/工时数据,并显示到数据列表中,如果要导出该汇总数据,则点击导出按钮则导出当前线路和发车计划的班公里/工时汇总数据(图8-148)。

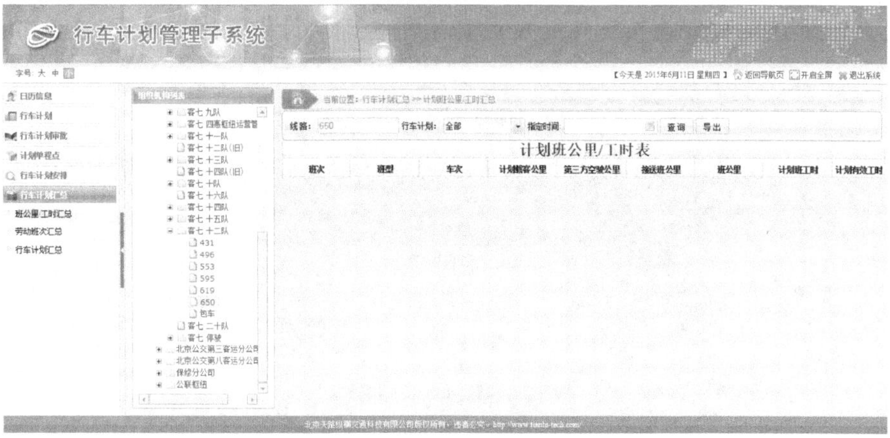

图8-148　计划班公里/工时汇总

2)劳动班次汇总

根据要汇总的线路和行车计划在查询条件框中选择,并点击“查询”按钮,系统自动汇总出劳动班次数据,并显示到数据列表中,如果要导出该汇总数据,则点击“导出”按钮则导出当前线路和发车计划的劳动班次汇总数据(图8-149)。

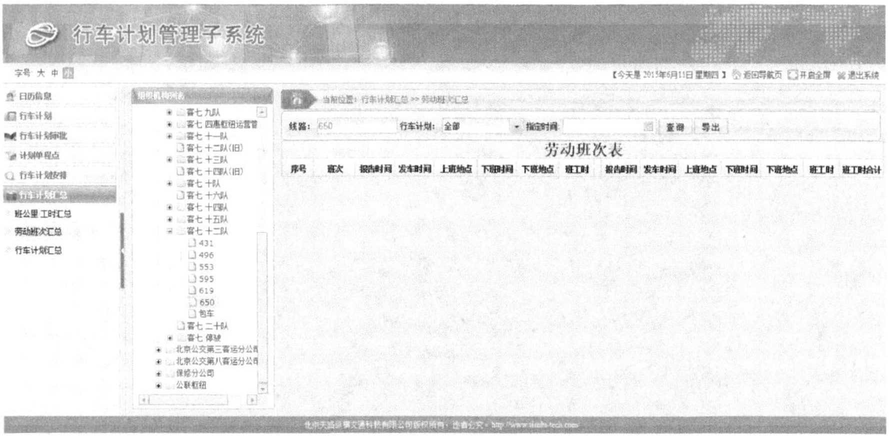

图8-149　劳动班次汇总

3)行车计划汇总

根据要汇总的线路和行车计划在查询条件框中选择,并点击“查询”按钮,系统自动汇总出计划数据,并显示到数据列表中,如果要导出该汇总数据,则点击“导出”按钮则导出当前线路和发车计划的计划汇总数据(图8-150)。

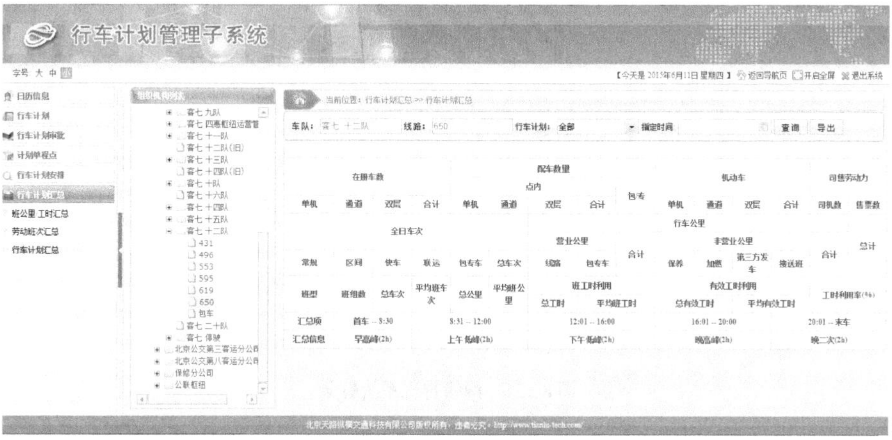

图 8-150　行车计划汇总

第四节　运营排班管理子系统

一、劳动配班概述

公交企业的工作性质、特点与一般工厂、企业不同。线路上运行的公交车辆是连续周转的单车作业。每个车组的运行时间不同,各个时间配备的车辆数不同,以驾驶员、乘务员组成的班组则要相应地配备出不同时间、峰次的劳动班型、配班数,指导驾驶员、乘务员在不同时间和班次去完成运营任务。这个整体的运营组织是依据行车时刻表和劳动配班连接的。编排劳动班次(劳动配班)是一项细致的工作,与编制行车时刻表同样重要。它以行车时刻表为依托,行车时刻表又靠它来实施,两者相互配合同时进行。

二、劳动配班操作

1. 用户登录

运行系统,弹出用户登录窗口;输入用户名和密码,点击"确认"按钮进入排班系统主界面,如图 8-151 所示。

2. 系统主界面

主界面上面主要包括"操作""人工排班管理""自动推班管理""辅助功能"四个菜单栏,如图 8-152 所示。

图 8-151　网络排班系统登录

图 8-152　网络排班系统主界面

3. 操作菜单

“操作”栏目包括“切换用户”和“退出系统”两个子菜单，如图 8-153 所示。

图 8-153　“操作”菜单

1) 切换用户

点击“操作”菜单下“切换用户”，主界面关闭，弹出用户登录界面。

2) 退出系统

点击“操作”菜单下“退出系统”后主界面关闭，程序停止运行。

4. 人工排班管理菜单

"人工排班管理"菜单下有"导入排班(单)""导入排班(多)""导入排班(村村通)""人工排班""人工排班(村村通)""排班时刻调整(单天)""排班时刻调整(多天)"七个子菜单,如图 8-154 所示。

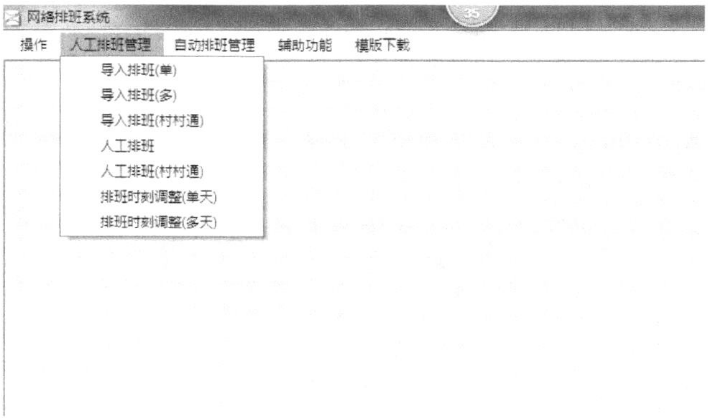

图 8-154　人工排班管理菜单

1) 导入排班

导入排班支持单线路多天导入和多线路多天导入。在主系统界面点击"人工排班管理"菜单,根据需要选择"导入排班(单)""导入排班(多)""导入排班(村村通)"中任意一个子菜单进入"导入排班"界面。

例如,点击"导入排班(单)"后,可进行单线路多天导入,选择相应线路,点击导入,如图 8-155 所示。

图 8-155　"导入排班单"界面

点击保存按钮,保存排班表。

点击"导入排班(多)"后,可进行多线路多天导入。导入该线路下的车辆、驾驶员和乘务员信息后,点击保存按钮,保存排班表。

说明:"导入排班(村村通)"功能,适用于多条小线路排班情况,请根据实际情况使用。

2)人工排班

在主系统界面点击“人工排班管理”菜单下的“人工排班”,进入“人工排班”界面。本界面包括新建、修改、保存功能和读取历史人车数据功能。

本界面选择“线路”之后,在“车辆档案”“驾驶员档案”和“乘务员档案”列表中自动显示该线路下的车辆、驾驶员和乘务员信息,如图8-156所示。

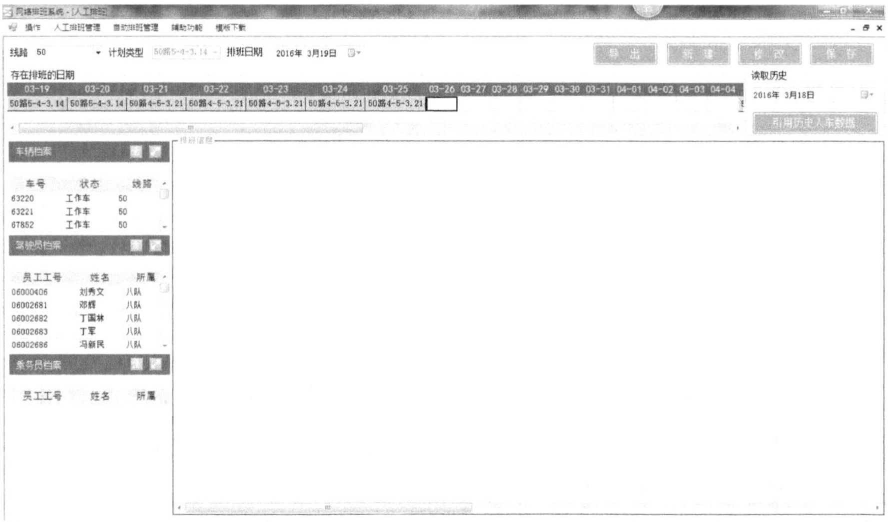

图8-156 “人工排班”界面

(1)新建。

选择“线路”“计划类型”和“排班日期”,点击“新建”按钮,“排班信息”数据区会根据之前设置的班组、班别、乘务员信息显示出相应表头和行数的空白数据表格,如图8-157a)所示。

在“车辆档案”“驾驶员档案”和“乘务员档案”中选择人员添加到空白表格中;最后点击保存按钮即可。如图8-157b)所示。

(2)修改。

选择“线路”“计划类型”和“排班日期”,点击“修改”按钮,“排班信息”数据区会根据之前设置的班组、班别、乘务员信息显示出相应表头并显示之前保存过的信息。鼠标选中需要修改数据的单元格,按“Backspace”键,可删除数据,或者在左侧选择相应数据,最后点击“保存”按钮即可,如图8-158所示。

(3)引用历史人车数据。

选择“线路”和“计划类型”,选择“读取历史”下面的日历,选择时间日期,系统就会把排班日期所对应的计划点与历史日期排班所用人车数据匹配,并在表格中显示出来(该功能是为方便人劳员人工排班)。如图8-159所示。

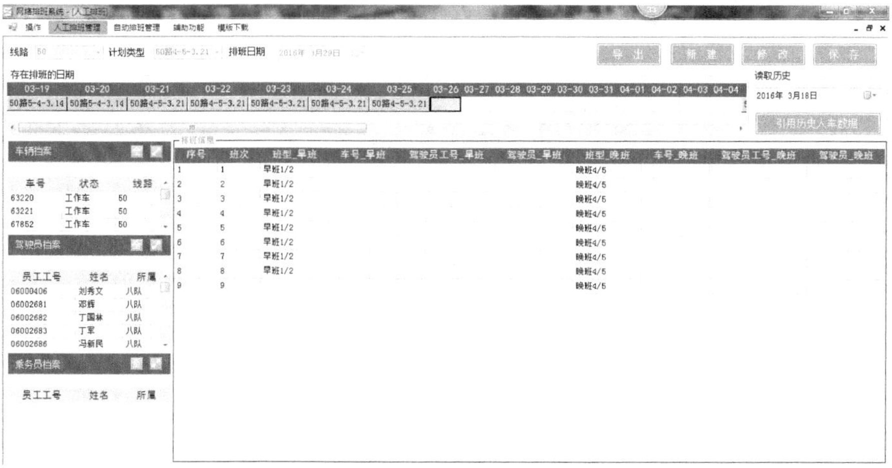

a)

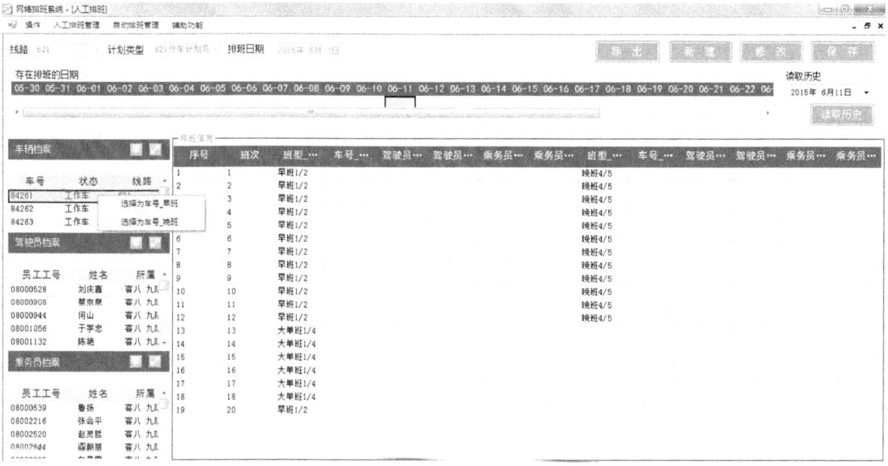

b)

图 8-157 “人工排班”——新建及保存

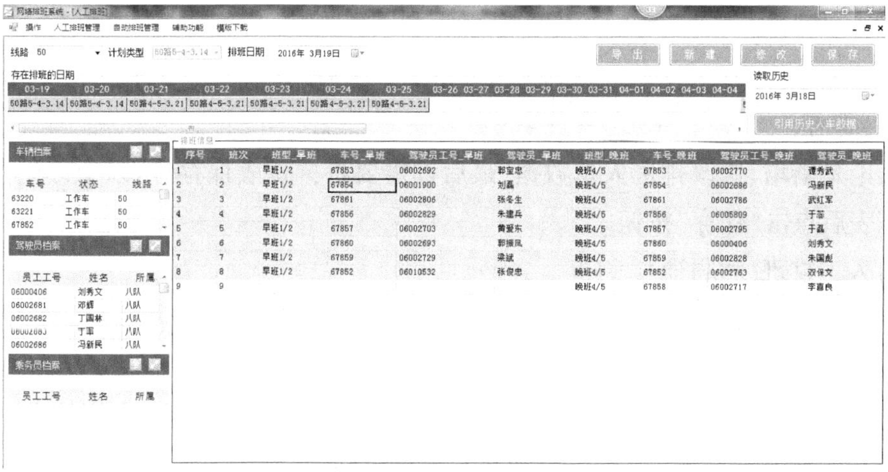

图 8-158 “人工排班”——修改

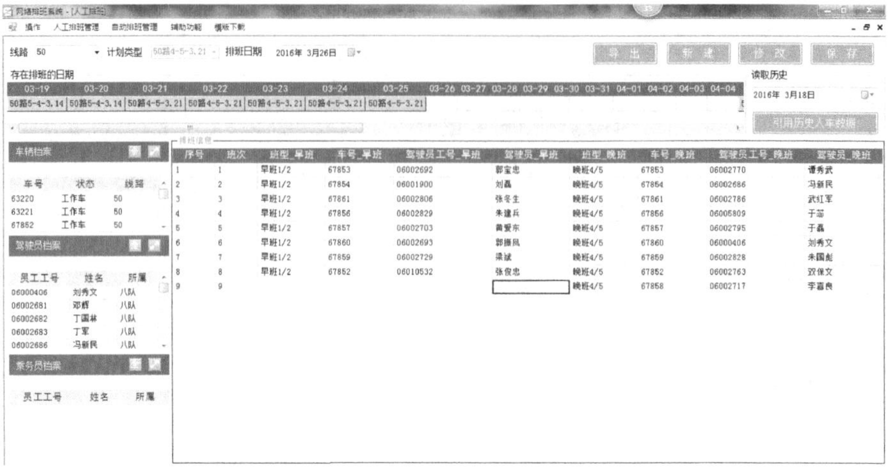

图 8-159 “人工排班”——引用历史人车数据

(4)导出。

选择“线路”和“计划类型”,选择时间日期,点击导出,系统就会从数据库中导出当日该线路、该计划类型下的排班信息,并保存成 Excel 文件,如图 8-160 所示。

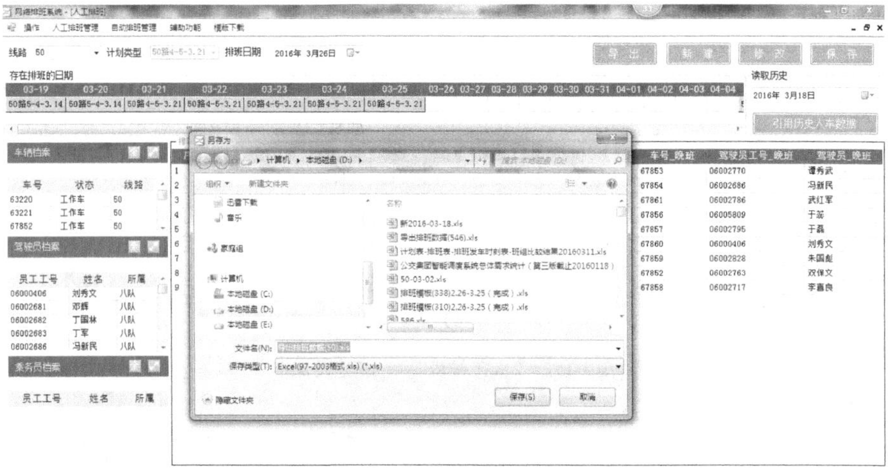

图 8-160 “人工排班”——导出

(5)保存。

无论是新增、修改排班人车数据,最后都需要将排班表保存,所以千万记得处理好排班表后点击“保存”按钮。

3)人工排班(村村通)

在主系统界面点击“人工排班管理”菜单下的“人工排班(村村通)”,进入“人工排班(村村通)”界面,本界面包括修改、保存功能。

本界面选择需要修改的线路(可选择多条线路)、排班日期,在“车辆档案”“驾驶员档案”和“乘务员档案”列表中自动显示所选择线路下的车辆、驾驶员和乘务员信息,如图 8-161 所示。

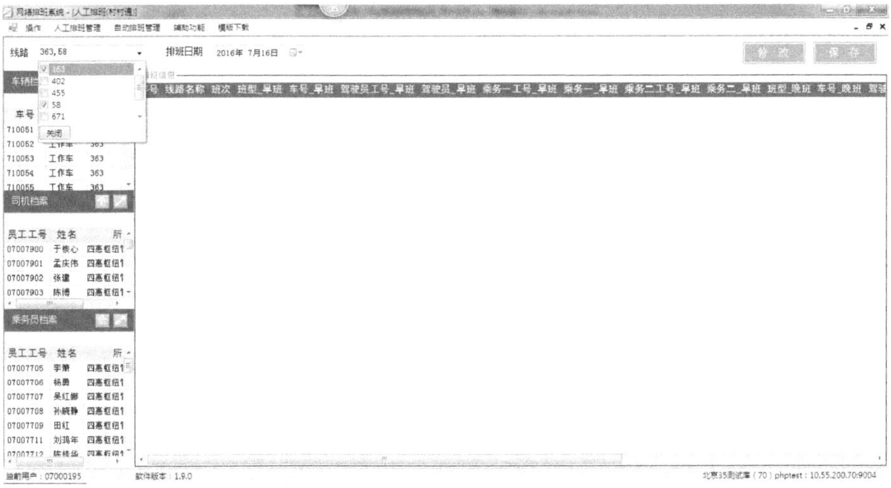

图 8-161 “人工排班(村村通)”界面

(1)修改。

在选择好线路、排班日期后,点击“修改”按钮后,系统加载出所选择线路的排班表,如图 8-162 所示。

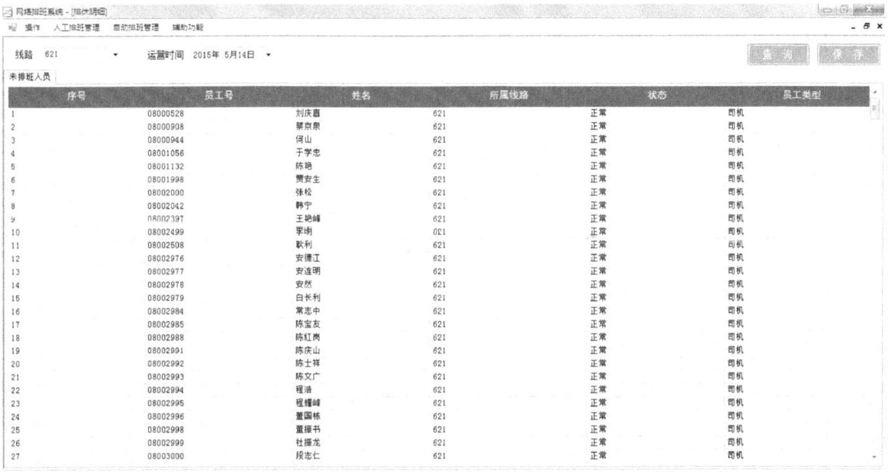

图 8-162 “人工排班(村村通)”——修改

调整人车数据的操作,同人工排班中一样,鼠标选中需要修改数据的单元格,按“Backspace”键,可删除数据,或者在左侧选择相应人车数据。

(2)保存。

调整好排班人车数据后,需要将排班表保存,所以千万记得点击“保存”按钮。

4)排班时刻调整(单天)

在主系统界面点击“人工排班管理”菜单下的“排班时刻调整(单天)”,进入“排班时刻调整(单天)”界面。本界面包括批量修改、查询和保存功能。

(1)查询。

选择线路和运营时间后,点击“查询”按钮,查询表中是否有符合要求的数据,如图 8-163 所示。

序号	排班日期	线路名称	车号	驾驶员	驾驶员工号	发车时间	发车方向	班次	班别	班次标识	班次状态	单程点	到达时间	发车方案	上班时间	发车站点
1	2016-03-19	50	67853	郭宝忠	06002692	05:30	下行	1	早	早班1/2	加入	45	06:15	马官营西至车公庄北	05:15	集团机关-丰台区连花池西里马官营68路中心站
2	2016-03-19	50	67853	郭宝忠	06002692	06:20	上行	1	早	早班1/2	正常行驶	45	07:05	车公庄北至马官营西		车公庄北
3	2016-03-19	50	67853	郭宝忠	06002692	07:23	下行	1	早	早班1/2	正常行驶	52	08:15	马官营西至车公庄北		集团机关-丰台区连花池西里马官营68路中心站
4	2016-03-19	50	67853	郭宝忠	06002692	08:15	上行	1	早	早班1/2	正常行驶	52	09:07	车公庄北至马官营西		车公庄北
5	2016-03-19	50	67853	郭宝忠	06002692	09:10	下行	1	早	早班1/2	正常行驶	50	10:00	马官营西至车公庄北		集团机关-丰台区连花池西里马官营68路中心站
6	2016-03-19	50	67853	郭宝忠	06002692	10:00	上行	1	早	早班1/2	正常行驶	50	10:50	车公庄北至马官营西		车公庄北
7	2016-03-19	50	67853	郭宝忠	06002692	11:01	下行	1	早	早班1/2	正常行驶	38	11:39	马官营西至车公庄北		集团机关-丰台区连花池西里马官营68路中心站
8	2016-03-19	50	67853	郭宝忠	06002692	11:39	上行	1	早	早班1/2	正常行驶	38	12:17	车公庄北至马官营西		车公庄北
9	2016-03-19	50	67853	郭宝忠	06002692	12:58	下行	1	早	早班1/2	正常行驶	38	13:36	马官营西至车公庄北		集团机关-丰台区连花池西里马官营68路中心站
10	2016-03-19	50	67853	郭宝忠	06002692	13:36	上行	1	早	早班1/2	正常行驶	38	14:14	车公庄北至马官营西		车公庄北
11	2016-03-19	50	67853	谭秀武	06002770	14:52	下行	1	晚	晚班4/5	加入	39	15:31	马官营西至车公庄北	14:37	集团机关-丰台区连花池西里马官营68路中心站
12	2016-03-19	50	67853	谭秀武	06002770	15:31	上行	1	晚	晚班4/5	正常行驶	39	16:10	车公庄北至马官营西		车公庄北
13	2016-03-19	50	67853	谭秀武	06002770	16:46	下行	1	晚	晚班4/5	正常行驶	52	17:38	马官营西至车公庄北		集团机关-丰台区连花池西里马官营68路中心站
14	2016-03-19	50	67853	谭秀武	06002770	17:33	上行	1	晚	晚班4/5	正常行驶	52	18:25	车公庄北至马官营西		车公庄北
15	2016-03-19	50	67853	谭秀武	06002770	18:43	下行	1	晚	晚班4/5	正常行驶	46	19:29	马官营西至车公庄北		集团机关-丰台区连花池西里马官营68路中心站
16	2016-03-19	50	67853	谭秀武	06002770	19:29	上行	1	晚	晚班4/5	正常行驶	46	20:15	车公庄北至马官营西		车公庄北
17	2016-03-19	50	67853	谭秀武	06002770	20:28	下行	1	晚	晚班4/5	正常行驶	38	21:06	马官营西至车公庄北		集团机关-丰台区连花池西里马官营68路中心站
18	2016-03-19	50	67853	谭秀武	06002770	21:06	上行	1	晚	晚班4/5	正常行驶	38	21:44	车公庄北至马官营西		车公庄北
19	2016-03-19	50	67854	刘磊	06001900	05:50	下行	2	早	早班1/2	加入	40	06:30	马官营西至车公庄北	05:35	集团机关-丰台区连花池西里马官营68路中心站
20	2016-03-19	50	67854	刘磊	06001900	06:30	上行	2	早	早班1/2	正常行驶	40	07:10	车公庄北至马官营西		车公庄北
21	2016-03-19	50	67854	刘磊	06001900	07:36	下行	2	早	早班1/2	正常行驶	52	08:28	马官营西至车公庄北		集团机关-丰台区连花池西里马官营68路中心站
22	2016-03-19	50	67854	刘磊	06001900	08:28	上行	2	早	早班1/2	正常行驶	52	09:20	车公庄北至马官营西		车公庄北
23	2016-03-19	50	67854	刘磊	06001900	09:24	下行	2	早	早班1/2	正常行驶	48	10:12	马官营西至车公庄北		集团机关-丰台区连花池西里马官营68路中心站
24	2016-03-19	50	67854	刘磊	06001900	10:12	上行	2	早	早班1/2	正常行驶	48	11:00	车公庄北至马官营西		车公庄北
25	2016-03-19	50	67854	刘磊	06001900	11:14	下行	2	早	早班1/2	正常行驶	38	11:52	马官营西至车公庄北		集团机关-丰台区连花池西里马官营68路中心站
26	2016-03-19	50	67854	刘磊	06001900	11:52	上行	2	早	早班1/2	正常行驶	38	12:30	车公庄北至马官营西		车公庄北

图 8-163 “排理时刻调整(单天)”——查询

(2)批量“批量调整”。

点击“批量修改”按钮后,会弹出“批量调整”子窗口[图 8-164a)];此窗体,可以进行全选、清除右键操作,并支持 Ctrl 键做不连续选择,再点击“参数设置”,弹出参数设置窗口[图 8-164b)];参数设置支持“早班车次延后”和“晚班车次提前”,最多可调整两个车次。点击“确定”后,会在“批量调整”界面中体现出排班时刻调整情况[图 8-164c)];在“批量调整”界面中点击“确定”后,会将排班时刻调整情况反映到发车时刻表中(红色标注)[图 8-164d)]。

(3)保存。

点击“保存”,会将当前发车时刻数据保存到数据库中,系统开班后会直接反应在调度端的行车时刻表及行车计划上。

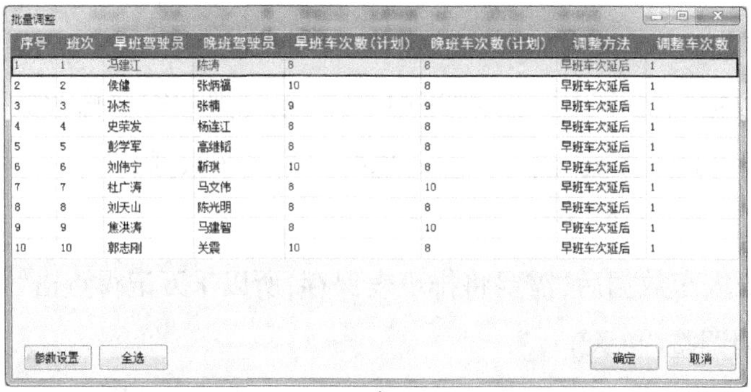

序号	班次	早班驾驶员	晚班驾驶员	早班车次数(计划)	晚班车次数(计划)	调整方法	调整车次数
1	1	马建江	陈涛	8	8	早班车次延后	1
2	2	侯健	张炳福	10	8	早班车次延后	1
3	3	孙杰	张楠	9	9	早班车次延后	1
4	4	史荣发	杨连江	8	8	早班车次延后	1
5	5	彭学军	高继韬	8	8	早班车次延后	1
6	6	刘伟宁	靳琪	10	8	早班车次延后	1
7	7	杜广涛	马文伟	8	10	早班车次延后	1
8	8	刘天山	陈光明	8	8	早班车次延后	1
9	9	焦洪涛	马建智	8	10	早班车次延后	1
10	10	郭志刚	关震	10	8	早班车次延后	1

a)

图 8-164

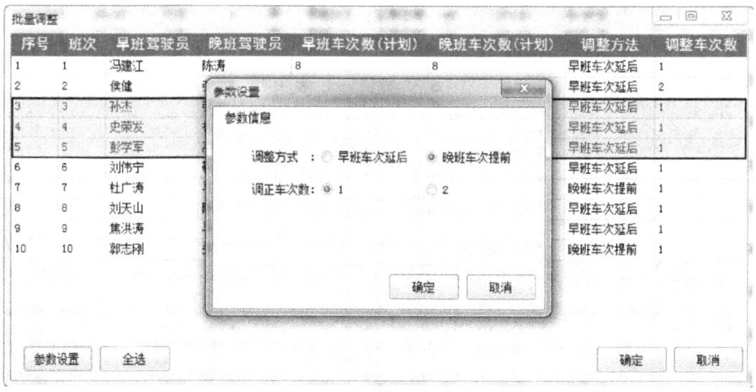

b)

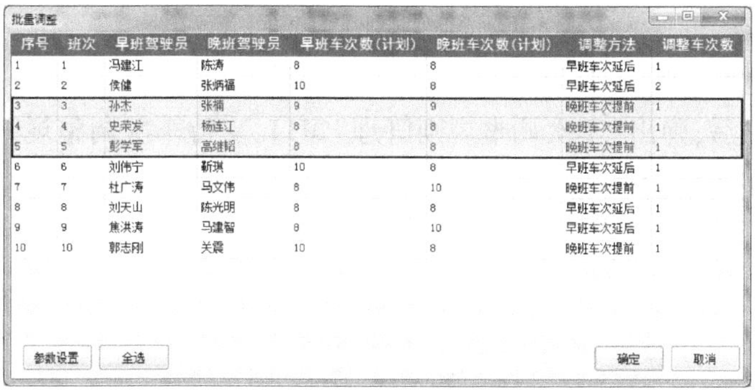

c)

d)

图 8-164 “排班时刻调整(单天)”——批量修改

5)排班时刻调整(多天)

在主系统界面点击“人工排班管理”菜单下的“排班时刻调整(多天)”,进入“排班时刻调整(多天)”界面。本界面包括批量设置、车次调整规则管理、查询和保存功能。

(1)查询功能。

选择线路和待调整车次的时间范围后(最多 7 天),点击该按钮,会查询表中是否有符合要求的数据,如图 8-165 所示。

图 8-165 “排班时刻调整(多天)”查询

(2)车次调整规则管理功能。

点击该按钮后,弹出“车次调整规则管理”窗口,支持车次调整规则的增加、删除、修改、查询,如图 8-166 所示。

图 8-166 “排班时刻调整(多天)”——车次调整规则管理

①新建规则时,在规则名称输入框中填写规则名称,然后点击“初始化”按钮,系统自动加载出可调整车次的班次列表,选择待调整车次的班次(可通过 Ctrl 键 + 鼠标多选班次),然后点击“参数设置”按钮,在弹出的参数设置窗口中设置班次调整规则,最后点击“保存”按钮进行保存。

②修改规则时,在规则名称下拉框中,选择待修改的规则名称,系统会自动加载选择的规则内容,修改车次调整规则后,点击“保存”按钮进行保存。

③删除规则时,在规则名称下拉框中,选择待删除的规则名称,然后点击“删除”按钮即可删除。

注意:参数设置功能,等同于排班时刻调整(单天)中的参数设置功能。

(3)批量设置功能。

打开批量设置功能前,需先选择线路、车次调整日期范围,并查询出该日期范围内的发车时刻表。点击批量设置按钮后，弹出批量设置小窗口，如图 8-167 所示。窗口中可为每个运营日期选择不同的车次调整规则（也可以相同），鼠标双击待设置车次调整规则的区域，即可显示出车次调整规则下拉框，从中选择规则（也可以不选择规则，这样该运营日期就不对车次进行调整），最后点击“确定”按钮，系统开始对日期范围内的排班表进行车次批量调整，批量调整完成后，请确认车次调整是否正确，最后点击“保存”按钮，将调整后的排班时刻表数据保存起来。

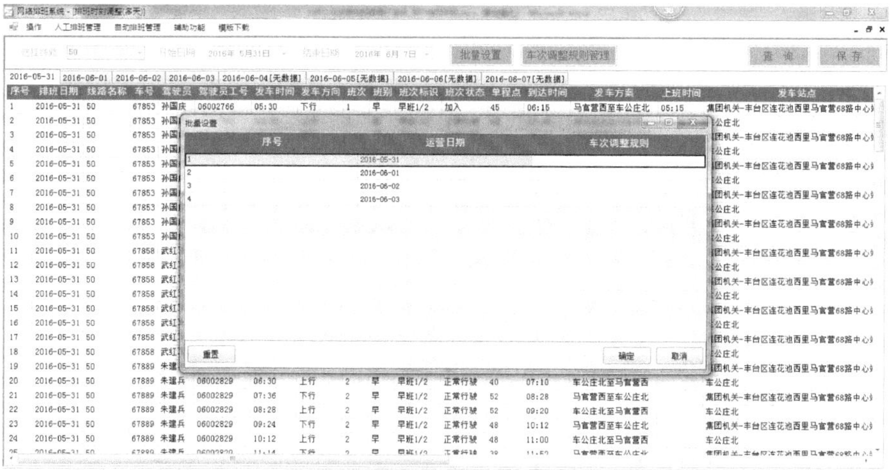

图 8-167　“排班时刻管理（多天）”——批量设置

注意：

①如果某天比较特殊，批量调整车次功能难以满足的话，可以使用排班时刻调整（单天）进行单独设置。

②千万记得，车次调整完成后，要点击“保存”按钮。

5. 自动推班

自动推班功能包括推班规则管理、推班模板管理、自动推班三个部分。自动推班使用步骤如下：

（1）定义推班规则，也就是指定每个班次所在轮班分组、轮休分组，以及轮班方向、轮休方向等。

（2）定义推班模板，就是把推班规则与人车挂钩。

（3）完成自动推班，使用指定的推班模板，在某段日期范围内进行自动推班。

1）推班规则

首次进入推班规则窗口后，选择线路，然后在“规则名称”栏输入规则名称，鼠标右键点击窗口“规则信息”区域，弹出菜单上选择具体项目来添加班次或替休［图 8-168a)］。

规则 1：轮班分组圈定的是哪些班次内循环；

规则 2：轮休分组，一般与轮班分组相同，圈定的是哪些班次内进行替休；

规则3:线路所有班次都应该在规则中出现;

规则4:班次号不能重复。

设置好规则后,点击"保存"按钮,如图8-168b)所示。

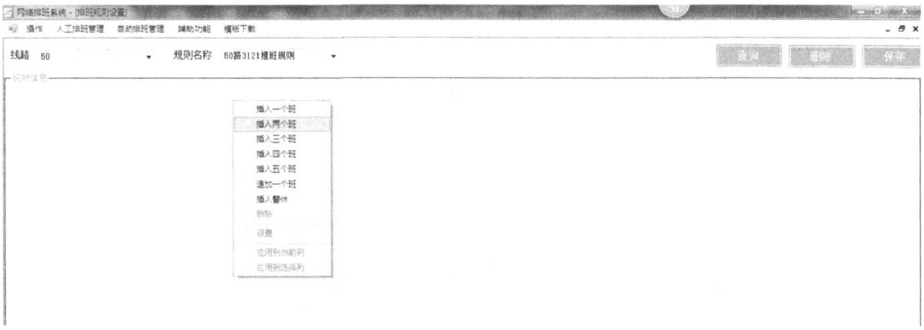

a)

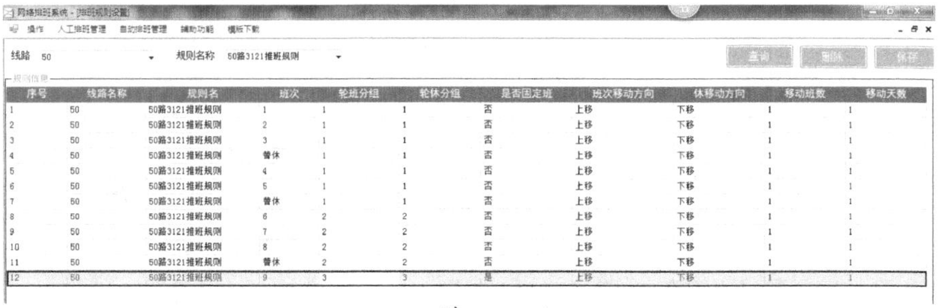

序号	线路名称	规则名	班次	轮班分组	轮休分组	是否固定班	班次移动方向	休移动方向	移动班数	移动天数
1	50	50路3121推班规则	1	1	1	否	上移	下移	1	1
2	50	50路3121推班规则	2	1	1	否	上移	下移	1	1
3	50	50路3121推班规则	3	1	1	否	上移	下移	1	1
4	50	50路3121推班规则	替休	1	1	否	上移	下移	1	1
5	50	50路3121推班规则	4	1	1	否	上移	下移	1	1
6	50	50路3121推班规则	5	1	1	否	上移	下移	1	1
7	50	50路3121推班规则	替休	1	1	否	上移	下移	1	1
8	50	50路3121推班规则	6	2	2	否	上移	下移	1	1
9	50	50路3121推班规则	7	2	2	否	上移	下移	1	1
10	50	50路3121推班规则	8	2	2	否	上移	下移	1	1
11	50	50路3121推班规则	替休	2	2	否	上移	下移	1	1
12	50	50路3121推班规则	9	3	3	是	上移	下移	1	1

b)

图8-168 "自动推班"——推班规则

2)推班模板

推班模板是指在推班规则基础上挂车挂人。

首先选择线路,然后输入模板名称,再添加规则,如图8-169a)所示;添加规则后,在规则上挂人挂车(类似于人工排班),也可以导入历史人车数据(快捷挂人挂车),如图8-169b)所示。

a)

图 8-169

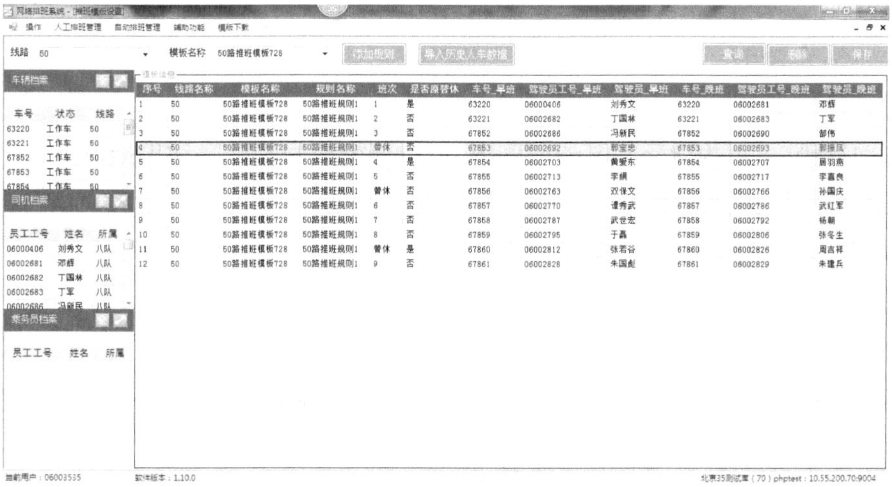

b）

图 8-169 “自动推班”——推班模板

规则 1：标识为“替休”的班次，挂车（可选），但必须挂人（替换其他人上班的人）；

规则 2：正常班次需人车齐全；

规则 3：首次使用自动推班时，请按自动推班开始日期的实际人、车挂班，但需要将实际替休组的人标识清楚（是否原替休列）；

最后，点击“保存”按钮。

3）班次对应设置

平、假日（平日与双休日）平滑过渡功能，需设置平日与双休日的班次对应关系，如图 8-170 所示。

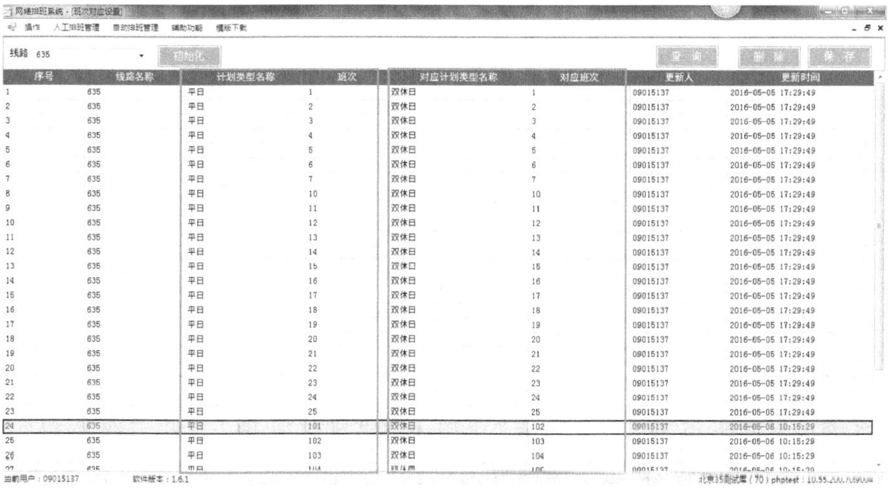

图 8-170 “班次对应设置”——设置平日与双休日的班次对应关系

操作步骤：选择线路，点击“初始化”按钮（如果没设置过班次对应关系的话），调整平日班次对应的假日班次（默认是相同的），点击“保存”按钮。

注意:平假日平滑过渡功能,实现了最常用的平日与双休日之间的平滑过渡,但不包括其他节假日。

4)自动推班

自动推班,可以为线路在某段时间内,以推班模板为基础自动出排班表。

选择线路后,选择推班模板,再调整开始日期、结束日期,最后点击“自动推班”按钮,即可自动推班,如图8-171a)所示。

注意:如果勾选了“是否使用上次推班数据”,则系统会自动衔接上次自动推班数据来进行推班(忽略已选择的推班模板)。

鼠标左键双击某天的排班,会加载出该天的自动推班数据(如果有个别需调整的人或车,可到人工排班中调整),如图8-171b)所示。

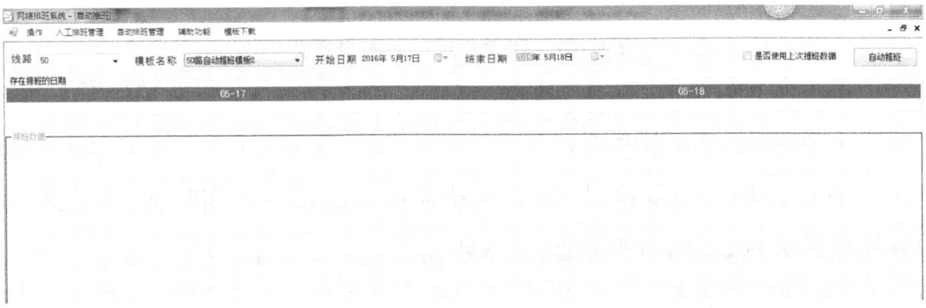

a)

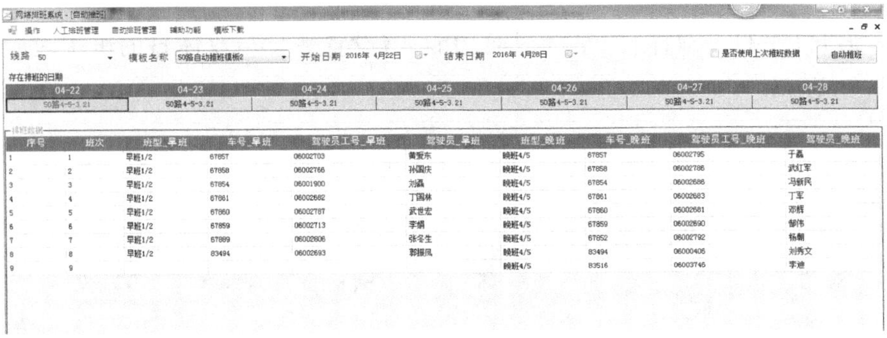

b)

图8-171 “自动推班”——设置自动推班

6. 辅助功能

1)排休明细

在系统主界面下点击“辅助功能”菜单下的“排休管理”下的二级菜单“排休明细”,进入“排休明细”界面,该界面包括查询和保存功能按钮,如图8-172所示。

选择“线路”“运营时间”和“姓名”,点击“查询”按钮,会出现当天该线路下的改姓名排休人员信息,其中“序号”“IC卡号”“姓名”和“所属线路”不可修改;“状态”只能选择下级菜单当中的选择项,数据源来源于“请假事由设置”中的数据设置。

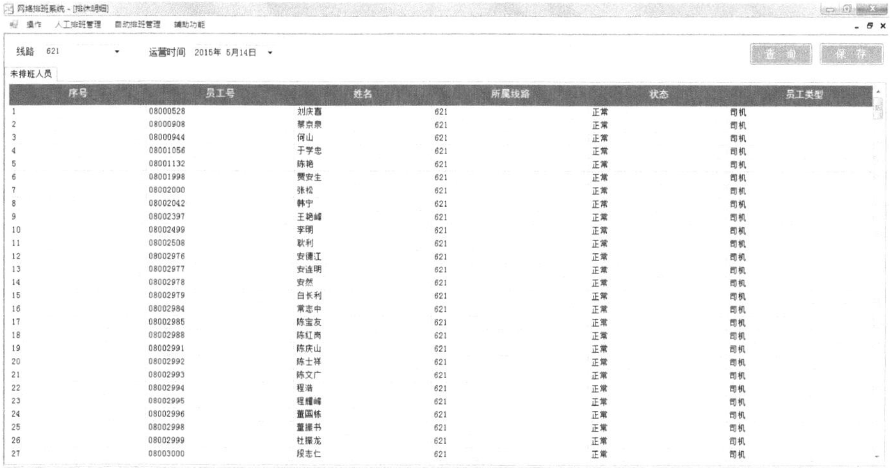

序号	员工号	姓名	所属线路	状态	员工类型
1	08000528	刘庆喜	621	正常	司机
2	08000908	綦京泉	621	正常	司机
3	08000944	何山	621	正常	司机
4	08001056	于学忠	621	正常	司机
5	08001132	陈艳	621	正常	司机
6	08001998	贾安生	621	正常	司机
7	08002000	张松	621	正常	司机
8	08002042	韩宁	621	正常	司机
9	08002397	王艳峰	621	正常	司机
10	08002499	李明	621	正常	司机
11	08002508	耿利	621	正常	司机
12	08002976	安德江	621	正常	司机
13	08002977	安连明	621	正常	司机
14	08002978	安然	621	正常	司机
15	08002979	白长利	621	正常	司机
16	08002984	常志中	621	正常	司机
17	08002985	陈宝友	621	正常	司机
18	08002988	陈红岗	621	正常	司机
19	08002991	陈庆山	621	正常	司机
20	08002992	陈士祥	621	正常	司机
21	08002993	陈文广	621	正常	司机
22	08002994	程浩	621	正常	司机
23	08002995	程耀峰	621	正常	司机
24	08002996	董国栋	621	正常	司机
25	08002998	董振书	621	正常	司机
26	08002999	杜振龙	621	正常	司机
27	08003000	段志仁	621	正常	司机

图 8-172 “排休明细”

2)排班与行车计划

在系统主界面下点击“辅助功能”菜单下的“排班与行车计划”,进入“排班与行车计划”界面。

选择“线路”和“运营时间”,点击“查询”按钮,会在下方数据区显示出该天该线路下的“排班与行车计划”数据匹配、“行车计划”数据、“排班”的数据和“夜班车发车时间”的数据。

(1)“排班与行车计划”的数据匹配,数据来源于“人工排班”中对该条线路的班次、班别、车辆驾驶员、乘务员等数据的设置和“行车计划表”中导入该条线路下的Excel模板的车次、班次、班别、发车时间等数据的设置,将两个功能中设置的数据进行自能匹配,最后将匹配出的结果显示在此表中,图 8-173 所示。

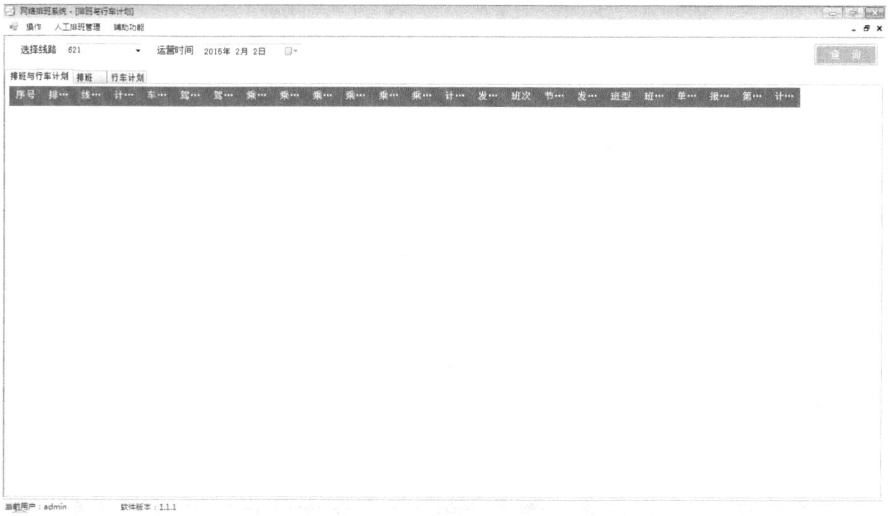

图 8-173 “排班与行车计划”数据匹配

(2)“行车计划”表的数据来源于“行车计划表”中导入该条线路下的 Excel 模板的车次、班次、班别、发车时间等数据的设置,如图 8-174 所示。

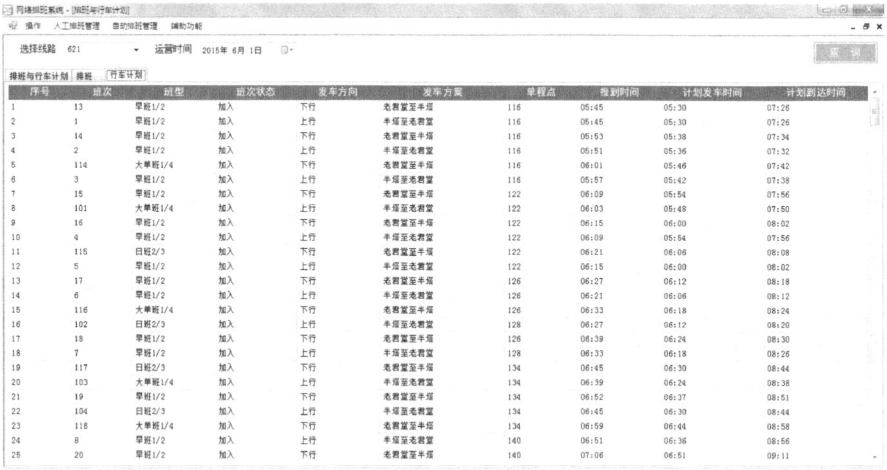

序号	班次	班型	班次状态	发车方向	发车方案	单程点	报到时间	计划发车时间	计划到达时间
1	13	早班1/2	加入	下行	老君堂至半塔	116	05:45	05:30	07:26
2	1	早班1/2	加入	上行	半塔至老君堂	116	05:45	05:30	07:26
3	14	早班1/2	加入	下行	老君堂至半塔	116	05:53	05:38	07:34
4	2	早班1/2	加入	上行	半塔至老君堂	116	05:51	05:36	07:32
5	114	大单班1/4	加入	下行	老君堂至半塔	116	06:01	05:46	07:42
6	3	早班1/2	加入	上行	半塔至老君堂	116	05:57	05:42	07:38
7	15	早班1/2	加入	下行	老君堂至半塔	122	06:09	05:54	07:56
8	101	大单班1/4	加入	上行	半塔至老君堂	122	06:03	05:48	07:50
9	16	早班1/2	加入	下行	老君堂至半塔	122	06:15	06:00	08:02
10	4	早班1/2	加入	上行	半塔至老君堂	122	06:09	05:54	07:56
11	115	日班2/3	加入	下行	老君堂至半塔	122	06:21	06:06	08:08
12	5	早班1/2	加入	上行	半塔至老君堂	122	06:15	06:00	08:02
13	17	早班1/2	加入	下行	老君堂至半塔	126	06:27	06:12	08:18
14	6	早班1/2	加入	上行	半塔至老君堂	126	06:21	06:06	08:12
15	116	大单班1/4	加入	下行	老君堂至半塔	126	06:33	06:18	08:24
16	102	日班2/3	加入	上行	半塔至老君堂	128	06:27	06:12	08:20
17	18	早班1/2	加入	下行	老君堂至半塔	126	06:39	06:24	08:30
18	7	早班1/2	加入	上行	半塔至老君堂	128	06:33	06:18	08:26
19	117	日班2/3	加入	下行	老君堂至半塔	134	06:45	06:30	08:44
20	103	大单班1/4	加入	上行	半塔至老君堂	134	06:39	06:24	08:38
21	19	早班1/2	加入	下行	老君堂至半塔	134	06:52	06:37	08:51
22	104	日班2/3	加入	上行	半塔至老君堂	134	06:45	06:30	08:44
23	118	大单班1/4	加入	下行	老君堂至半塔	134	06:59	06:44	08:58
24	8	早班1/2	加入	上行	半塔至老君堂	140	06:51	06:36	08:56
25	20	早班1/2	加入	下行	老君堂至半塔	140	07:06	06:51	09:11

图 8-174 “行车计划”数据

(3)“排班”表的数据来源于“人工排班”表中对该条日班线路的班次、班别、车辆驾驶员、乘务员等数据的设置,如图 8-175 所示。

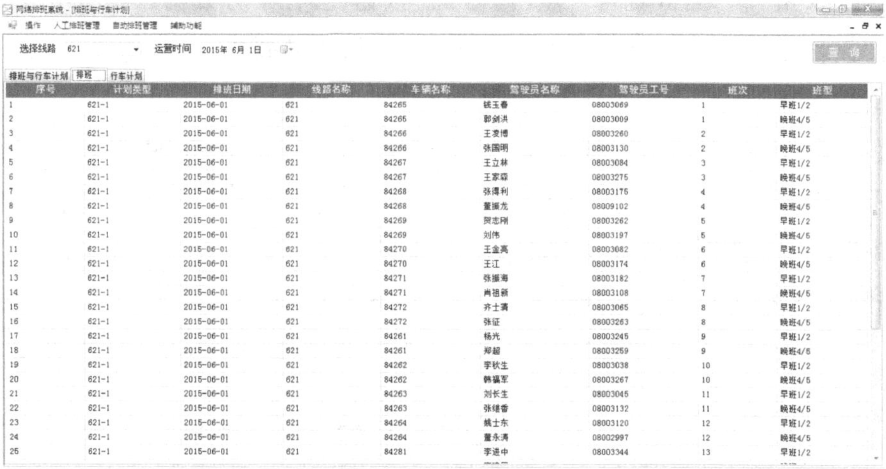

序号	计划类型	排班日期	线路名称	车辆名称	驾驶员名称	驾驶员工号	班次	班型
1	621-1	2015-06-01	621	84265	钱玉春	08003069	1	早班1/2
2	621-1	2015-06-01	621	84265	郭剑洪	08003009	1	晚班4/5
3	621-1	2015-06-01	621	84266	王凌博	08003260	2	早班1/2
4	621-1	2015-06-01	621	84266	张国明	08003130	2	晚班4/5
5	621-1	2015-06-01	621	84267	王立林	08003084	3	早班1/2
6	621-1	2015-06-01	621	84267	王家霖	08003275	3	晚班4/5
7	621-1	2015-06-01	621	84268	张得利	08003175	4	早班1/2
8	621-1	2015-06-01	621	84268	董振龙	08009102	4	晚班4/5
9	621-1	2015-06-01	621	84269	贺志刚	08003262	5	早班1/2
10	621-1	2015-06-01	621	84269	刘伟	08003197	5	晚班4/5
11	621-1	2015-06-01	621	84270	王金亮	08003082	6	早班1/2
12	621-1	2015-06-01	621	84270	王江	08003174	6	晚班4/5
13	621-1	2015-06-01	621	84271	张振海	08003182	7	早班1/2
14	621-1	2015-06-01	621	84271	肖祖新	08003108	7	晚班4/5
15	621-1	2015-06-01	621	84272	齐士清	08003065	8	早班1/2
16	621-1	2015-06-01	621	84272	张征	08003263	8	晚班4/5
17	621-1	2015-06-01	621	84261	杨光	08003245	9	早班1/2
18	621-1	2015-06-01	621	84261	郑超	08003259	9	晚班4/5
19	621-1	2015-06-01	621	84262	李秋生	08003038	10	早班1/2
20	621-1	2015-06-01	621	84262	韩福军	08003267	10	晚班4/5
21	621-1	2015-06-01	621	84263	刘长生	08003045	11	早班1/2
22	621-1	2015-06-01	621	84263	张继香	08003132	11	晚班4/5
23	621-1	2015-06-01	621	84264	姚士东	08003120	12	早班1/2
24	621-1	2015-06-01	621	84264	董永涛	08002997	12	晚班4/5
25	621-1	2015-06-01	621	84281	李进中	08003344	13	早班1/2

图 8-175 “排班”数据

3)考勤统计

在系统主界面下点击“辅助功能”菜单下的“考勤统计”,进入“进入考勤统计”界面,该界面包括“查询”和“保存”功能按钮。

选择“线路”“考勤日期”,点击“查询”按钮,会出现当天该线路下的员工考勤信息,该信息不可修改,数据源来源于后台“员工打卡签到”中的数据设置,如图 8-176 所示。

4)司乘替休

在系统主界面下点击“辅助功能”菜单下的“司乘替休”,进入“司乘替休”界面(图 8-177),该界面包括“基本信息”“司机信息”“乘务员信息”三类功能按钮。

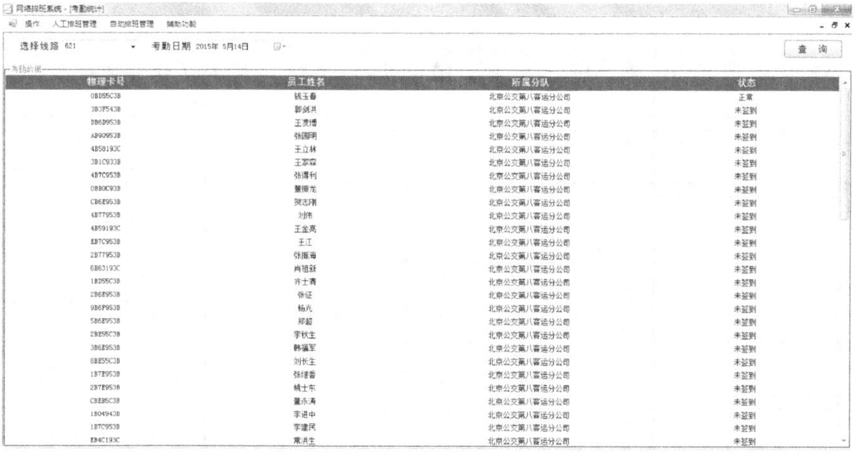

图 8-176 “考勤统计”

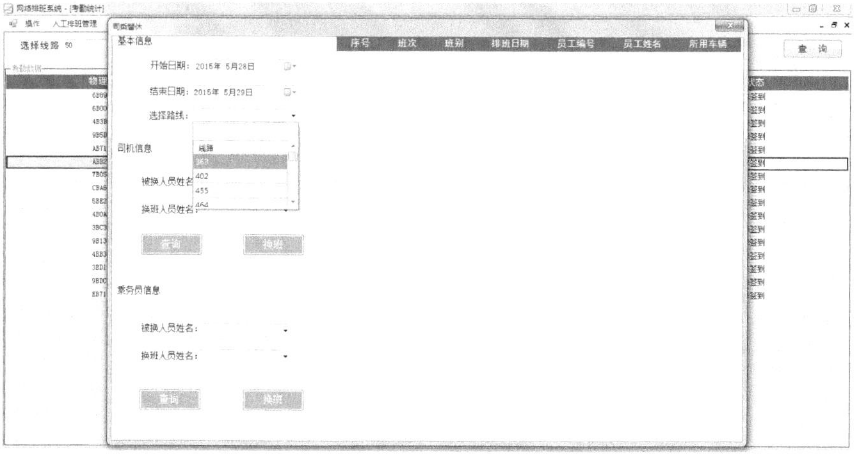

图 8-177 “司乘替休”

5）乘务员设置

在系统主界面下点击“辅助功能”菜单下的“乘务员设置”，进入“乘务员设置”界面，如图 8-178 所示。通过设置某条线路的“乘务员个数”，来设置该线路的售票员人数。0、1、2 分别代表该条线路无售票员、1 个售票员、2 个售票员。

图 8-178 “乘务员设置”

7. 模板下载

在模板下载菜单下,有“导入模板(单线路)”“导入模板(多线路)”“导入模板(村村通)”,按需要下载相应导班模板,如图 8-179 所示。

图 8-179 “模板下载”

第五节 运调统计报表系统

一、数据统计管理概述

城市公共交通企业运营统计主要由三个阶段的工作构成,即统计资料调查、统计整理与统计分析。三个阶段的工作是有机结合、环环相扣、步步相连的。首先,根据统计任务运用各种调查方法,收集企业运营统计所需资料;其次,进行加工、整理,使之系统化;最后,进行统计分析研究,以反映城市公共交通运营活动的数量特征、数量关系及其变动的规律性。

二、数据统计操作

1. 登录系统

使用 IE 浏览器打开系统,在图 8-180 中所示的红框内输入用户名、密码,点击登录系统,即可进入运调统计报表子系统。

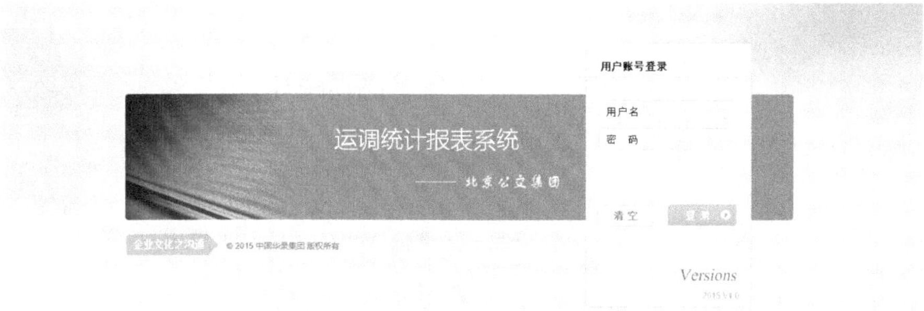

图 8-180 登录运调统计报表系统

2. 系统概览

1）系统的初始登录界面

系统的初始登录界面如图 8-181 所示。

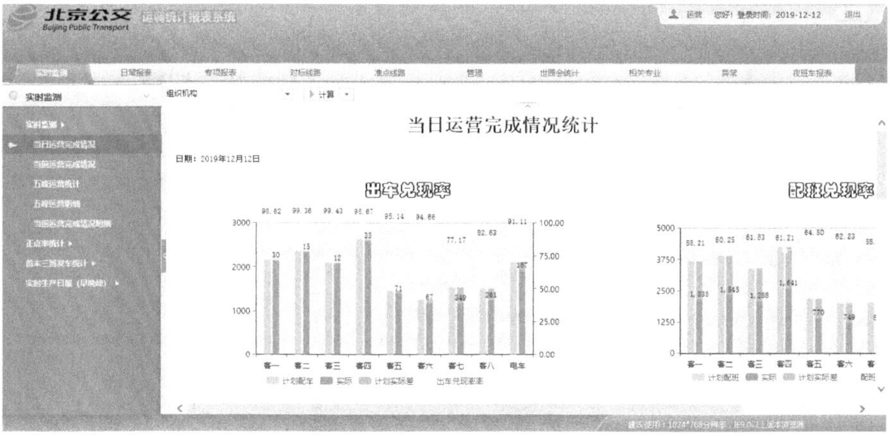

图 8-181 系统的初始登录界面

2）统计项

统计项包括实时监测、日常报表、专项报表、对标线路、准点线路、管理、世园会统计、相关专业、异常、夜班车报表，如图 8-182 所示。

图 8-182 统计项

3. 报表使用方法

1）报表的查询

（1）用户选取所要查询的报表，此处以“专项报表统计”\“到达快点统计”为例（图 8-183）。依次点击 “专项报表”\“到达快点统计” ，选择相应的查询日期；然后点击下图中红框显示的按钮进行查询。

（2）用户选取所要查询的报表，此处以“专项报表”\“到达快点明细”为例（图 8-184）。依次点击 “专项报表”\“到达快点明细”，按照需要查询的组织层级顺序（公司 > 车队 > 线路）进行选择，然后选择相应的查询日期，最后点击图中红框显示的按钮进行查询。

组织机构	计划车次	实际车次	快点车次	快点率
客一	12,894	11,868	4,236	35.69%
客二	11,657	10,666	4,025	37.74%
客三	10,898	10,474	4,387	41.88%
客四	15,304	14,988	5,076	33.87%
客五	13,719	13,002	5,731	44.08%
客六	13,171	12,702	4,830	38.03%
客七	13,815	12,144	3,116	25.66%
客八	14,047	13,255	5,263	39.71%
电车	26,113	21,207	9,197	43.37%
八方达	25,798	25,769	9,191	35.67%
合计	157,416	146,075	55,052	37.69%

图 8-183 “专项报表”——到达快点统计

日期	分公司	车队	线路	车号	驾驶员	计划发车时间	实际发车时间	发车方案	计划到达时间
2016年01月06日	电车	第七运营车队	3	98413	刘宝贵	14:52	15:11	常规	16:19
2016年01月06日	电车	第七运营车队	3	98413	魏泽	10:45	10:45	常规	12:06
2016年01月06日	电车	第七运营车队	3	98413	魏泽	12:00	12:18	常规	13:27
2016年01月06日	电车	第七运营车队	3	98413	魏泽	07:10	07:10	常规	08:22
2016年01月06日	电车	第七运营车队	3	98413	魏泽	13:40	13:57	常规	15:07
2016年01月06日	电车	第七运营车队	3	98456	丁艳明	13:24	13:24	常规	14:51
2016年01月06日	电车	第七运营车队	3	98457	曹东生	14:44	14:49	常规	16:11
2016年01月06日	电车	第七运营车队	3	98457	曹东生	21:30	21:30	常规	22:42
2016年01月06日	电车	第七运营车队	3	98457	曹东生	20:40	20:41	常规	21:52
2016年01月06日	电车	第七运营车队	3	98457	张金国	07:00	06:57	常规	08:12
2016年01月06日	电车	第七运营车队	3	98457	张金国	11:32	11:32	常规	12:59
2016年01月06日	电车	第七运营车队	3	98457	张金国	13:32	13:32	常规	14:59
2016年01月06日	电车	第七运营车队	3	98457	张金国	10:25	10:23	常规	11:43

图 8-184 “专项报表”——到达快点

注意：当想查询另一条或者多条线路时，首先取消当前线路，再选取要查询线路。

【例 8-1】 假如当前查询线路为客一\一队\510[图 8-185a)]。

①点击“全选”选项[图 8-185b)]。

a)

图 8-185

b)

c)

图 8-185　查询当前线路(客一\一队\510)

②取消“全选”选项[图 8-185c)]。

③选取需要查询的线路即可,如需继续查询,重复以上操作。

2)报表的导出

(1)按照上一步操作得出查询结果后,用户如果需要导出查询结果。点击页面右侧的菜单按钮,选择导出功能[图 8-186a)]。

a)

图　8-186

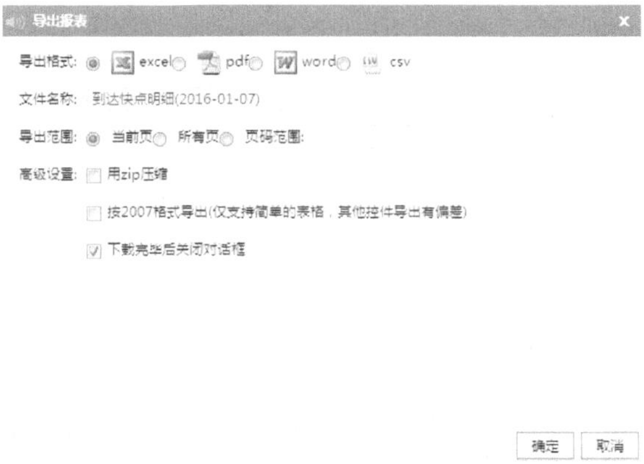

b)

图 8-186　报表的导出

(2)在弹出的对话框中选择格式、输入欲保存为的文件名等,点击“确定”[图 8-186b)]。

3)报表的日志

(1)按照上一步操作得出查询结果后,用户如果需要查看日志。点击页面右侧的菜单按钮,选择日志功能[图 8-187a)]。

(2)在弹出的对话框中可以看到日志[图 8-187b)]。

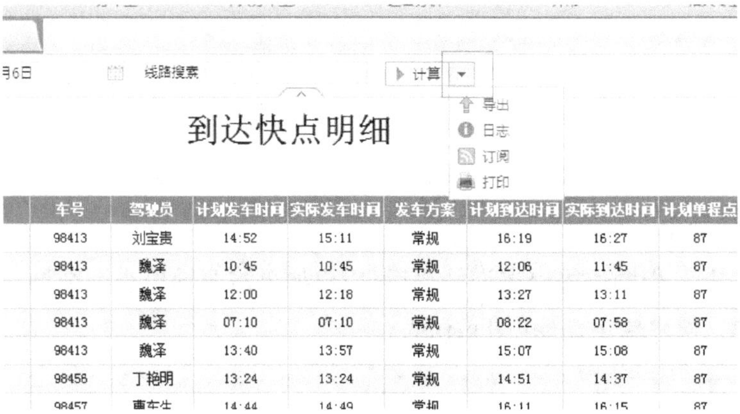

a)

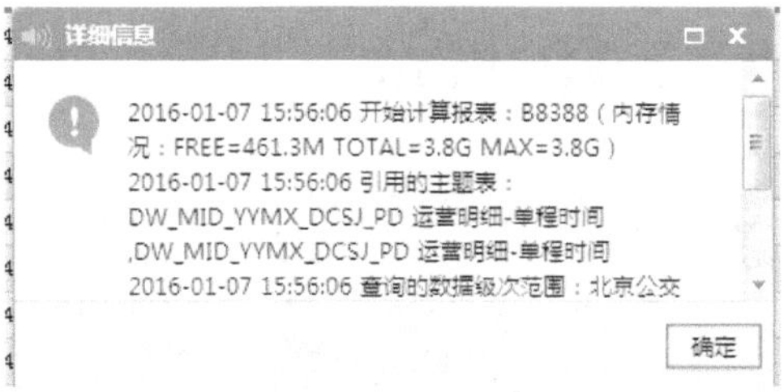

b)

图 8-187　报表的日志

4)报表的订阅

(1)按照上一步操作得出查询结果后,用户如果需要订阅报表。点击页面右侧的菜单按钮,选择订阅功能[图 8-188a)]。

(2)在弹出的对话框中红框的地方可以选择订阅的报表、黄框出可以选择报表需要计算的参数[图 8-188b)]。

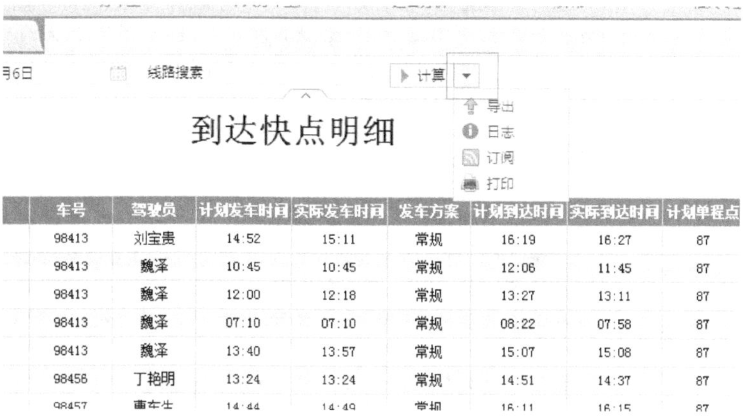

a)

b)

图 8-188 报表的订阅

4. 报表列表(表 8-1)

报 表 列 表 表 8-1

序号	业务功能	描述
1	实时监测	包括报表:当日运营完成情况、当前运营完成情况、五峰运营统计、五峰运营明细、当前运营完成情况明细、发出正点率统计、到达正点率统计、首三班统计表、首三班明细表、末三班统计表、末三班明细表、早高峰运营完成统计、晚高峰运营完成统计
2	日常报表	包括报表:组织机构表、单程时间、运营线路大间隔情况日报、大间隔情况审核表、运营线路中途大间隔专项统计表、大间隔情况实时、行车记录表、运营生产日报表、分时出车综合统计表、运营数据简要汇总表、全日区间车次情况、线路单程点及运送速度统计表、全日运营完成情况统计、全日运营完成情况明细、五峰运营完成情况统计、五峰运营完成情况明细、跨线支援统计表、跨线支援明细表、排班计划明细表、线路临时调度措施统计表、夜班线路运营情况统计表、工作车日、工作车明细、全日准到准发明细表、五峰准到准发明细表、时组准到准发明细表、全日准到准发统计表

续上表

序号	业务功能	描　　述
3	专项报表	包括报表:线路班公里班工时统计表、班公里班工时同期对比统计表、在册车辆状态明细、线路驻车情况统计表、在册车辆状态汇总表、运营车辆能源统计表、GPS定位公里与方案计划公里对比、无调度方案GPS公里统计、无调度方案GPS公里明细、行车公里综合统计汇总、行车公里综合统计、行车公里综合统计(车辆归属)、车辆GPS设备完好率、线路GPS设备完好率、节日期间北京公交集团日出车次、节日期间公交集团日出车数、节日期间运营情况、行车计划汇总表、行车计划数据综合查询表、线路行车计划数据简要查询表、线路单程点运送速度、对标线路单程点运送速度汇总表、路段内并行线路运送速度查询表、相邻线路运送速度统计报、无效车次统计表、线路运营数据时间区段对比、线路运营数据同期对比、少车次原因对比统计表、加车综合统计表、加车次明细表、重点线路临时统计、表定正点准发统计、到达快点统计、到达快点明细、车辆到达准点情况统计表、调度员首三准发车次统计、调度员末三准发车次统计、调度员首三末三准点情况明细、驾驶员首三准发车次统计、驾驶员末三准发车次统计、驾驶员首三末三准点情况明细、准点发车统计、准点发车明细、(实时)驾驶员首三准发车次统计、(实时)驾驶员末三准发车次统计、包专车统计表、包专车明细表、政治备车安排反馈明细表
4	对标线路	包括:对标线路运营生产日报、对标线路全日运营完成情况统计表、对标线路五峰运营完成情况统计、对标线路发车大间隔明细表、对标线路发车大间隔统计表、对标线路小时车次与发车间隔统计表、对标线路小时车次与发车间隔明细表、对标线路劳动排班统计表、对标线路班工时公里统计表、对标线路单程点及运送速度统计表、对标线路调度措施统计表、对标线路调度措施明细表、对标线路发出正点统计表(调度员)、对标线路驾驶员准点发出统计表、对标线路驾驶员未准点发出明细表、对标线路每日运营效果评估表、对标线路综合统计表、对标线路车辆到达准点情况统计
5	准点线路	包括:区段准点明细表、间隔差异系数明细表、准发准到明细表(全日)、准到准发明细表(五峰)、准到准发明细表(时组)、汇总统计表、汇总明细表、到达准点统计表、到达准点明细表
6	管理	包括:操作日志、登录日志、发车顺序比对、到站信息查询、车辆位置统计查询、线路车次生成类型分析、夜间停车情况统计表、登录控制、电话簿统计、发出与到达准点情况、线路区段点情况、调度数据导出
7	相关专业	包括:车辆自动识别统计、驾乘考勤表、线路计划排班情况、劳动排班执行情况统计表、车辆故障统计表、车辆故障明细表、车辆保养统计表、车辆保养明细表、超速告警查询
8	异常	行车顺序调整情况统计表、告警信息统计表、车辆滞站情况统计、车辆滞站情况明细、营业时间外发车统计表、营业时间外发车明细表、车辆中途异常状态综合统计表、智能系统故障统计表、未按运营方案执行情况统计表、未按运营方案执行车辆明细表
9	夜班车报表	夜班车出车及运营车次统计、夜班车首末站准点统计、夜班车运送速度明细、夜班车中途站准点统计
10	降本增效	线路调整统计表、低峰改定点统计表、调整承接线路统计表、通道混配单机统计表

第六节　相关管理制度

一、北京公交集团三级运营组织与调度系统安全管理制度

(一)总则

第一条　为了保障北京公交集团三级运营组织与调度系统安全,根据北京公交集团有关规定,结合业务实际,特制定本制度。

第二条　责任部门为各级信息中心。

(二)数据存储安全

第三条　非信息中心人员未经允许不得接触数据存储设备。

第四条　严格按照数据备份机制进行数据备份。

第五条　数据备份介质需建档由专人管理。

(三)账号安全

第六条　系统权限管理参照《北京公交集团三级运营组织与调度系统权限管理规定》执行。

第七条　系统账号、数据库、应用软件、网络设备的密码应由系统管理员统一管理,不得擅自泄露和更改。

第八条　如遇工作需要将账号密码授权给相关人员使用时,必须做好记录,并在收回授权后及时变更密码。

(四)网络安全

第九条　参照《北京公交集团网络安全管理制度》执行。

第十条　定期查看病毒库版本更新,保持版本为最新版;定期为服务器查杀病毒,保证服务器免受病毒侵害。

第十一条　如遇黑客攻击、病毒大面积爆发等重大安全事件,应及时上报北京公交集团信息中心并积极处理。

(五)其他

第十二条　严禁在服务器上安装与调度系统无关软件;严禁在服务器上进行大量消耗资源且没有意义的操作。

第十三条 严禁开设代理服务器,不得使用调度系统服务器、网络从事无关的工作。

第十四条 未经允许严禁修改网络配置参数,确因工作需要修改时,修改后应及时上报北京公交集团信息中心。

第十五条 机房施工时,不得危害计算机网络系统的安全和服务器的正常使用。

第十六条 本制度由北京公交集团信息中心负责解释。

二、北京公交集团三级运营组织与调度系统分公司应急管理制度

(一)总则

第一条 针对三级运营组织与调度系统可能出现的断网、断电等突发事件,为最大限度地保障系统安全,迅速恢复系统的正常运行,尽量降低突发事件对业务应用的影响。根据北京公交集团有关规定,结合业务实际,特制定本制度。

第二条 本制度适用于分中心停电、网络故障、服务器系统崩溃及车队相关故障等情况的应急处理。

第三条 责任部门为分公司信息中心。

(二)分中心停电

第四条 当市电停电时,分中心所处分公司信息中心应打开机房门窗通风散热。

第五条 若市电停电时间超过 1h,分中心所处分公司信息中心应及时关闭非必要的负载设备,在 UPS 主机发出低压告警后,须在 10min 内逐一关闭调度系统服务器,并立即上报北京公交集团信息中心,同时应立即通知所涉及另一分公司信息中心。各信息中心通知相关业务管理部门及车队执行相应的应急管理制度。

第六条 当市电恢复供应后须逐一开启调度系统服务器并检查工作状态,完成后立即上报北京公交集团信息中心,同时应立即通知所涉及另一分公司信息中心。各信息中心通知相关业务管理部门及车队恢复调度系统正常使用。

(三)分中心网络故障

第七条 分中心网络发生故障时,分中心所处分公司信息中心应检查相关通信设备状态,同时向相关公司报修;若 2h 内无法恢复网络须立即上报北京公交集团信息中心。

第八条 其中,若分中心互联网及 GPRS 专线故障,相关车队末站无法正常调度,须立即通知所涉及另一分公司信息中心,各信息中心通知相关业务管理部门及车队

执行相应的应急管理制度;若分中心与北京公交集团专线出现故障,交换数据会积压在分中心数据交换服务器,应做好服务器监控工作。

(四)分中心服务器系统崩溃

第九条 若分中心服务器软硬件系统出现崩溃,须立即上报北京公交集团信息中心并向天路公司报修。对于影响车队调度系统正常使用的,分中心所处分公司信息中心应立即通知所涉及另一分公司信息中心,各信息中心通知相关业务管理部门及车队执行相应的应急管理制度。

(五)车队故障处理

第十条 分公司信息中心接到车队停电、网络故障、调度软件崩溃、设备损坏等突发故障报告后,应立即通知相关业务部门。

第十一条 针对车队网络故障、设备故障、软件崩溃,分公司信息中心应立即携带相关备用设备赴现场处置。若无法排除故障及时报天路公司共同处理。

第十二条 本制度由北京公交集团信息中心负责解释。

三、北京公交集团三级运营组织与调度系统车队应急管理制度

(一)总则

第一条 针对三级运营组织与调度系统可能出现的断网、断电等突发事件,为最大限度地保障系统安全,迅速恢复系统的正常运行,尽量降低突发事件对业务应用的影响。根据北京公交集团有关规定,结合业务实际,特制定本制度。

第二条 本制度适用于车队停电、网络故障、调度软件崩溃、设备损坏等情况的应急处理。当无法使用调度系统发车时,应立即采用手工调度;故障排除后应恢复使用调度系统发车并及时补录调度数据。

第三条 车队应急管理责任人为车队队长。

(二)停电

第四条 车队调度室突发断电转入UPS供电时,调度员应立即保存当前操作,退出系统软件,正常关闭计算机,并立即采用手工调度,同时向调度组长或值班队长报告。

第五条 调度组长或值班队长接到报告后,应及时了解停电原因,若停电时间超过2h,须上报分公司信息中心。

(三)网络故障

第六条 出现网络故障首站与末站无法通信时,首站调度员应正常使用调度系统发车,故障期间应与末站调度员保持联系,手工录入末站调度数据。

第七条 车队系统维护员应立即检查局域网交换机、路由器、网线、ADSL线路是否正常,若无法排除故障,应及时上报分公司信息中心。

(四)计算机设备故障

第八条 若首站调度计算机出现故障,首站调度员应立即采用手工调度;若末站调度计算机出现故障,末站调度员应立即通知首站调度员,并在故障期间保持联系,由首站调度员手工录入末站调度数据。同时车队系统维护员应进行检修,若不能排除故障应上报分公司信息中心。

(五)刷卡器及显示屏故障

第九条 若刷卡器出现故障,车队系统维护员应进行检修,若不能排除故障应立即启用备用刷卡设备,并上报分公司信息中心。

第十条 若发车显示屏出现故障,应立即切断显示屏电源,并上报分公司信息中心。

(六)调度软件崩溃

第十一条 调度软件崩溃无法使用时,应立即上报分公司信息中心。

第九章

运营其他业务知识

第一节　遗失物管理

乘客在乘车时,由于疏忽大意,往往会将随身携带的财物遗落或丢失在车上。为了弘扬公交拾金不昧的传统,北京公交集团建有比较完善的乘客遗失物管理办法,作为一名调度员应当知晓和掌握,并妥善做好乘客遗失物的登记、保管、认领和移交工作。具体方法如下:

(1)遇有乘务员或其他人员交来遗失物品,当班调度员应按物品的拾捡时间、拾捡人员姓名、拾捡车辆车号以及物品的数量、品种逐项登记。

(2)当班调度员要妥善保管遗失物品,交接班时要核查清楚,严禁任何人动用遗失物品。

(3)遇有失主认领遗失物品,当班调度员要做到认领手续齐全。

①一般物品的认领,失主须持有效证明本人身份的任何一种证件(护照、居民身份证、户口本、工作证、学生证、退休证、工作单位证明等)。

②贵重物品的认领,失主除持有效证件外,还须持工作单位证明信才能领取。待失主说明遗失物品的时间、地点、数量、物品特征等,经鉴别相符及本人辨认确信无误时,方可办理认领手续,由认领人填写领条或开示收据。场站遗失物管理的有关人员不得代替乘客填写失物领据,遇有失主不会填写时,应由失主本人请第三者代填写,领据方为有效。

(4)任何人不得擅自动用、盗换、侵吞遗失物品。一经发现上述情况,主管部门将根据情节轻重对当事人做出赔偿处理和纪律处分。

第二节　运营质量控制管理

运营质量控制是运营管理的重要内容。检查内容涉及运营业务的多个环节。下面介绍北京公交集团现行的运营质量控制工作。

一、各级运营部门的运营质量控制责任

各客运分公司结合本单位特点,制定各自的运营检查控制的管理规定。各客运分公司管理控制文件应包括检查内容、检查标准、覆盖度及频率、考核与处罚等内容。

北京公交集团运营调度指挥中心组织专业稽查人员。对各客运分公司线路运营

质量的抽查,各项工作的专业检查,对各客运分公司运营检查进行督察。北京公交集团运营调度指挥中心管理人员,负责对各客运分公司运营部专业管理进行指导和检查。

各客运单位要根据运营质量监控工作的需要,组建分公司运营专职检查组,并在客运各分公司运营部设立管理人员负责检查组的日常管理。同时,组织分公司、车队两级专业管理人员,进行运营检查。北京公交集团运营调度指挥中心可根据服务热线、乘客来信、媒体反映的重点问题安排专业检查。各级运营专业稽查员由各客运分公司的运营部门归口管理。上一级稽查组织有权调动下级稽查员开展稽查活动,下级稽查组织必须服从上级稽查组织的指挥调动。

二、运营秩序检查内容

(1)车次兑现:线路断面客流高低峰满载率、提前进站、准点发车、车次兑现率(行车间隔)、首末车准点发出。

(2)站务设施:站牌、站杆、站栏、站棚、站台和行车标志。

(3)针对重点问题的检查。

三、运营质量检查方法

1. 断面满载率

检查方法:在检查时段线路的最大客流断面上采取目测客流法检查。

计算方法:

$$\text{断面满载率}=\frac{\text{检查时段内断面客流通过量}}{\text{高峰小时通过车次}\times\text{车辆定员}}\times100\% \tag{9-1}$$

2. 车次兑现率

检查方法:在检查时段内实际车次与行车计划车次作对比。

计算方法:

$$\text{车次兑现率}=\frac{\text{实际发出车次}}{\text{计划发出车次}}\times100\% \tag{9-2}$$

3. 提前进站合格率

检查方法:在首末站检查。其中,一类站,车辆提前 3min 进站;二类站,前车走后车进站;三类站,车辆按点进站。

计算方法:

$$\text{提前进站合格率}=\frac{\text{达标车次}}{\text{实际发出车次}}\times100\% \tag{9-3}$$

4.准点发车合格率

检查方法:运营车辆按调度员签注的发车时间准点发出的车次与实际发出车次之比。

计算方法:

$$\text{准点发车合格率} = \frac{\text{准点发出车次}}{\text{实际发出车次}} \times 100\% \qquad (9\text{-}4)$$

四、北京公交集团考核

按照年度北京公交集团考核指标实施细则的运营相关内容执行。北京公交集团运营调度指挥中心对重点问题检查后,要形成检查情况报告,督促相关各客运分公司制定措施、整改,并保持跟踪检查。

第三节　汽车运输的基本知识

1.运输的概念

1)运输的定义

运输是指人们使用运输工具在一定的交通线路上实现旅客和货物的空间位置进行有目的的移动变化。

运输是一种经济活动和社会活动,是国民经济和社会发展的重要基础。社会经济和政治文化在很大程度上是建立在发达的运输基础上的。运输的发达程度往往体现了一个国家现代化的程度,运输对社会经济的推动作用越来越大。从经济、环境、社会和政治等角度来看,运输均是世界上最重要的行业。同时社会经济的发展也促进了运输的发展。

2)运输的作用

(1)运输有利于构建社会主义和谐社会。不断发展的交通运输,沟通了我国各民族、各地区之间在政治、经济以及文化等方面的交流,促进了全国政治、经济以及文化的协调发展,有利于构建社会主义和谐社会。

(2)运输是社会生产力的有机组成部分。从生产的角度来看,生产过程的运输是物质资料生产的一般必要条件。运输通过改变人和物的位置使生产得以进行。当我们把国家和世界作为一个整体考虑时,运输还能明显地促进地区生产专业化,实现地区间的劳动分工。

(3)运输是生产与消费的纽带。产品生产出来以后，必须通过运输才能从生产地输出到消费地，以满足人民群众消费的需要。从社会再生产的角度来看，生产、分配、交换和消费，必须通过运输的纽带才能得到有机的结合。生产的社会化程度越高，商品经济越发达，生产对流通的依赖性就越高，运输在再生产中的作用也越重要。

(4)运输是物流产业的支柱。在第三利润源泉的物流系统中，运输是实现物流系统输送功能的产业，是物流过程各项业务活动的中心。

此外，运输在满足人民旅行需求、扩大对外贸易交流、巩固国防建设等方面也有着不可替代的作用。

综上所述，运输在国民经济中具有非常重要的作用，它是一个国家的支柱产业，其发展水平是国家兴旺发达的重要标志之一。

3)运输的方式

(1)按运输工具方式可分为铁路运输、公路运输、水路运输、航空运输和管道运输。

①铁路运输。铁路运输是陆地长距离运输的主要方式。铁路运输是发展较早的一种运输方式，随着蒸汽机的发明和锻铁铁轨的出现，铁路于 19 世纪初开始在世界上投入使用。由于铁路运输能够高速、大量地运输旅客和货物，因此铁路建设得到了很快的发展。到 19 世纪后期，全球各大洲都大量建设铁路，使铁路成为陆路交通的主要运输工具。按装载方式铁路运输又可分为整车货物运输、集装箱货物运输、散杂件货物运输、混载货物运输。

②公路运输。公路运输是最普及的一种运输方式。公路运输可分为近距离运输运距在 100km 以内、中长距离运输运距在 101 ~ 300km 以内、长距离运输运距在 301 ~ 600km 以内。

③水路运输。水路运输可分为内河运输和海上运输。

④航空运输。航空货物运输的运价要远远高于其他运输手段，近几十年来，航空运输技术得到迅速发展。大型喷气机的开发使用，使得航空运输能力大幅度提高，运行成本下降，运价逐渐低廉化。

⑤管道运输。自来水和城市的煤气的运输配送是和人们生活最为密切相关的管道运输。管道的铺设有地面、地下和架空安装等方式，必要时中途要采取保温、加热、加压等措施，以保证管道的畅通。

(2)按运输组织方式可分为联合运输和集装化运输。

①联合运输。联合运输是指采用两种以上的运输方式或一种运输方式在两程以上完成某一运输任务的运输方式。按运输对象划分，联合运输又可分为货物运输、旅客运输。

②集装化运输。集装化运输是指通过一定的技术手段,将一定数量的零散货物组合到一起,从始发地到目的地的物流过程中,始终作为一个集装单元进行装卸和运输的作业方式。

4)运输方式的选择

运输方式的选择是运输合理化的重要内容,因此,对于进出货物必须选择合适的运输方式。这种选择不仅限于单一的运输方式,而是通过复杂运输方式的合理组合实现货物运输的合理化。

选择运输方式时,要多方面考虑:一要考虑运输物品的种类,二要考虑运输量,三考虑运输距离,四要考虑运输时间,五要考虑运输费用。当然,在具体选择运输手段时,往往要受到当时运输环境的制约,而且也没有一个固定的标准,必须根据运输货物的各种条件,通过综合判断来加以确定。

2. 运输业

1)运输业的定义

运输业是国民经济中从事旅客和货物运输的生产部门。运输业包括铁路运输、水路运输、航空运输、公路运输、管道运输五种主要运输方式。运输业作为一个独立的生产部门,是商品经济发展的产物。从整个社会的角度来看,运输业从生产过程中分离出来并成为国民经济中的独立生产部门,经历了一个长期的发展过程。

运输业成为独立的生产部门,运输劳动的专业化、社会化是社会进步的一个标志,它极大地提高了运输生产效率,加速了商品流通,减少了商品流通费用,降低了产品成本,扩大了商品销售范围,促进了社会经济的发展。在现代社会中,交通运输已成为社会生存的必要条件,交通运输已是社会经济的重要纽带和主要基础。交通运输业的发展,使地区性的市场成为全国性市场,进而发展为世界性市场。

2)运输业是特殊的物质生产部门

(1)生产过程在流通领域中继续为物质生产部门。

(2)运输业是具有强烈服务性的物质生产部门。运输业提供的是一种劳务性生产劳动,它不创造有形产品,它的产品质量体现在它的服务对象和用户的评议中。

(3)运输产品的特点之一是非储存性。运输生产为社会提供的产品仅只是旅客和货物的位移和在位移过程中的服务。因此,运输生产为社会提供的效用不是实物形态的产品,而是一种无形产品,是一种无法储存的劳务。

(4)运输业是具有强烈依附性的物质生产部门。由于运输业在运输生产力的构成要素中不具有运输对象(劳动对象)这个要素,所以,必须要求国民经济其他物质生产部门提供各自的产品,来作为运输生产中的劳动对象。因此,运输业在社会再生产过程中属于“先行”的物质生产部门。

(5)运输业为社会提供的效用是同质的,即提供的运输产品都是一样的,都是货物和旅客的位移。

(6)运输业不能保持均衡生产。由于客流和货流在时间和空间上的流量以及流向的不平衡性,使得运输业的生产有别于其他主要的物质生产部门的生产情况。

(7)运输业在生产过程及生产消耗等方面也存在特殊性。运输产品的生产与消费过程是不可分割的,它不能脱离生产过程独立存在,运输服务的供给只能表现在特定时空的运输能力中。所以,运输产品不同于一般有形产品,运输产品不能储存、不能调拨、不能退换、不能返修。这就要求运输生产者必须保证每一次运输过程的生产质量,保证运输对象移动迅速和完整无缺,必须一次成功,否则就会失去用户的满意和忠诚。

(8)运输服务的准公费服务特性。准公费服务是介于纯私费服务和纯公费服务之间的一种收费服务方式。一方面运输业与其他有形产品的生产一样,运输产品中也凝聚着劳动者所创造的价值,其产品也具有商品的属性,可进行交换,可获取盈利。另一方面,运输服务具有公共性。2006 年 11 月,北京市进一步明确了优先发展公交的“两定四优先”政策,公交票制改革从 2007 年 1 月 1 日全面推开,刷卡乘坐市区公交线路,享受学生二折、成人四折的优惠。

总之,运输业是一个重要的、独立的、特殊的物质生产部门,是国民经济的重要的基础之一,也是国民经济中生产性的基础结构之一。因而,我国在当前把发展交通运输事业作为振兴经济的战略重点来抓。

第十章

相关业务知识

第一节　服务管理

一、公交服务质量的基本要求

公交服务质量,依据国家和所处城市的客运交通方针和政策而确定。由于公交企业的经营和管理水平不同,服务质量内容的侧重点也有所差异。但是公交的服务质量,都是以满足乘客需求为前提的。其根本要求:为乘客提供安全、迅速、方便、准时、舒适、经济的乘车条件,最大限度地减少乘客的旅行时间。

1. 安全

安全既是公交服务质量的重要内容,也是做好服务工作的前提。安全应包括以下几个方面的内容:

(1)行车安全。防止交通事故,维护正常的运行秩序。

(2)设备安全。防止丢失损坏和意外事故,不延误乘客出行时间。

(3)乘坐安全。防止乘客在上车、下车、乘车过程中发生影响人身安全的客伤事故。

(4)财物安全。防止损失现象发生。

(5)乘务人员自身安全。防止意外伤害。

2. 迅速

迅速是乘客乘车的基本要求,也是现代化交通的特点和优势。当今社会,时间就是效益。因此,公交服务应最大限度地节省乘客的出行时间。

(1)科学地确定运送速度,规定合理的运送时间,严格执行运行计划和调度命令。

(2)在行车服务过程中,疏导乘客,恰当地处理乘务问题,不因个别情况延误乘客旅行时间。

3. 方便

方便是客运服务质量的重要内容。为乘客提供尽可能方便的乘行条件,应包括以下内容:

(1)线路网密度与布局合理,适应居民出行乘车的需要。

(2)交通工具多样化、多层次,为乘客提供多种可选择的乘车条件,以适应不同层次乘客的需求。

(3)合理布设站点,方便换乘,减少乘客换乘的步行距离。

(4)在条件允许的情况下,提供车等乘客、招手上车、就近下车等服务。

4. 准时

(1)准时发车、正点运行。保证车辆经过和到达的时刻误差在规定的范围之内,提高服务信誉和可靠性。

(2)运行中尽可能减少停站时间,严禁乘务人员个人占用运营时间。

5. 舒适

公交为乘客提供舒适的乘行服务,包括满足乘客对服务质量的物质需求和精神需求两个方面。具体来说有以下六项内容:

(1)为乘客服务的设备及设施应齐全、完好、实用、有效。

(2)依据乘车的需求量,配备运送能力,确定合理的满载指标,逐步降低满载率,缓和乘车拥挤,均衡满载,提高乘客乘行的舒适程度。

(3)对于各种影响乘车舒适的客观条件,如不同季节的风、雨、雪、寒、暑和运行于烟尘、异味、噪声的区域,要适时调整车厢玻璃。夜间的运行服务,应根据需要适时地开闭车厢灯光。出租汽车、小公共汽车以及有条件的包车、专线车、旅游车,要依据需要调整车厢温度并播放声像、音乐以增加乘车舒适性。

(4)保持车容、站容的整洁卫生,为乘客提供清洁、优美的乘车环境。

(5)乘务员要做到文明服务、礼貌热情,言语规范、待客诚恳,体贴、谅解、尊重乘客。照顾老、幼、病、残、孕以及有特殊需求的重点乘客,满足乘客对公交服务质量的精神需求。

(6)驾驶员驾驶车辆要精神集中、保持平稳,转弯、进出站不猛拐急停,使乘客感到安全、舒适。

6. 经济

公交是城市建设的基础设施,是城市居民出行的主要代步工具。因此,保持公交服务的经济性,发挥公交服务优势,满足乘客需求至关重要。

(1)公交的运送服务价格,是由市政府调控的。确定票价依据的是公交提供的服务质量和社会的承受能力;依据的是国家规定的收费标准。大、中城市公共电、汽车,一般采取低票价标准;其他公交方式,如出租汽车、小型公共汽车、专线车、旅游车等,也要在政府规定的运价范围内,为乘客提供满意的服务。

(2)严格执行收费标准和票务制度,严禁乱收费、乱罚款,虚报里程,巧立名目,变相加价,保持公交的经济性,使乘客在支付规定的费用条件下,顺利地实现乘行目的。

公交服务质量基本要求,是为了满足乘客的需求而提出的,同时要随着乘客需求的变化而变化,特别是在城市物质文明和精神文明建设水平不断发展的情况下,服务质量的要求也将不断地提高。

二、服务纠纷的定性

作为公交的调度员,在某种程度上担任着公交"领头人"的角色,发挥着车队干部的作用,遇到乘客与职工发生的矛盾和纠纷需要进行调解和处理。因此,调度员要了解一些服务纠纷方面的知识,掌握一些调解服务纠纷的原则和方法。

服务纠纷是指乘务员在服务过程中与乘客发生争执,造成一定后果的服务质量问题。

1.服务纠纷的责任划分

服务纠纷的责任划分,可分为我方责任、彼方责任和双方责任三种。

(1)乘务员与乘客发生纠纷起因在我方。在争执过程中,我方首先骂人,打人,均属我方责任。

(2)因乘客违反乘车规定而发生的纠纷,且乘务员做到了得理让人,打不还打,骂不还骂,均属于彼方责任。

(3)乘务员与乘客发生纠纷,起因在对方。但在争执过中形成互打互骂,不论主要责任在哪方,均属于双方责任。

2.服务纠纷的性质

服务纠纷的性质通常可分为恶性与一般两类。

(1)造成严重的政治影响;造成乘客人身伤残或财务损失,影响车辆正常运行;当事人被公安部门拘留,均属恶性服务纠纷。非当事乘务员介入,形成矛盾激化,引起严重后果,造成恶劣的影响,也可定为恶性服务纠纷。

(2)与乘客发生争执,且责任在我方造成互相打骂;或因处理乘务矛盾不当形成纠纷,影响正常的运行服务,均可定为一般性质的服务纠纷。

三、服务纠纷的处理

一旦发生服务纠纷,调度员应及时妥善地处理,尽可能缩小影响,减少损失。对服务纠纷的处理,可采用以下几种方法:

(1)妥协。妥协是指坚持让步原则,让纠纷的双方在纠纷得到解决时都能比较满意,这种方法往往是通过协商、妥协,双方各自让步放弃自己的部分利益从而得到部分的满足,使矛盾缓解。

(2)拖延。拖延是指等待环境的变化来解决分歧。这种办法从表面上看常常没有结果,但实际上起着缓冲的作用。

(3)回避和分离。回避是指采取退避或保持沉默的态度。这是一种不寻求满足对方需要,也不坚持己见的办法。分离是指加大服务纠纷双方的空间距离,这种办法对任何情况下的冲突都比较有益于解决。

(4)调停。一个调停者的责任当然不是单纯地决定谁是谁非,而是让发生纠纷的双方情绪缓和。调停者的工作在于使发生纠纷的双方承认已经危害到对方,从而来抑制服务纠纷的继续发展。调停即想办法促成纠纷双方真诚地沟通,并且提供可行的办法实现双方的要求。

(5)仲裁。仲裁由权威人士或机关仲裁,依靠法规来解决。如果纠纷已发展到非本身能力所能处理和排除时,应积极地采取仲裁这种方法,避免纠纷进一步发展和扩大。

四、遇有服务纠纷时,当班调度员应做好以下工作

(1)耐心接待来站解决服务纠纷的乘客,并交与服务管理人员或值班队长处理。

(2)如主管人员不在,当班调度员要尽量调解,根据掌握的有关规定,临时处理当班发生的问题。遇有情节严重的或特殊情况,当班调度员可将乘客所述情况及联系电话记录下来转交车队服务管理人员,待后处理。

(3)处理服务纠纷时,当班调度员注意多方了解纠纷经过和事实,情况不全、不准确时,不轻易表态或作结论。

(4)接待来站解决问题的乘客时,当班调度员要做到态度和蔼、秉公办事、以理服人,不允许调度室内其他人员参与纠纷处理,防止事态扩大。

第二节　车辆种类及日常问题的处理

一、车辆基本构造

汽车是由各种装置和机构组成的,当使用不同的动力装置时,汽车的总体构造可能存在很大的差异。公共电、汽车的总体构造基本上由四个部分组成:动力装置、底盘、车身和电气设备。

1. 动力装置

无轨电车的动力装置为牵引电动机。它的电源在有线网区域内一般是通过集电器由载有600V直流电压的架空线网上引进的,在无线网区域内是由动力电池组直接供给的。由于受运行条件的限制,无轨电车的牵引电动机必须具备调速性能好、启动转矩大、防潮、防震和一定的过载能力。

发动机是公共汽车行驶的动力装置,它使燃料燃烧后产生动力。根据车型的不同,其燃料可以是汽油、柴油、液化石油气和压缩天然气等。

总之,动力装置是将电能或燃料的化学能转化成车辆所需的机械动力的装置。

2. 底盘

底盘是车辆的基础。底盘包括传动系、行驶系、转向系和制动系四个部分。

(1)传动系的作用是接受发动机产生的动力并传给驱动车轮。传动系由离合器、变速器、万向传动装置和驱动桥等组成。

(2)行驶系由车架、车桥、车轮、悬架等组成。行驶系的作用是支撑全车并保证车辆行驶。

(3)转向系由转向盘、转向器和转向传动装置构成。转向系的作用是使车辆按驾驶员所规定的方向行驶。

(4)制动系由制动器和制动传动装置组成。制动系的作用是使汽车按驾驶员的操作进行减速以至停车。

3. 车身

公共电、汽车是一个整体封闭的车身,安装在车架上,用以乘坐驾驶员、乘务员和乘客。公共电、汽车的车身按国标规定,在条件允许的范围内要尽可能宽敞、明亮、视野好、座位舒适,便于乘客上、下车。

4. 电气设备

电气设备由电源(蓄电池)和用电设备两部分组成。其中,用电设备包括发动机的起动系以及汽车的照明、信号和仪表等,在强制点火发动机中还包括发动机的点火系。

二、车辆服务设施和服务标志

车辆服务设施和服务标志是满足乘客乘车需求必不可少的物质条件,车辆服务设施和服务标志的齐全和完善是客运服务质量优劣的重要标志,我们必须给予足够的重视。

1. 车辆服务设施

车辆服务设施是指为车辆上配备能满足乘客对乘车物质需求和保证乘车安全的各种设备。

1)车门

车门是乘客上下车的出入口。对车门的设计、技术性能要求:宽度适中、开关灵活、牢固可靠。因为车门的技术性能与乘客的乘车利益、人身安全息息相关,紧密相连。大开度的车门有利于乘客上下方便、节省上下车时间,可以提高车辆正点运行的系数和概率；同样，车门开关灵活，不发涩、不犯克，不仅能够提高运营效率，还可以减少和避免夹摔乘客。车门的牢固性、车门关闭后的缝隙以及车门与扶手之间的间隙都直接关系着乘客的人身安全。车门关闭后，两门之间的硬边距离不小于10cm，防止夹伤乘客的手、脚；车门开启后，车门与扶手之间的间隙过小，也会夹伤乘客的手；特别是一些双折车门的中缝护革（皮）要保持完整、严密，否则乘客误将手指插入缝隙，车门关闭时，必然会对乘客造成严重伤害。

2）踏板

踏板是车门处供乘客上下车用的台阶。一般客运车辆的踏板有两级，即一级踏板和二级踏板。乘客蹬上二级踏板后再上一步就是车厢地板。两级踏板的高度和进深度在设计上都具有科学性和适用性，特别是第一级踏板的高度和第二级踏板的进深度很关键。因为乘客在上车时接触的第一点就是一级踏板，其高度若与马路便道的路肩相一致或是降低高度，会使乘客感到上下车方便，第二级踏板的进深度保持在半个步幅左右，保证乘客感到上下车方便，这样设计不仅增加了乘车的舒适感，而且也提高了上下车的速度，对车辆的正点运行能起到积极的作用。

值得注意的是做好两级踏板的防滑措施在冰天雪地的冬季，显得尤其重要，这也是关系乘客安全和服务质量的大问题。

3）座椅

座椅是公交客运车辆内安装的供乘客使用的坐具。乘客乘坐公交车辆是否舒适，与座椅的选材、设计、安装有着直接的关系。座椅的安装数量对车辆的载客量有制约和影响。座椅安装数量与车辆载重之间的科学比例，是避免车辆超载、提高行车安全系数的保障。

4）车窗玻璃

车窗玻璃是安装在车辆前后和两侧的防风透光设施，车窗玻璃的主要作用是防风和透光，因此要求车窗玻璃既要坚固又要有良好的透明度和密封性。

运营车辆侧窗玻璃一般采用普通玻璃，而作为驾驶员“视窗”的前后风挡玻璃，则普遍采用胶黏双层玻璃或钢化玻璃，不仅能保证驾驶员有良好的视线，观察清晰不失真，而且对减少驾驶员的人身伤害起到重要作用。

客运车辆的两侧窗玻璃的安装高度应适中，以便能充分满足车厢内足够的采光和通风，使乘客在车厢内无论是站立还是在座椅上坐着都有视线开阔和舒适安全的感觉。此外，侧窗玻璃还应保持推拉（升降）轻便灵活，关闭时封闭性能好。

5）灯光照明

灯光照明是客运车辆内外不同的部位根据特定的需要而安装的用电设备，如车头前方安装的前照灯（分远光灯、近光灯）、小灯、雾灯、转向灯、车外顶四角的角灯，车尾部的刹车灯、倒车灯等。这些灯具的作用分别是：前照灯为夜间行车照明；小灯示廓;雾灯用于雾天示警;转向灯提示方向;角灯提示顶高;制动车灯提示车辆制动;倒车灯用于倒车时的示警和照明。服务性的灯光照明设施主要包括:车门顶部的门灯为夜间乘客上下车照明;车厢内的顶灯供乘客乘车时照明和乘务员验收车票时所用;车厢售票台上安装的工作灯供乘务员售票时所用。

灯光照明是车辆重要的服务设施之一,在使用过程中注意维护、检查和保养。灯泡损坏时要及时更换,不要接电源线,以防造成短路,损坏用电设备。

6)信号显示

信号显示是客运车辆内安装的供乘务员与驾驶员、乘客与驾驶员取得联系的信息传递设备。信号显示设备主要由按钮(开关)、线路、讯响器(灯光显示)等组成。

信号显示的主要用途是当车门关好后,乘务员通知驾驶员走车或车上发生意外情况时通知驾驶员停车。若是无人售票车辆,信号显示则可成为乘客与驾驶员传递信息、沟通联系的重要设施。

7)售票台(服务台)

售票台是车厢内安装的供乘务员使用的工作台,又称为服务台。售票台的安装位置应能保证乘务员可以坐着或站立工作。售票台应设有报话装置,台面形状应能满足存放票夹和硬币的要求。

8)报话器、报站机(车用播、扩音机)

报话器、报站机(车用播、扩音机)装置是客运车辆上供乘务员报站和进行服务宣传的重要工具。车用报话器装置的结构比较简单,主要由受话器(话筒)、扩音器(喇叭)等组成,小巧灵活,使用方便,车厢内均装有扬声器(喇叭),可随时利用话筒对车辆内外进行报站服务和照顾行车安全的宣传。

电脑报站机的构造比报话器要复杂得多,功能也完善得多,使乘务员的报站服务轻松到只需轻轻按下触摸式按键,车厢喇叭里即可报出清晰的站名,这是现代科技应用于车厢服务的新突破,成为公交客运车辆服务的新设施。

9)废票筒(箱)

废票筒(箱)是客运车辆内存放废票的容器,也是目前公交客运车辆不可缺少的服务设施之一。

废票筒(箱)一般悬挂(安装)在售票台右侧的挡板上部(后门位置的售票台在左侧挡板上),用于专门存放从乘客手中收回的废票或票根,其作用和目的就是为了保持良好的车内、外环境卫生。城市公交客运车辆应该配备废票筒,提高乘客和乘务员的环境意识,做到废票入筒,不随手乱扔,保持车厢和城市环境的清洁美好。

10)车厢空调设备

车厢空调设备是指车厢内温度、湿度及通风调节设备的总称。

城市公交以马路为车间，单车分散在室外作业，一年四季运送乘客，工作强度较大，工作环境较差。车厢内的温度随季节而变化，夏天热似蒸笼，冬季冷若冰窖。20世纪80年代在驾驶舱内安装了电风扇，初步改善了驾驶员在夏季的工作环境。随着社会经济的发展，人民生活水平的提高，90年代中期，带有空调装置的公共汽车开始在公交线路上运行，为城市生活增添了新的色彩，在满足乘客舒适乘车需求的同时，使公交职工的工作条件也得到了较好的改善。

11）音响视听设备

音响视听设备是在客运车辆中安装的供乘客乘车中享用的收音、收视和音像设施。它主要由微型收录机、电视接收机、VCD机和音响（扬声器）等组成。

12）安全扶手

安全扶手是在客运车辆车厢顶部或侧壁及车门处安装，供乘客上下车或在车内站立时扶用的设施。

安全扶手是客运车辆中不可缺少的安全性服务设施，尤其是对城市公共电、汽车来说更为重要。因为城市公交客流量大，客运车辆座位较少，车内绝大多数是站立的乘客，若没有安全扶手，当车辆在急转弯或刹车时，乘客就会站立不稳。车门处若没有扶手，也会使乘客上下车感到不方便，所以城市公共电、汽车的车门上或车门处都安装有扶手，以方便乘客上下车，这对行动不便的老人乘客尤为重要，对保证他们的上下车安全，其作用是十分明显的。

安全扶手一般多采用杠式结构，通常以铁管或强力尼龙管为原料，安装在车厢通道两旁的内顶上和单人座一侧的车窗上沿处和后风窗的上沿处。

安全扶手的安装位置应遵循易于乘客接近，便于乘客扶、拉的原则，安全扶手最重要的一点是保证安装牢固，否则扶手就失去了其安全性能，形同虚设了。

13）安全门

安全门是客运车辆备用的紧急疏散乘客的出口，一般长途客运车、旅游车都设有安全门。这是在紧急情况下为乘客开辟的急救、救生的安全通道。

14）灭火器

灭火器是客运车辆上配备的消防器材，客运车辆在运行中往往会因为漏油、电源短路、摩擦或接触火源（未熄灭的烟头等）等引起失火。随着车辆猛增，客运车辆的起火事故时有发生。因此，在客运车辆上必须配备灭火器材，以防万一。

2. 车辆服务标志

车辆服务标志是为保证乘车安全和便于乘客乘行而设置的，根据国家和行业标准的规定，公交车辆上通常使用的服务标志大致可以分为以下几种类型。

1）禁令、警告和一般标志

（1）禁令标志是由红色圆圈和被红色斜杠覆盖的黑色表示被禁止行为的图形组

成。常用的禁令标志有八个:禁止与驾驶员谈话;禁止危险品上车;禁止吸烟;禁止入内;禁止靠近;禁座;禁止头、手伸出车外;禁止编织。

(2)警告标志一般为黑色三角内黄底黑色图形,其作用是警示乘客避免发生意外事件,如“当心夹手”就是其中之一。

(3)一般标志多为指示、引导乘客注意的标志,如无人售票车的标志。

2)荣誉牌标志

荣誉牌标志是指由公交企业或政府有关部门命名的不同级别、不同称号的先进车组悬挂的特制牌匾,如“青年先锋号”“三八红旗号”等。

3)乘务员识别标志

乘务员识别标志是指乘务员佩戴的胸卡或统一的着装。这类标志便于乘客识别乘务员,并监督乘务员的服务工作。同时也能增强公交员工的职业光荣感、责任感和对自身服务行为的约束力。

4)规定性标志

规定性标志是指在车厢内张贴或悬挂的“乘务员工作守则”“乘客文明守则(乘客须知)”和“车票使用办法”于一体的宣传标志。其内容是对乘客的乘车行为和乘务员的服务行为所做出的相应规定,其作用是指导约束乘务员与乘客的服务行为和乘车行为。

三、车辆编号规则

1. 国产汽车编号规则

1988 年,国家颁布了新的《汽车产品编制规则》(GB/T 9417—1988),自 1989 年起实施。其基本型号由两位汉语拼音字母和 4 ~ 5 位数字组成(图 10-1)。

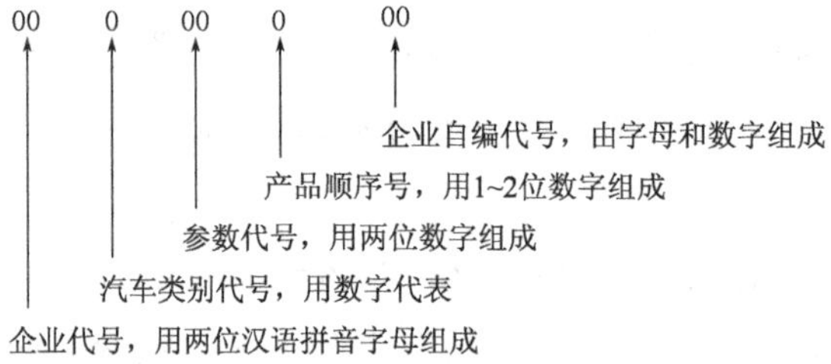

图 10-1 车辆编号规则

1)企业代号

企业代号见表 10-1。

2)汽车类别代号

汽车类别代号用一位数字表示。“1”表示货车,“2”表示越野车。“3”表示倾卸车,“4”表示牵引车,“5”表示特种用途车,“6”表示客车,“7”表示轿车。

部分汽车制造厂的企业代号　　表 10-1

工厂名称	企业代码
中国第一汽车北京公交集团	CA
东风汽车公司	EQ
北京吉普汽车有限公司	BJ
天津汽车夏利股份有限公司	TJ
北京客车总厂	BK
辽宁黄海汽车(集团)有限责任公司	DD
厦门金龙汽车联合工业有限公司	XMQ
南京金陵双层客车制造厂	JLY
亚星—奔驰有限公司	YBL

(1)参数代号。

参数代号用两位数字表示。货车,代号表示汽车的总质量(T);客车表示汽车长度(m);轿车,代号表示发动机排量(L)。

(2)产品生产顺序号。

产品生产顺序号由 1 ~2 位数字表示。

3)客车类型

客车类型见表 10-2。

客车类型　　表 10-2

类型	小型	中型	大型	铰接式	双层
总长(m)	<6	6 ~9	9 ~12	>14	9 ~12
总质量(T)	<4	4 ~11	11 ~16	>18	>15

2. 企业编号规则

北京公交集团运营车辆编号统一以阿拉伯数字或英文字母编号。七位代码自左至右顺序排列。其中,第一位代表使用车辆的客运单位代码,第二位代表车型车种代码,第三至第七位代表车辆唯一性编号(图 10-2)。

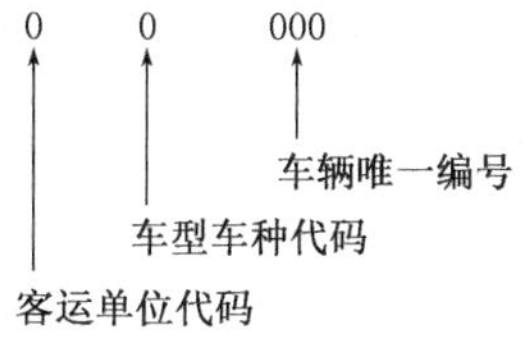

图 10-2　企业编号规则

1)第一位使用车辆的客运单位代码规定

第一客运分公司代码“1”,第二客运分公司代码“2”,第三客运分公司代码“3”,第四客运分公司代码“4”,第五客运分公司代码“5”,第六客运分公司代码“6”,第七客运分公司代码“7”,第八客运分公司代码“8”,电车客运分公司代码“9”;北汽集团第一位代码"B",长途公司第一位代码"C",有轨电车公司第一位代码"G"。当车辆使用单位变更时,应相应调整第一位代码。

2)第二位车型车种代码规定

天然气单机车代码"1",天然气非单机车(含铰接层、双层)代码"2",柴油单机车代码"3",柴油非单机车(含铰接层、双层)代码"4",无轨电车代码"5",纯电动单机车代码"6",纯电动非单机车(含铰接层、双层)代码"7",混合动力车(含油电、气电混合)代码"8",汽油车代码"9",其他车种代码"0"。

3)第三至第七位编号代码规定

第三至七位代表车辆个体编号,应保证北京公交集团所属各运营车辆编号的唯一性。各客运分公司及其他单位车辆的唯一性编号,由资产分公司按拥有数量顺序编订。

3. 喷涂规定

车辆自编号在车辆外部的前、后、左右两侧及车厢内车门上方均应喷涂。车辆自编号喷涂要大小一致、间距均匀、位置适当、美观清晰,字体颜色与车身漆色有明显区别。字体为黑体字,高 80mm,宽 60mm,字间距 10mm,字迹宽度 12mm。

四、城市公共汽车的种类

城市公交具有客流量大、乘客交替频繁、道路交通情况复杂、环保要求高等特点,这就要求作为城市公交主要运输工具的城市公共汽车具有良好的动力性、经济性、操纵性、乘坐方便性、舒适性、环保性和可靠性,充分体现"以人为本"的车辆设计理念,能够安全、快捷、准时、方便地满足乘客的出行需求。根据以上要求的侧重点城市公共汽车具有不同的车型种类。

1. 按车辆的结构特点分类

1)单机公共汽车

单机公共汽车一般有前、后两套车轴,常用的驱动形式是发动机前置后轴驱动。为了降低地板高度,便于车厢布置,减少车内噪声,现在越来越多的公共汽车采用发动机后置后驱动的形式。单机公共汽车有两个客门,一般要求城市公共汽车客门设计得比较宽大,以方便乘客上下车,后置发动机车辆的前客门可以很容易地布置在前轴前面,有利于车辆实行无人售票。车内一般设有售票通道或投币机。为满足不同乘客的出行需求,有的公交车上还安装了空调装置。单机公共汽车长度一般在 8 ~ 12m 范围内,车长越短,车越机动灵活,适合在道路交通条件差的地区行驶,便于公交线网向城郊新建区域扩展辐射;而大车长的公共汽车载客多、运量大,是公交运输的主要力量。

北京公交集团使用的主要单机车型：

(1)6m 的 BJ6680SHEVCA、BJ6680EVCA 型车，最多乘员数为 30 人。

(2)8m 的 BJ6855SHEVCA、LCK6850EVG3M1 型车，最多乘员数为 50 人。

(3)9m 的 HFF6900KZ-8、XMQ6900AYD5C 型车，最多乘员数为 60 人。

(4)10m 的 BJ6103C7BTD、HFF6105G39C 型车，最多乘员数为 70 人。

(5)12m 的 BJ6123C7BTD-1、BJ6123EVCA-37、GTQ6121BEVBT3 型车，最多乘员数城市公交版为 80 人，多座公交版 90 人。

(6)13.7m 的 BJ6147C8BTD、BJ6140SHEVCA-1 型车，最多乘员数为 110 人。

2)铰接式公共汽车

铰接式公共汽车通常由前车和后车组成，前、后车之间通过铰接机构连接，并用伸缩篷把前后车厢连通，因此俗称通道车。铰接车一般有前、中、后三套车轴，最常用的驱动形式是发动机前置中轴驱动，比较先进的还有发动机中置(卧式)中轴驱动形式，以及发动机后置后轴驱动的推动式铰接车。因车辆较长，要求车厢至少开设 3 个车门，并在车内前后门处分别设置售票台，以方便乘务工作。

铰接式公共汽车长度一般为 16 ~ 18m，车的容量大、载客多，其运送单位乘客的排放污染、燃料消耗、道路资源占用甚至交通事故都很低，是比较理想的公交车辆。但铰接式公共汽车的机动性差，绝对占路面积大，对道路交通环境有影响，不适合在交通条件差的道路上运行。

目前北京公交集团使用的主要铰接式公共汽车的车型：

(1)16m 的 BJ6160C6CCD 型车，发动机后置，最多乘员数为 130 人。

(2)18m 的 BJ6180C8CTD、BJD-WG180N 型车，发动机后置，最多乘员数为 140 人。

3)双层公共汽车

顾名思义，双层公共汽车的乘客区可分为上下两层，乘客通过楼梯可以方便地进入上层车厢。双层公共汽车的车长为 10 ~ 12m，对定线行驶的双层车，高度不超过 4.2m。与单机公共汽车一样，双层公共汽车设置 2 个车门。在占路面积与单机公共汽车相仿的情况下，乘客座席可大幅度提高。由于双层公共汽车的观光旅游特性，要求其载客量一般不超过座位数。依据载荷的需要，双层公共汽车可采用后轴加支承轴结构，以增大承载能力。发动机通常后置后驱动。

目前北京公交集团使用的双层公共汽车的车型主要：

(1)12m 的 BJ6128C8BCD、GTQ6131BEVST3 型车，发动机前置，最多乘员数为 100 人。

(2)13.7m 的 GTQ6131BEVST3 双层型车，发动机后置，最多乘员数为 100 人。

2.按车辆使用的能源分类

1)汽油公共汽车

汽油公共汽车以汽油机作为动力。由于汽油机的功率、扭矩不可能很大。因此汽油公共汽车的车长一般不宜超过10m。随着对发动机排放越来越严格地限制,传统的化油器式汽油机正在向电喷汽油机过渡,以满足环保要求。

常用的汽油公共汽车的车型:

(1)BK6820型车,安装东风公司99kW的EQ6100-1型汽油机。

(2)BK6920E型车,安装东风公司99kW的EQ6100-1型电控补气汽油机。

(3)BK6100E型车,安装103kW解放CA6102型多点电喷汽油机。

(4)CJ6100G1Q1YH型车,安装99kW的解放CA6102废气再循环(EGR)汽油机。

(5)BK6141型车,安装99kW的解放CA6102型汽油机。

2)柴油公共汽车

柴油机具有大功率、大扭矩特别是低速大扭矩、低运行费用的特点,是公共汽车尤其是大型、特大型公共汽车的理想动力,但因发动机本身的技术性能、柴油的品质以及维修不到位等原因,使老旧柴油公共汽车普遍存在冒黑烟问题,污染环境,招致人们的反感。如果采用达到欧Ⅱ、欧Ⅲ排放标准的进口高性能柴油机(包括能够达到要求的国产柴油机),使用高品质柴油,加之合理的使用、维护和管理,完全可以解决柴油公共汽车的污染问题。

常用的柴油公共汽车的车型:

(1)BK6111A型车,安装157kW的康明斯6CT8.3型柴油机。

(2)CFC6110GD和CFC6100SGD型车,安装上柴158kW的D6114ZQ9A型柴油机。

(3)BK6123.BK6171和BK6180型车,均安装175kW的斯泰尔WD615.64型柴油机。

(4)JLY6121S型车,安装杭发132.4kW的X6130QK型柴油机。

3)液化石油气公共汽车

液化石油气(LPG)是以丙烷和丁烷为主要成分的一种气体燃料,它在一定压力下可以液化,便于储存、携带。作为传统石油燃料的一种代用燃料应用于公共汽车上,具有一定的环保性能和经济效益,有利于缓解石油能源紧张的现状。LPG燃料可用于为其专门设计的LPG单一燃料发动机;可以通过在汽油机基础上加装的一套燃气装置为汽油机供气,使汽油机既可以使用汽油,也可以使用LPG燃料工作,形成LPG-汽油两用燃料发动机;还可以在柴油机上替代部分柴油而进行掺烧,形成LPG-柴油双燃料发动机。

目前,北京公交集团使用的LPG车主要是LPG-汽油两用燃料车,常用车型:

(1)BK6820LPG型车,安装东风公司99kW的EQ6100-1型汽油机,加装LPG供气系统。

(2)BK6111LPG型车,安装东风公司110kW的EQ6105G/L型两用燃料发动机;

还有在部分在用车基础上改装的 LPG-柴油双燃料车。

4)压缩天然气公共汽车

天然气是以甲烷为主要成分的一种气体燃料,将其以 20MPa 压力压缩储存于高压容器中,就形成了压缩天然气(CNG)燃料。天然气是传统石油燃料的一种代用燃料,具有很好的环保性能,而且我国的天然气资源十分丰富,其应用前景非常广阔。与 LPG 相同,应用 CNG 燃料的发动机有 CNG 单一燃料发动机、CNG-汽油两用燃料发动机和 CNG-柴油双燃料发动机。

目前,北京公交集团使用的 CNG 车主要是 CNG 单一燃料车,常用车型:福田欧辉 BJ6123C7BTD-1 车型、宇通 ZK6125HNG2、ZK6120HNGQAA 车型。

5)电车

城市公共电车常用的有无轨电车,它是使用线网提供的电源作为车辆动力的能源。电车本身可以达到零排放,且噪声低,运行平稳,加速性强,具有良好的环保性能和动力性能。但电车的运行受线网所制,超车困难,而且纷乱的线网有碍市容美观。因此,在城市主要街道、路口不宜设置无轨电车线网。为了解决无轨电车短期脱网行驶(如通过长安街路口)的问题,人们开发了双源无轨电车,即在普通无轨电车上增加一套蓄电装置、控制装置及集电杆自动升降装置,车辆在脱网运行时,可用蓄电装置提供的电源继续行驶。随着科学技术水平的不断发展,各种电动车和燃料蓄电池车也相继问世,并已开始在城市公交中得以应用。

目前北京公交集团使用的无轨电车主要车型:福田欧辉 BJD-WG120FN、BJD-WG180N 车型。

城市公共汽车除以上分类外,还可以按车长分为特大型、大型、中型等不同车型,客车型号中也把车长作为客车的主要参数;按车辆的技术性能和配置水平可分为超 2 级、超 1 级、高级、中级、普通级等不同等级,这里不再一一介绍。

五、常用技术指标

1. 完好车率

完好车率是完好车日与运营车日之比。完好车率表示运营车辆技术状况的完好程度。计量单位为%,计算方法:

$$\text{完好车率} = \frac{\text{完好车日}}{\text{运营车日}} \times 100\% \tag{10-1}$$

2. 机械故障率(秒/100 公里)

机械故障率是运营车辆发生机械故障造成停驶的时间与运营里程之比。机械故障率是衡量保修及技术使用质量的指标。计量单位为 s/100km,计算方法:

$$机械故障率 = \frac{机械故障时间总和}{运营里程} \tag{10-2}$$

注:1. 车辆因机械故障不能按计划出场(站),其故障时间从计划出场(站)时间起到修复时为止。全天未修复也未参加运营,按非完好车日计算,不再计算故障时间。

2. 车辆中途发生故障,以迟到时间计算。

3. 运营途中因意外情况事故发生故障,经有关部门确定,可不计算故障时间。

4. 因进行试验或试用新品种发生故障,可不计算故障时间,报有关部门备案。

六、车辆常见故障

城市公交的调度员应熟悉、了解车辆常见的机械故障,及时解决影响公交车辆运营的一般问题,对于提高城市公共电、汽车的运营服务质量,保证车辆行车安全具有重要的意义。

常见故障:

(1)刹车不灵。

(2)制动气压不足。

(3)低警不响。

(4)发动机无力。

(5)发动机一缸不工作。

(6)发动机开锅。

(7)漏油漏气。

(8)车辆刹车跑偏。

(9)轮胎亏气。

(10)轮胎异常磨损。

(11)不着车。

(12)线路故障。

(13)离合器打滑。

(14)转向盘抖。

(15)起动机不转。

(16)喇叭不响。

(17)灯不亮。

(18)电瓶亏电。

车辆发生故障后,驾驶员及时报修。经保修人员鉴定后,根据发车时刻点调度员进行车辆调换。故障车辆一律不准上路行驶。

第三节　公 交 场 站

一、公交中心站建设要求

公交中心站是多条公交线路的高级运营管理中心，也是多条线路首末站的汇集中心。同时公交中心站为公交车辆提供保养、停放、加油、加气等服务。

公交中心站的主要功能包括办公用房、运营调度、车队办公、乘务人员休息室、车辆保养(一、二级)、乘客登降、加油、加气，部分中心站还是客运分公司所在地。

公交中心站需要配置的设施以办公用房、运营调度用房为主，同时应设有必要的保养车间、加油站或加气站、车队办公、驾驶员和乘务员休息室、生活服务、安全环保等站房设施。

公交中心站可按照规模分为大型中心站和普通中心站两类。

1. 建设用地的要求

公交中心站的建设用地应按照规划部门的总体规划及控制性详细规划进行安排，一般情况下：

(1)大型中心站(客运分公司)：20000～40000m^2。

(2)普通中心站(6～10 条运营线路)：10000～20000m^2。

2. 建筑规模的要求

(1)大型中心站(客运分公司)：4000～5000m^2。

(2)普通中心站(6～10 条运营线路)：2000～3000m^2。

3. 建筑及设施的要求

(1)大型中心站应具有办公用房、车队业务用房、保修车间、撬装加油站、食堂、浴室、锅炉房、厕所、警卫室(岗亭)、警卫宿舍、库房、候车棚、自行车棚等设施。

(2)普通中心站应具有车队业务用房、保修车间、撬装加油站、食堂、浴室、锅炉房、厕所、警卫室(岗亭)、警卫宿舍、库房、候车棚、自行车棚等设施。

二、公交首末站建设要求

公交首末站即公交线路的始发站和终点站。一些首末站作为中级别的运营管理中心，既是车队的所在地，也是夜间驻车的主要场所。

公交首末站具有运营管理、车辆到发、停车、加油、加气、车辆小修、碎修等功能。

公交首末站配置停车坪、回车道、候车棚、运营调度、驾驶员和乘务员休息室、机修备件、食堂、厕所、浴室、警卫室、警卫宿舍等设施。其中,餐厅与会议室相结合,浴室与厕所相结合。

公交首末站按照规模可分为若干类。

1. 建设用地的要求

公交首末站的建设用地应按照规划部门的总体规划及控制性详细规划进行安排,一般情况下:

公交首末站的建设用地一般在 2000 ~ 10000m^2。

2. 建筑规模的要求

(1)一首站:400 ~ 600m^2;二首站:800 ~ 1000m^2;三首站:1200 ~ 1400m^2。

(2)一末站:100 ~ 200m^2;二末站:200 ~ 300m^2;三末站:300 ~ 400m^2。

(3)一首一末站:600 ~ 800m^2;一首二末站:700 ~ 900m^2;一首三末站:800 ~ 1000m^2。

(4)二首一末站:1000 ~ 1200m^2;二首二末站:1100 ~ 1300m^2;二首三末站:1200 ~ 1400m^2。

(5)三首一末站:1400 ~ 1600m^2;三首二末站:1600 ~ 1800m^2;三首三末站:1800 ~ 2000m^2。

3. 建筑及设施的要求

公交首站应具有调度室、票务室、休息室、更衣室、会议室、办公室、食堂、浴室、锅炉房、厕所、抢修组、警卫室(岗亭)、警卫宿舍、库房、候车棚、自行车棚等设施。

末站应具有调度室、休息室、更衣室、办公室、锅炉房、厕所、警卫室(岗亭)、警卫宿舍、候车棚、自行车棚等设施。

三、大容量快速公交系统建设要求

大容量快速公交系统(Bus Rapid Transit System,BRT)的定义:以大容量高性能公共汽车在专用道上运行,由智能调度系统、优先通行信号系统和乘客信息服务系统控制的快速客运系统。

1. 线路布设要求

线路规划是实施快速公交最关键的阶段,而切实、合理的线路规划方案是快速公交成功实施的重要条件。线路布设要求应满足以下条件:

(1)有充足的客运量,充分发挥公交客流走廊的作用。

(2)与城市道路相匹配,合理使用道路资源。

(3)线路长度为 10 ~ 25km。

(4)车站间距为 600 ~ 1200m。

(5)与其他公交方式的换乘距离不宜大于300m。

(6)驻车场宜设置在线路的端点站附近。

(7)新开BRT线路时，应对相关公交线路进行必要的整合。

2. BRT专用车道

BRT的运营速度、通行能力和准点率主要取决于路权的设置方式。

(1)BRT专用车道分为中央专用车道和路侧专用车道两种，优先选用中央专用车道。

(2)站区内根据道路条件宜设置停靠车道和直接通行车道。

(3)车道宽度不小于3.5m，路缘带宽度为0.5m，站区内停靠车道宽度不小于3.0m。

(4)车道隔离形式分为物体隔离和标线隔离两种。中央专用车道应采用物体隔离。物体隔离连续长度大于300m时，应每隔(200±50)m均匀布设20m长的易拆装结构，且有相应的标识；宜选择1.2m高的护栏。

(5)路面结构。行车道路面宜采用沥青混凝土路面结构；站区路面应做抗车辙增强处理，建议采用水泥混凝土路面结构。

并不是所有的BRT都全程运营在专用路权上，受道路条件、交通状况和实施成本等条件的限制，BRT部分路段可采用混行通过的形式，在确保BRT整体高品质服务的前提下，将服务延伸到有需求的地区，并通过后续的城市更新和道路改造陆续完善，这也是快速公交实施灵活性的体现。

3. 车站及配套设施

(1)车站的形式。车站的形式由BRT运营的模式决定，一般分为岛式站台和侧式站台两种。对于专用道分别设置在道路两侧的BRT，一般采用侧式车站；对于采用中央专用道的系统，车站可以选择中央岛式车站和中央侧式车站。其中，侧式站台更适用于开放的运营模式，采用右开门车辆，灵活性好；岛式站台主要适用于具有潮汐客流走向的客运走廊，必须采用左开门车辆或双开门车辆。

(2)车站位置选择。车站位置布设需要考虑车站位置与交叉口的关系、同一站位一对车站的相互位置关系以及其他影响车站位置的因素。

(3)车站规模。

①车站应划分为售检票区和候车区。售检票区和候车区的面积应根据客流量、运营组织方式和道路空间等因素确定。

②车站宽度：岛式车站不小于4m，侧式车站不小于2.5m。

③车站长度：应根据车辆编组辆数及安全距离确定，其中除候车区外，进出站闸机和站房一般需要占用20m左右的长度，车站进出口至过街设施还会占用20m左右的长度。

(4)站台高度。站台高度应低于车门踏步0.05~0.1m。一般选择低底板公交车,站台高度可选择30cm。

(5)车站配套及服务设施。

①设置售检票设施,包括人工售检票和自动售检票两种。

②应设置售检票室、机房、更衣室、厕所,设施规模根据站台面积确定,满足使用要求。

③设置站牌、线路图、车辆到离站时刻显示屏、广播等信息服务设施。

④应设置视频监视设备、紧急救援及报警装置等。

⑤设置指示、引导等服务标志,设置无障碍设施。

⑥站台周围应设置隔离设施,可采用护栏隔离,其高度不小于1.10m,在候车区与客车运行区之间设置护栏和安全门,安全门尺寸满足车辆门尺寸。

⑦应设置候车亭、候车座椅、废物箱等服务设施,候车亭应具有标识性。

⑧应按规范设置给排水、暖通、照明、供配电、通信、防雷和消防等配套设施;应有在紧急断电情况下,为机房和售检票室提供不间断电源设备。

4. 标志标识设置

(1)设置专用道指示标志、去往BRT车站的指路标志,以及出入口、售票处、检票处、候车处等标志。

(2)设置各种警示标志,如禁止危险品进站标志、客运标志、引导标志、警告标志和禁止标志。

5. BRT场站及管理中心

BRT场站按照公交场站建设要求建设。此外,BRT场站应根据线路运营特点设置管理中心,对单条或多条BRT线路进行管理调度(也可设置在分公司),线路调度中心控制室的使用面积不小于$30m^2$,调度中心设备室不小于$15m^2$。场站及管理中心的控制室电源按一级负荷设计,能提供不小于2h的不间断电源。

第十一章

公交运营指标

第一节　数量指标和质量指标

一、数量指标的概念

数量指标是反映社会经济现象发展总规模、总水平或工作总量的统计指标。简单地说,数量指标是表示生产经营活动数量的指标,用绝对数表示,如客运量、运营车数、总行驶里程等。

二、质量指标的概念

质量指标是反映社会经济现象发展相对水平或工作总量的统计指标,用以反映计划对象的素质、效率和效益的指标,一般用平均数或相对数表示,如工作车率、完好车率、劳动生产率等。

三、数量指标和质量指标的关系

数量指标和质量指标是从不同角度来反映总体的综合数量特征。数量指标是计算质量指标的基础,而质量指标往往是相应的数量指标进行对比的结果,以反应现象之间的内在联系和对比关系。

第二节　运营相关指标

一、运营车辆数(在册车数)

运营车辆数是指公交企业经上级主管部门核准用于运营业务的全部车辆数。运营车辆数包括技术完好的、在修的、待修的、长期停驶的以及拟报废尚未经上级主管部门批准报废的运营车辆数;但不包括企业的非运营车辆数,如油罐车、抢修车、架线车、货车及其他专用车辆。计量单位为辆。

计算原则:

(1)以企业固定资产台账的已投入运营的车辆数为准。

(2)新购、新制和调入的运营车辆,自投入运营之日起开始计算运营车数。

(3)调出、报废和调作他用的运营车辆,自上级主管部门批准之日起,不再计算运营车数。

二、标准运营车辆数

标准运营车辆数是指公交企业依据换算标准所折合的标准运营车辆数。这项指标是用以综合反映公交企业的运输能力。计量单位为辆,计算方法:

$$标准运营车辆数 = \sum(各类型车辆数 \times 相应的换算系数) \tag{11-1}$$

各型客车换算系数见表11-1。

各型客车换算系数 表11-1

级别	车长范围(m)	换算系数
1	≤3.5	0.3
2	3.5~5	0.5
3	5~6	0.7
4	6~7	0.7
5	7~10	1.0
6	10~12	1.3
7	13~16	1.7
8	16~18	2.0
9	20~23	2.5
10	双层:10~12	1.9

三、运营车日

运营车日是指报告期内,所有运营车辆的车日总数。它反映城市公交企业逐日运营设备的拥有量。计量单位为车日。

计算原则:

(1)一辆运营车,无论其技术状况是否完好,只要企业保有一天,都计算为一个运营车日。

(2)新购、新制和调入的运营车,经验收,领取正式牌照,自交付使用之日起计算运营车日。

(3)调出、报废和调作别用的运营车辆,自上级主管部门批准之日起,不再计算运营车日。

(4)长期停驶的车辆应计算运营车日。

四、完好车日

完好车日是指报告期内,企业所有运营车辆中,技术状况良好、具备行驶条件的车辆的车日总数。计算方法:

$$\text{完好车日} = \text{运营车日} - (\text{全日保养车日} + \text{修理车日} + \text{待修车日} + \text{待报废车日}) \quad (11\text{-}2)$$

计算原则:

(1)凡当天参加过运营的车辆,均应计算完好车日。

(2)当天未出车的运营车辆,只要技术状况完好或曾进行保养、修理,但在当天验收合格的,均计算完好车日。

(3)全天停场进行保养或修理的或是待修的车辆,不计完好车日。

五、工作车日

工作车日是指在报告期内,所有运营车辆为运营而出车工作的车日总数。它反映企业实际使用的运营车的数量。计量单位为车日。

计算原则:

(1)一辆运营车,只要当天出车参加过运营,不管其出车时间长短,均计算为一个工作车日。

(2)为团体包车而出车的,应计算工作车日;但已在线路上运营过的,不应重复计算。

(3)为修理、保养而出厂试车的,不计算工作车日。

六、完好车率

完好车率是指在报告期内,完好车日数与运营车日数的比率。完好车率用以反映运营车辆实际完好可用的程度。计算方法:

$$\text{完好车率} = \frac{\text{完好车日}}{\text{运营车日}} \times 100\% \quad (11\text{-}3)$$

七、工作车率

工作车率是指在报告期内,工作车与运营车日数的比率。工作车率用以反映运营车辆实际利用的程度。计算方法:

$$\text{工作车率} = \frac{\text{工作车日}}{\text{运营车日}} \times 100\% \quad (11\text{-}4)$$

八、完好车利用率

完好车利用率是指在报告期内，工作车日数与完好车日数的比率。完好车利用率用于反映企业完好的，可使用的运营车辆的利用程度。计算方法：

$$完好车利用率 = \frac{工作车日}{完好车日} \times 100\% \tag{11-5}$$

九、总行驶里程

总行驶里程是指运营车辆在全部工作车日中所行驶里程的总和。总行驶里程包括营业里程(载客里程)和非营业里程(空驶里程)，但不包括为进行保养、修理而进出修理厂的里程。计算方法：

$$总行驶里程 = 营业里程 + 非营业里程 \tag{11-6}$$

十、营业行驶里程(载客里程)

营业行驶里程是指运营车辆在行驶里程中载运乘客的里程。营业行驶里程包括运营车辆在线路上载运乘客行驶的里程和包车行驶的里程以及计划内(外)专车里程。计算方法：

$$营业行驶里程 = \Sigma(线路长度 \times 上下行车次) + 包专车里程 \tag{11-7}$$

十一、非营业里程(空驶里程)

非营业里程是指运营车辆空车行驶的里程。非营业里程包括运营车辆为营业进出场、加油加气等非载客的行驶里程，但不包括运营车辆在运营线路上正常运行的空驶里程。

十二、里程利用率

里程利用率是指载客里程与总行驶里程之比。里程利用率用以反映在企业的总行驶里程中利用到载客上的程度，是衡量里程使用经济程度的指标。计量单位为%，计算方法：

$$里程利用率 = \frac{载客行驶里程}{总行驶里程} \times 100\% \tag{11-8}$$

十三、客位公里

客位公里是指企业各类运营车辆的客位数与相应车型载客里程的乘积。客位公里用以表示企业为乘客提供的总运载能力。计量单位为客位公里,计算方法:

$$客位公里 = \sum(各类车辆客位数 \times 相应的载客行驶里程) \tag{11-9}$$

十四、运营总收入

运营总收入是指在报告期内企业运营所得的货币金额之和。计量单位为元,计算方法:

$$运营总收入 = 普票收入 + \text{IC}卡收入 + 包车收入 \tag{11-10}$$

十五、百公里收入

百公里收入是指在报告期内,企业平均行驶每百公里所收入的票款金额。是反映企业经济效益的一项指标。计量单位为元/百公里,计算方法:

$$百公里收入 = \frac{总收入}{总行驶里程} \times 100\% \tag{11-11}$$

十六、百客位公里收入

百客位公里收入是指在报告期内,企业每百客位公里所收入的票款金额。是反映企业经济效益的一项指标。计量单位为元/百客位公里,计算方法:

$$百客位公里收入 = \frac{总收入}{总客位公里} \times 100\% \tag{11-12}$$

十七、车辆机械故障时间

车辆机械故障时间是指在报告期内,运营车辆发生机械故障影响正常运营占用的时间。计量单位为 min。

计算原则:

(1)运营车辆因故障不能按原计划时间出场(站),其故障时间从计划出场(站)时间起到修复时为止,修复时间超过计划停驶时间,则计算到计划停驶时止;全天未修也未参加运营,按非完好车日计算,不再计算故障时间。

(2)车辆运营途中发生故障,故障时间按实际到达起、终点站的迟到时间计算。车辆在起、终点站发生故障,修复后不影响下次发车(含采取调度措施,如调间隔、换车用)不计故障时间。如果到发车时间仍未修好,故障时间从计划发车时间算到修复为止。如果当天未再参加运营,故障时间应算到最后一次计划到达终点站为止。如果当天还有较大的计划停站时间,则应从中扣除。

(3)运营车辆在运营途中因遇雷击、大水、冰冻、肇事等意外事故产生故障,经有关部门确定,可不计算故障时间。计量单位为 min。

十八、行车正点率

行车正点率是指运营车辆在运营线路上正点行车次数与总行车次数之比。行车正点率用以表示运营车辆按规定时间正点运行的程度,是反映运营秩序、衡量服务质量的一项重要指标。

(1)正点行车次数:车辆在首末站发车、到达、通过中途站的正点行车次数。

(2)总行车次数:首末站实际发车及到站次,中途站的通过次。

计算方法:

$$\text{行车正点率} = \frac{\text{正点行车次数}}{\text{总行车次数}} \times 100\% \tag{11-13}$$

十九、车日行程

车日行程是指企业运营车辆每一运营车日内平均行驶的里程。计量单位为公里/车日,计算方法:

$$\text{车日行程} = \frac{\text{总行驶里程}}{\text{运营车日}} \tag{11-14}$$

二十、车次兑现率

车次兑现率是指运营线路实际发出车次与计划发出车次之比。车次兑现率是衡量行车时刻表执行情况的一项指标。计算方法:

$$\text{车次兑现率} = \frac{\text{实际发出车次}}{\text{计划发出车次}} \times 100\% \tag{11-15}$$

二十一、提前进站合格率

提前进站合格率是指运营车辆进站的车次与实际发出车次之比。提前进站合格率是运营质量的一项指标。计算方法:

$$\text{提前进站合格率} = \frac{\text{达标车次}}{\text{实际发出车次}} \times 100\% \tag{11-16}$$

二十二、准点发车合格率

准点发车合格率是指运营车辆按调度员签注的发车时间准点发出的车次与实际发出车次之比。准点发车合格率是反映运营线路运营秩序的一项指标。计算方法：

$$准点发车合格率 = \frac{准点发出车次}{实际发出车次} \times 100\% \quad (11\text{-}17)$$

二十三、放车率

放车率是指放车次与实际发出车次之比。计算方法：

$$放车率 = \frac{放车次}{实际发出车次} \times 100\% \quad (11\text{-}18)$$

二十四、行车标志合格率

行车标志合格率是指运营车辆路、腰、尾牌全部符合行驶的车次与实际发出的车次之比。计算方法：

$$行车标志合格率 = \frac{合格车次}{实际发出车次} \times 100\% \quad (11\text{-}19)$$

附录

相关法律法规知识

第一部分　中华人民共和国道路交通安全法
第二部分　中华人民共和国劳动合同法